Assédio Moral Laboral e Direitos Fundamentais

RODOLFO PAMPLONA FILHO — *Juiz Titular da 32ª Vara do Trabalho de Salvador/BA. Professor Titular de Direito Civil e Direito Processual do Trabalho da UNIFACS — Universidade Salvador. Professor Associado da graduação e pós-graduação (Mestrado e Doutorado) em Direito da UFBA — Universidade Federal da Bahia. Coordenador do Curso de Especialização em Direito e Processo do Trabalho da Faculdade Baiana de Direito e do Curso de Especialização On Line em Direito e Processo do Trabalho do CERS Cursos On Line (em convênio com o grupo Estácio). Mestre e Doutor em Direito das Relações Sociais pela Pontifícia Universidade Católica de São Paulo — PUC/SP. Máster en Estudios en Derechos Sociales para Magistrados de Trabajo de Brasil pela UCLM — Universidad de Castilla-La Mancha/Espanha. Especialista em Direito Civil pela Fundação Faculdade de Direito da Bahia. Membro da Academia Nacional de Direito do Trabalho (tendo exercido sua Presidência), Academia de Letras Jurídicas da Bahia (tendo exercido sua secretaria geral), Academia Brasileira de Direito Civil — ABDC, Instituto Brasileiro de Direito de Família — IBDFam e Instituto Brasileiro de Direito Civil — IBDCivil.*

ADRIANA WYZYKOWSKI — *Professora da Universidade Estadual da Bahia — (UNEB), Universidade Salvador — UNIFACS e Faculdade Baiana de Direito. Mestre em Relações Sociais e Novos Direitos pela Universidade Federal da Bahia — UFBA. Especialista em Direito e Processo do Trabalho pela Faculdade Baiana de Direito/Jus Podivm. Advogada.*

RENATO DA COSTA LINO DE GOES BARROS — *Professor convidado de Direito do Trabalho da Pós-Graduação da Universidade Salvador – UNIFACS. Mestre em Direito Privado pela Universidade Federal da Bahia. Especialista em Direito e Processo do Trabalho pela Faculdade Baiana de Direito/Jus Podivm. Membro da Associação Baiana de Advogados Trabalhistas. Advogado.*

RODOLFO PAMPLONA FILHO
ADRIANA WYZYKOWSKI
RENATO DA COSTA LINO DE GOES BARROS

ASSÉDIO MORAL LABORAL E DIREITOS FUNDAMENTAIS

2ª EDIÇÃO AMPLIADA E REVISTA

LTr 80

LTr

EDITORA LTDA.

Rua Jaguaribe, 571
CEP 01224-003
São Paulo, SP — Brasil
Fone (11) 2167-1101
www.ltr.com.br
Junho, 2016

Produção Gráfica e Editoração Eletrônica: RLUX
Projeto de capa: FÁBIO GIGLIO
Impressão: PAYM

Versão impressa — LTr 5470.8 — ISBN 978-85-361-8867-6
Versão digital — LTr 8952.5 — ISBN 978-85-361-8856-0

1ª edição — 2014
2ª edição — 2016

Dados Internacionais de Catalogação na Publicação (CIP)
(Câmara Brasileira do Livro, SP, Brasil)

Pamplona Filho, Rodolfo
Assédio moral laboral e direitos fundamentais / Rodolfo Pamplona Filho, Adriana Wyzykowski, Renato da Costa Lino de Goes Barros, — 2. ed. ampl. e rev. — — São Paulo : LTr, 2016.

Bibliografia.

1. Ambiente de trabalho 2. Assédio moral 3.Dano moral 4. Direitos fundamentais 5. Medicina do trabalho I. Wyzykowski, Adriana II. Barros, Renato da Costa Lino de Goes. III. Título.

16.03055 CDU-34:331.101.37

Índice para catálogo sistemático:

1. Ambiente de trabalho : Assédio moral : Direito do trabalho 34.331.101.37
2. Assédio moral: Ambiente do trabalho : Direito do trabalho 34.331.101.37

Dedicamos este livro a todos aqueles que já sofreram (ou ainda sofrem) a dor de ser excluído no mesmo lugar onde se luta pelo pão, pela vida e pela dignidade.

AGRADECIMENTOS

Agradecemos a todos aqueles que, de uma forma ou outra, colaboraram para o resultado final deste livro, em especial a nossos pais, irmãos, cônjuges e filhos, dedicando um registro especial ao Prof. Luiz de Pinho Pedreira da Silva, o "Mestre Pinho", um dos maiores juslaboralistas brasileiros de todos os tempos, que nos instigou a enfrentar, pela primeira vez, este importante tema.

Rodolfo Pamplona Filho

A palavra "agradecer", em qualquer dicionário, aparece como sinônimo de reconhecimento e gratidão. Por isso, neste momento, desejo mostrar minha gratidão e reconhecer a importância de certas pessoas que, infinitamente e muitas vezes sem nem mesmo saber, foram fonte de inspiração e motivação para o resultado deste livro.

Agradeço aos meus pais, Milton e Cristina Wyzykowski, fontes inesgotáveis de amor, carinho, dedicação e força, são os maiores exemplos de minha vida, bem como aos meus irmãos, Adriele e André, fontes inesgotáveis de apoio. Agradeço ainda ao meu Társis por todo o amor, carinho, paciência e motivação desprendidos durante a realização deste livro. Gostaria ainda de mostrar a minha gratidão aos meus queridos alunos. Saibam que vocês também são meus mestres, me ensinam muito mais do que imaginam. E, por fim, gostaria de agradecer a todos aqueles que, expondo seu sofrimento e abrindo sua intimidade, com coragem e determinação, permitiram que a temática do assédio moral fosse melhor trabalhada, compreendida e repreendida.

Adriana Brasil Vieira Wyzykowski

Após a realização deste sonhado objetivo, agradeço a Deus por todas as graças concedidas, bem como a todos aqueles que sempre me incentivaram e me apoiaram de forma incondicional, a saber: aos meus pais, João e Virginia; a minha linda irmã, Fernanda; a minha esposa, Mariana, amor de minha vida e companheira em todos os momentos; ao nosso abençoado e amado filho Renatinho, fruto deste amor, que chegou para alegrar nossas vidas; e aos meus outros familiares e amigos, por todo o carinho e por todos os momentos especiais de convivência. Ainda, agradeço aos coautores desta obra, em especial, ao mestre Pamplona, por ter idealizado este projeto e por todos os ensinamentos passados.

Renato da Costa Lino de Goes Barros

ÍNDICE

NOTA DOS AUTORES

Este livro tem um significado especial, que pode ser simbolizado em uma aliança.

Sim, uma aliança!

Uma aliança entre gerações pelo combate ao assédio moral nas relações de trabalho, seja por meio do efetivo diagnóstico desta patologia social, com a devida compreensão da fundamentação normativa que permite a sua análise, seja no esmiuçar de suas características e técnicas de prevenção e repressão.

Todavia, esta aliança é ainda mais poderosa, pois ela conota também a força de uma série de encontros e de uma amizade cada dia mais crescente entre juristas de safras diferentes, mas igualmente envolvidos e apaixonados pelo Direito, pelo Magistério e pelo tema com que decidiram lançar sua primeira obra conjunta.

Rodolfo Pamplona Filho se debruça sobre o tema referente à assédio desde os anos 90, quando começou a pesquisar para sua primeira tese de doutorado, defendida em 2000, perante a banca examinadora na Pontifícia Universidade Católica de São Paulo.

Essa tese transformou-se no livro *O Assédio Sexual na Relação de Emprego*, obra pioneira lançada, com sucesso, pela Editora.

O tema do "cerco" continuou sendo objeto de suas investigações, desta vez na perspectiva do assédio moral, palestrando em todo o Brasil sobre o tema, desenvolveu artigo que amplamente divulgado e, como corolário, tema de seu segundo doutorado, iniciado em 2008, no convênio da Anamatra com a Universidad Castilla La Mancha, na Espanha, com tesina defendida em 2012.

Durante esse período, foi testemunha ocular do desenvolvimento que o tema empreendeu, passando de uma discussão limitada ao âmbito acadêmico para uma das controvérsias mais submetidas aos pretórios trabalhistas nacionais.

E, justamente nesse interregno, surgiu o primeiro encontro: Renato da Costa Lino de Goes Barros tornou-se aluno da graduação de Rodolfo Pamplona Filho e, em seguida, seu orientando para a monografia de final do curso de Direito da UNIFACS — Universidade de Salvador e, posteriormente, seu discente na Pós-Graduação em Direito e Processo do Trabalho do JusPodivm/Faculdade Baiana de Direito e no Mestrado em Direito Privado pela Universidade Federal da Bahia, onde o acompanhou até mesmo na sua banca de defesa pública, sempre pesquisando, de forma didática, justamente o tema do assédio moral na relação de emprego, tendo ambos inclusive, publicado, artigos conjuntos sobre a matéria.

Logo em seguida, surge o segundo encontro: Adriana Brasil Vieira Wyzykowski também torna-se aluna de Rodolfo Pamplona Filho na graduação e, em seguida, sua orientanda para a monografia de final do curso de Direito da UNIFACS — Universidade de Salvador e na Pós-Graduação em Direito e Processo do Trabalho do JusPodivm/Faculdade Baiana de Direito, também sobre o tema do assédio moral na relação de emprego. Contudo, tal pesquisa não se limitou a repetir as conclusões até então obtidas, mas, sim, desenvolveu excelente trabalho, aprofundando nas pesquisas realizadas, tomando-as como premissas, para ir além. Ingressando também no Mestrado em Relações Sociais e Novos Direitos pela Universidade Federal da Bahia, onde foi novamente discente do velho professor, passou a refletir sobre o tema do Direito à Lazer nas relações de trabalho, sem esquecer jamais do seu primeiro tema de produção acadêmica incessante.

Desses encontros (sem despedidas...), além de um vigoroso laço de carinho, amizade, admiração e respeito mútuo, resultaram também, três grandes textos distintos, cada um de autoria exclusiva, sobre o tema em questão.

Considerando que todos eles bebiam nas mesmas fontes e se completavam, tentar publicá-los separadamente, pela mesma LTr Editora (a maior referência editorial brasileira na área trabalhista), poderia se tornar inviável e isto era algo que ninguém queria, principalmente pela estranha sensação potencial de que a editoração de um livro de um poderia obstaculizar a editoração da obra do outro.

O que fazer?

De repente, o símbolo da aliança se tornou ainda mais forte!

Fundir os três textos, aproveitando o que tinha sido desenvolvido separadamente por cada um, foi algo realmente fácil, já que havia uma linha comum de pensamento e um desejo muito evidente de celebrar toda a trajetória conjunta com uma publicação coletiva.

Essa publicação é o trabalho de três colegas de magistério, profundamente apaixonados pelo tema e pela área trabalhista.

É o resultado do esforço que o leitor recebe em suas mãos neste momento.

E a satisfação de ver o esgotamento da primeira edição com a preparação de originais para uma segunda editoração nos anima a concluir que este esforço tem sido reconhecido.

O nosso desejo continuará sendo que este resultado de todo um processo de amadurecimento de reflexões sobre o assédio moral na relação de emprego seja efetivamente útil para despertar o interesse sobre o assunto e a indignação com tais condutas lesivas, engrossando as fileiras do combate a esta chaga social, na busca de realizar o sonho de uma sociedade mais justa, igualitária e respeitosa.

Salvador, dezembro de 2015.

Rodolfo Pamplona Filho <rpf@rodolfopamplonafilho.com.br>,
Adriana Brasil Vieira Wyzykowski <adrianawyzy@globo.com>,
Renato da Costa Lino de Goes Barros <natobarros@gmail.com>.

PREFÁCIO

O magistrado, acadêmico e professor Rodolfo Pamplona Filho honrou-me com convite para prefaciar obra que produziu em coautoria com os advogados e também ilustrados professores Adriana Wyzykowski e Renato da Costa Lino de Goes Barros, intitulada "Assédio Moral Laboral e Direitos Fundamentais".

Aceitei prontamente o prazeroso encargo, envaidecida pela distinção.

Trata-se de monografia que esgota o tema palpitante e atual do Assédio Moral, no contexto constitucional dos direitos fundamentais, com enfoque no princípio da dignidade da pessoa humana.

Após leitura dos originais e já quando a idade clareia e define percepções, posso atestar que se trata de obra de fôlego, que atende às mais refinadas exigências.

Conheci o douto magistrado Rodolfo Pamplona antes de integrar o Tribunal Superior do Trabalho, e lá se vão mais de doze anos; quando, muito jovem, ingressou, com expressiva votação, nos quadros da Academia Nacional de Direito do Trabalho.

Posteriormente, trabalhamos juntos na direção da gloriosa ANDT. Privei de sua companhia.

Da admiração inicial, pelo jovem desembaraçado, inteligente e preparado, consolidei o respeito pelo acadêmico, senhor da disciplina sobre a qual escreve.

Identifico, no currículo dos coautores, a mesma versatilidade intelectual do professor Rodolfo Pamplona. Além de mestres, na área especializada do direito do trabalho, dedicaram-se ao estudo do direito constitucional e do direito civil.

A obra, composta de VII Capítulos, observa o rigor de referir antecedentes históricos, o direito comparado, a evolução legislativa, o direito positivo, a jurisprudência, a natureza jurídica do instituto em exame e, sobretudo, sua inserção no contexto do direito constitucional.

O Capítulo I é o introdutório.

O Capítulo II, que versa a dignidade da pessoa humana do trabalhador e a teoria geral dos direitos fundamentais, constitui uma monografia sobre o princípio, sede material do assédio moral. Teoriza o tema em seus desmembramentos, em especial, as diversas dimensões dos direitos fundamentais, com foco na Constituição da República de 1988, eficácia, concepções doutrinárias e ligação entre a relação de emprego, os direitos fundamentais e o assédio moral.

O Capítulo III trata dos aspectos configurativos do instituto, assim, dos elementos caracterizadores, modalidades e métodos que o identificam.

Capítulo IV enfrenta os efeitos do assédio moral e legislação de referência. As consequências civis, inclusive trabalhistas, e criminais, da sua prática.

Em sequência, o Capítulo V examina o importante tema da responsabilidade civil, suporte dogmático da obrigação de reparar o dano, nas suas diversas modalidades e o instituto da denunciação da lide no processo do trabalho.

O Capítulo VI envolve o combate ao assédio moral, à luz da eficácia horizontal dos direitos fundamentais nas relações de emprego, indicando modelos de prevenção, o melhor caminho.

O Capítulo VII contém as conclusões.

A teoria do assédio moral tem assento no direito à dignidade da pessoa humana, que, no Brasil, constitui fundamento da República, como prevê o artigo 1º, inciso III, da Constituição. Decorre também do direito à saúde, mais especificamente, à saúde mental, abrangida na proteção conferida pelo artigo 6º e o direito à honra, previsto no artigo 5º, inciso X, ambos da Carta Magna.

Como apaixonada pelo estudo desse tema no contexto dos direitos humanos, recomendo a leitura da obra que será editada pela prestigiosa LTr. Estou certa de que constitui uma homenagem ao desenvolvimento do direito do trabalho e aos princípios que o informam e valiosa contribuição para os seus seguidores e aplicadores.

Brasília, 28 de setembro de 2013.

Maria Cristina Irigoyen Peduzzi
Ministra do Tribunal Superior do Trabalho
Conselheira do Conselho Nacional de Justiça
Presidente Honorária da Academia Nacional de Direito do Trabalho

Apresentação

Assédio intelectual a seis mãos. Talvez essa seja a melhor definição desta obra que vem à luz pela prestigiosa LTr.

O tema não é novo, mas deve ser sempre revisitado, repensado e refletido, pois o assédio moral nas relações de trabalho, apesar de ser praga antiga, ainda é presente já nesta segunda década do Século XXI, por mais que se possa contestar, considerando o atual estágio e avanço nas relações humanas.

Sobre o tema, o professor Rodolfo Pamplona Filho já se debruça desde os anos 90 do Século passado, ainda que inicialmente voltando-se ao subtema relacionado ao assédio sexual. Com esse tema, inclusive, alcançou o doutorado no último ano dos mil novecentos. O assédio moral, porém, não foi deixado para trás, constituindo-se questão recorrente em sua produção, sempre procurando abordá-lo com novas perspectivas a partir da experiência adquirida na magistratura e suas novas pesquisas, inclusive no velho continente.

Ao professor Rodolfo, nesta obra, somam-se às pesquisas de dois dos novos e talentosos baianos que voltam suas atenções para o estudo do direito do trabalho, confirmando, e perenizando, a já conhecida Escola Baiana do Direito do Trabalho, iniciada por mestres como Orlando Gomes, José Martins Catharino, Elson Gottschalk, Pinho Pedreira etc.

Renato Barros, também mestre e professor de direito do trabalho, é um jovem que, desde os bancos da faculdade, voltou seu interesse maior para os estudos laborais, interessando-se sobre o assédio moral, já tendo publicado alguns artigos sobre esse tema.

Nesta obra, ao certo, acresce Renato Barros lições práticas sobre as demandas judiciais envolvendo o assédio moral, questões relacionadas à responsabilidade civil e seus efeitos na relação de emprego, além de outras abordagens pertinentes, a partir de uma visão clara das relações trabalhistas.

Aos dois juristas mencionados, mas agora já embelezando o trio, temos a professora e mestre Adriana Wyzykowski. Pérola rara! Talentosa, estudiosa, compromissada e porque não dizer, “estressada” (no bom sentido) com os estudos. Apaixonada pelo direito e pelo direito do trabalho. Com ela tive um contato maior, pois além de ter sido minha interessada aluna na pós-graduação stricto sensu, fui brindado, ainda que sem querer (por parte dela), com a sua orientação na dissertação de mestrado. E com ela aprendi muito sobre o lazer nas relações de trabalho, lições estas, aliás, que hoje procuro adotar em meu labor diário.

Mas além de estudiosa do direito do trabalho, Adriana estuda e pesquisa direito constitucional, em especial sobre os direitos fundamentais. E, tenho certeza, que é sobre esse tema que lança ao longo do livro preciosas lições, além de outras, que devem sempre ser repisadas tendo em vista a realidade das relações de trabalho no Brasil.

É isso. No mais, cabe ao leitor ser assediado pelas lições dos autores, esperando, porém, que, neste caso, a conduta deles seja reiterada, repetindo a experiência, brindando-nos com outras obras de igual valor.

Salvador, 26 de setembro de 2013.

Edilton Meireles
Desembargador do Tribunal Regional do Trabalho da 5ª Região (Bahia).
Professor da Universidade Federal da Bahia.
Mestre e Doutor em Direito pela PUC/SP.
Autor de diversas obras jurídicas.

Capítulo I

INTRODUÇÃO

O assédio moral vem sendo estudado de maneira intensiva nos últimos anos, sendo que a escola sueca de psicanálise foi a primeira a aprofundar-se nessa área do conhecimento, até então ignorada.

Muito embora tal iniciativa sueca deva ser registrada, o tema efetivamente alcançou repercussão global após a publicação do primeiro livro da vitimóloga francesa Marie-France Hirigoyen.

No Brasil, o marco inicial do estudo desse fenômeno foi a dissertação de mestrado da médica Margarida Barreto, na qual foram abordadas inúmeras questões próprias do ambiente salutar de trabalho.

Depois disso, inúmeros foram os trabalhos que passaram a abordar essa questão. Neste caminho é interessante observar que, por se tratar de um tema multidisciplinar, o assédio moral passou a ser estudado por diversas áreas do saber, dentre elas o Direito.

Em todas as áreas, a análise das situações cotidianas possibilitou a verificação de que inúmeras relações de trabalho eram viciadas.

Os trabalhadores, nessas relações, se sentiam angustiados com a perseguição sofrida, muito embora não conseguissem identificar o motivo desta angústia.

Com a explicitação da ocorrência desse fenômeno, foi viabilizado o estudo das consequências desse processo destrutivo. Afinal, sentia-se que havia algo errado, mas tal situação não era compreendida.

Com o aprofundamento dos estudos, as constatações foram alarmantes.

A vítima do assédio moral é tratada de modo desumano, cruel e degradante, submetida à tortura psicológica, semelhante àquelas aplicadas nos campos de concentração, em guerras e nos governos totalitários.

O perverso atinge a reserva de dignidade da pessoa, destruindo-a moralmente, por meio de artifícios que atacam e paralisam a vítima, que está imersa em um ambiente contaminado pelo medo e a vergonha.

A intenção do perverso, ao desencadear o processo de violência psicológica na empresa, é o afastamento da vítima do mundo do trabalho e, quando isto acontece, atinge o empregado no campo de sua moral e sua honra.

Tais trabalhadores, submetidos ao processo de assédio moral, podem vir a desenvolver uma série de complicações psicológicas, tendo como consequência disfunções orgânicas.

Tais disfunções, inclusive, podem desencadear doenças que, fatalmente, podem levar o indivíduo à morte.

Essas máculas à integridade psíquica não devem ser aceitas dentro da nossa sociedade.

Torna-se imprescindível a construção de uma doutrina jurídica robusta, com o fito de definir a disciplina jurídica do assédio moral, esboçando o que é propriamente a conduta assediante, dada a dispersão doutrinária e jurisprudencial a respeito do tema, evidenciando os seus elementos caracterizadores, suas modalidades e suas consequências, bem como, com apoio das construções acerca da responsabilidade civil, entender como deve funcionar o ressarcimento daqueles que foram submetidos a essa conduta danosa.

Ademais, é necessária a discussão acerca da adoção de atitudes para combater a inserção desse processo destrutivo, evitando que mais trabalhadores sofram com esses males.

Essa é, em linhas gerais, a pretensão do presente estudo.

Para tanto, inicialmente, será necessário fazer algumas considerações acerca da dignidade da pessoa humana, em uma perspectiva civil-constitucional, partindo-se do conceito trazido por Kant. Nesta primeira parte, será feito ainda um profundo estudo sobre a teoria dos direitos fundamentais, buscando reflexões importantes e aplicáveis nos casos de assédio moral.

Em seguida, parte-se para a configuração do que é o assédio moral por meio de um conceito robusto, pautado nos elementos caracterizadores deste fenômeno.

Utilizar-se-á, como respaldo, os conceitos trazidos pela doutrina nacional e estrangeira, bem como pela jurisprudência nacional.

Visando a particularizar ainda mais o assédio moral, será realizada uma análise de suas modalidades, bem como serão evidenciadas atitudes que se parecem com o assédio moral, mas não o são.

Superados esses pontos iniciais, buscar-se-á analisar os efeitos do assédio moral, sob quatro óticas, quais sejam: a do empregado assediado, a do empregado assediador, a do empregador e a da coletividade.

Tal análise será feita de forma a oportunizar reflexões acerca das inúmeras consequências negativas decorrentes do assédio moral.

Em seguida, adentrar-se-á no campo da responsabilidade civil, no qual é apresentada uma análise a respeito da obrigação de indenizar nas diversas modalidades do assédio moral.

Nesse momento, entende-se como oportuno também fazer uma reflexão sobre as dificuldades da obtenção de provas do assédio moral, bem como do dano em si.

Para finalizar, tentar-se-á apresentar uma visão de meios efetivos para o combate do assédio moral, sob a luz da teoria dos direitos fundamentais.

Capítulo II

A Dignidade da Pessoa Humana do Trabalhador e a Teoria Geral dos Direitos Fundamentais

2.1. PERSPECTIVA CIVIL-CONSTITUCIONAL DO PRINCÍPIO DA DIGNIDADE DA PESSOA HUMANA

No decorrer do século XX, houve uma tendência de inclusão dos princípios fundamentais do Direito nas constituições dos países de tradição romano-germânica[1].

Tanto é que, no Brasil, a Constituição Federal de 1988 incluiu, como fundamento da República Federativa do Brasil, o princípio da dignidade da pessoa humana. A saber:

> Art. 1º A República Federativa do Brasil, formada pela união indissolúvel dos Estados e Municípios e do Distrito Federal, constitui-se em Estado Democrático de Direito e tem como fundamentos:
>
> I — A soberania;
>
> II — A cidadania;
>
> III — A dignidade da pessoa humana;
>
> IV — Os valores sociais do trabalho e da livre iniciativa;
>
> V — O pluralismo político.

Nesse caminho, a prestigiada posição alçada pela dignidade da pessoa humana, nos termos e na forma proposta pela Constituição Federal, irradia sua eficácia a todo o ordenamento jurídico pátrio, demonstrando, especialmente no que concerne às relações privadas, a alteração de seu enfoque ao desprestigiar a autonomia e o patrimônio em nome do reconhecimento da necessidade de proteção do homem, visto em sua essência.

---

(1) MORAES, Maria Celina Bodin de. *Danos à pessoa humana*: uma leitura civil-constitucional dos danos morais. Rio de Janeiro: Renovar, 2003. p. 68.

Assim, evidente é a necessidade de reconstrução do sistema, especialmente na ótica civil-constitucional. Neste sentido, propõe Maria Celina Bodin de Moraes(2):

> Para a adequada e coerente reconstrução do sistema, impõe-se ao civilista o desafio de restabelecer o primado da pessoa humana em cada elaboração dogmática, em cada interpretação e aplicação normativas. A transposição de normas diretivas do sistema de Direito Civil para o da Constituição acarretou relevantíssimas consequências jurídicas que se delineiam a partir da alteração da tutela, que era oferecida pelo Código ao "indivíduo", para a proteção, garantida pela Constituição, à dignidade da pessoa humana, elevada à condição de fundamento da República Federativa do Brasil. O princípio constitucional visa garantir o respeito e a proteção da dignidade humana não apenas no sentido de assegurar um tratamento humano e não degradante, e não conduz exclusivamente ao oferecimento de garantias à integridade física do ser humano. Dado o caráter normativo dos princípios constitucionais, princípios que contêm os valores ético-jurídicos fornecidos pela democracia, isto vem a significar a completa transformação do Direito Civil, de um Direito que não mais encontra nos valores individualistas codificados o seu fundamento axiológico.

Afinal, com o advento do Novo Código Civil Brasileiro em uma leitura civil-constitucional, já é possível enxergar uma alteração na tendência de seu enfoque, reduzindo a importância dada às situações patrimoniais em nome da prevalência da situação extrapatrimonial, uma vez que a proteção humana deve ser prioritária.

Nesse caminhar, o intérprete deve valer-se desta nova orientação, aplicando a norma jurídica, em uma perspectiva integrativa civil-constitucional, no intuito de que seja tutelada, sempre prioritariamente, a dignidade da pessoa humana na resolução das lides postas em análise.

Necessário se faz, por oportuno, analisar o substrato que é dado ao princípio da dignidade humana pelo ordenamento vigente, no intuito de que sejam alcançados seu contorno e sua limitação.

2.2. O CONCEITO DA DIGNIDADE SOB AS ÓTICAS FILOSÓFICA E JURÍDICA

As reflexões sobre a dignidade feitas por Kant influenciaram e prevalecem no pensamento filosófico da atualidade.

---

(2) MORAES, Maria Celina Bodin de. *Danos à pessoa humana*: uma leitura civil-constitucional dos danos morais. Rio de Janeiro: Renovar, 2003. p. 73-74.

Fazendo alusão a Kant, sustenta Martins[3] que: "em termos filosóficos-constitucionais parece haver um certo consenso no sentido de se considerar o princípio da dignidade da pessoa humana a partir da sua construção teórica".

O fundamento kantiano baseia-se na premissa de que o homem, como ser racional, deve ser entendido como um fim em si. Assim, sustenta Kant[4]:

> Ao invés, os seres racionais são chamados pessoas, porque a natureza deles os designa já como fins em si mesmos, isto é, como alguma coisa que não pode ser usada unicamente como meio, alguma coisa que, consequentemente, põe um limite, em certo sentido, a todo livre arbítrio (e que é objeto de respeito). Portanto, os seres racionais não são fins simplesmente subjetivos, cuja existência, como efeito de nossa atividade, tem valor para nós; são fins objetivos, isto é, coisas cuja existência é um fim em si mesma, e justamente um fim tal que não pode ser substituído por nenhum outro, e ao serviço do qual os fins subjetivos deveriam pôr-se simplesmente como meios, visto como sem ele nada se pode encontrar dotado de valor absoluto.

Impõe ele, para tanto, um imperativo prático que prevê que a humanidade deve ser tratada sempre como fim, e não como um meio para algo. E, neste caminho, o homem deve ser visto como um sujeito criador, capaz de criar suas próprias leis, impondo-as a si mesmo dentro de um ambiente de união sistêmica por meio de leis comuns. Explica Kant[5] que:

> Os seres racionais estão todos sujeitos à lei, em virtude da qual cada um deles nunca deve tratar-se a si e aos outros como puros meios, mas sempre e simultaneamente como fins em si. Daqui brota uma união sistêmica de seres racionais por meio de leis objetivas comuns, ou seja, um reino o qual atendendo a que tais leis têm precisamente por escopo a relação mútua de todos estes seres, como fins e como meios, pode ser denominado reino dos fins (o que, na verdade, é apenas um ideal). Mas um ser racional pertence, na qualidade de membro, ao reino dos fins, pois que, muito embora ele promulgue leis universais, no entanto está sujeito a essas leis. Pertence-lhe na qualidade de chefe, enquanto, como legislador, não está sujeito a nenhuma vontade alheia.

---

(3) MARTINS, Flademir Jerônimo Belinati. *Dignidade da pessoa humana*: princípio constitucional fundamental. 1. ed., 4ª reimpr. Curitiba: Juruá, 2009. p. 25.
(4) KANT, Immanuel. *Fundamentação da metafísica dos costumes*. Tradução de Antônio Pinto de Carvalho. Companhia Editora Nacional. E-book disponível em: <http://www.consciencia.org/kantfundamentacao.shtml>. Acesso em: 02 jun. 2007, p. 30.
(5) KANT, Immanuel. *Fundamentação da metafísica dos costumes*. Tradução de Antônio Pinto de Carvalho. Companhia Editora Nacional. E-book disponível em: <http://www.consciencia.org/kantfundamentacao.shtml>. Acesso em: 02 jun. 2007, p. 35.

É essa relação mútua, dentro do chamado reino dos fins, que impõe a necessidade de agir neste sentido. Nas palavras de Kant(6): "procede assim, não tendo em vista qualquer outro motivo prático ou vantagem futura, mas levada pela ideia de dignidade de um ser racional que não obedece a nenhuma outra lei que não seja, ao mesmo tempo, instituída por ele próprio".

Dentro dessa Kant reflexão, refuta qualquer tentativa de coisificação do ser humano, garantindo a posição de destaque do ser racional humano ao sustentar que o mesmo estaria acima de todo e qualquer preço, não admitindo equivalente, por ter uma dignidade. Neste sentido, destaca Kant(7): "o que constitui a só condição capaz de fazer que alguma coisa seja um fim em si, isso não tem apenas simples valor relativo, isto é, um preço, mas sim um valor intrínseco, uma dignidade".

O ser racional humano é dotado de dignidade, que o faz insubstituível e livre para elaborar sua própria lei, que o regerá, inclusive, impondo-o deveres. Isto significa dizer, nas palavras de Martins(8), que: "o homem precisa do dever para tornar-se um ser moral, pois obedecê-lo consiste em obedecer a si mesmo, na medida em que foi o próprio ser humano que consciente e racionalmente estabeleceu o dever". Sobre esta moralidade, disciplina Kant(9):

> Ora, a moralidade é a única condição capaz de fazer que um ser racional seja um fim em si, pois só mediante ela é possível ser um membro legislador no reino dos fins. Pelo que, a moralidade, bem como a humanidade, enquanto capaz de moralidade, são as únicas coisas que possuem dignidade. (...). Esta estimação leva-nos a reconhecer o valor de tal maneira de pensar como uma dignidade, e coloca-a infinitamente acima de todo o preço, com o qual não pode ser nem avaliada nem confrontada, sem que de algum modo se lese sua santidade.

Tal postura revela o perfil antropológico adotado por Kant em suas reflexões, pois somente a racionalidade da pessoa humana que justificaria o seu reconhecimento como fim em si mesmo e de sua dignidade, atribuindo-lhe um valor superior a qualquer "preço", não admitindo qualquer substituto equivalente. Ademais, é certo também que, neste quadro, a dignidade da pessoa humana decorre também

(6) KANT, Immanuel. *Fundamentação da metafísica dos costumes*. Tradução de Antônio Pinto de Carvalho. Companhia Editora Nacional. E-book disponível em: <http://www.consciencia.org/kantfundamentacao.shtml>. Acesso em: 02 jun. 2007, p. 36.
(7) KANT, Immanuel. *Fundamentação da metafísica dos costumes*. Tradução de Antônio Pinto de Carvalho. Companhia Editora Nacional. E-book disponível em: <http://www.consciencia.org/kantfundamentacao.shtml>. Acesso em: 02 jun. 2007, p. 36.
(8) MARTINS, Flademir Jerônimo Belinati. *Dignidade da pessoa humana*: princípio constitucional fundamental. 1. ed., 4ª reimpr. Curitiba: Juruá, 2009. p. 26.
(9) KANT, Immanuel. *Fundamentação da metafísica dos costumes*. Tradução de Antônio Pinto de Carvalho. Companhia Editora Nacional. E-book disponível em: <http://www.consciencia.org/kantfundamentacao.shtml>. Acesso em: 02 jun. 2007, p. 36.

do fato que, em decorrência de sua racionalidade, o ser humano tem autonomia para seguir o quanto disciplinado pela legislação universal criada no reino dos fins. Nesse caminho, dispõe Kant[(10)]:

> De fato, nenhuma coisa possui valor, a não ser o que lhe é assinado pela lei. Mas a própria legislação, que determina todos os valores, deve ter, justamente por isso, uma dignidade, isto é, um valor incondicionado, incomparável, para o qual só o termo respeito fornece a expressão conveniente da estima que todo ser racional lhe deve tributar. A autonomia é, pois, o princípio da dignidade da pessoa humana, bem como de toda a natureza racional.

É indubitável que o ser humano diferencia-se de todos os outros seres por uma qualidade própria. Preocupa-se o ser humano, de uma forma geral, não apenas em compreender-se, como também em compreender o outro, esforçando-se para suprir suas necessidades e da sociedade.

Tratando dessa distinção do ser humano, esclarece Maria Celina Bodin de Moraes[(11)]:

> Para distinguir os seres humanos, diz-se que detêm uma substância única, uma qualidade própria apenas aos humanos: uma "dignidade" inerente à espécie humana. A raiz etimológica da palavra "dignidade" provém do latim *dignus* — "aquele que merece estima e honra, aquele que é importante"; diz-se que sua utilização correspondeu sempre a pessoas, mas foi referida, ao longo da Antiguidade, apenas à espécie humana como um todo, sem que tenha havido qualquer personificação (MORAES, 2003. p. 77).

Nesse sentido, pondera Callejo[(12)]:

> Los derechos a la vida, a la integridad física y moral, al honor; a la intimidad, a la libertad de expresión, ideológica, etc, solo tiene sentido porque son exigência de uma idea de la persona como ser revestido de uma dignidad humana que le diferencia de otros seres vivos de los que no se predican esos derechos y dignidad. Los tratadistas del Derecho Político, salvo alguna posición positivista muy minoritária, coinciden em esta idea de la dignidad como valor prévio de la persona, dimanante del derecho natural.

---

(10) KANT, Immanuel. *Fundamentação da metafísica dos costumes*. Tradução de Antônio Pinto de Carvalho. Companhia Editora Nacional. E-book disponível em: <http://www.consciencia.org/kant-fundamentacao.shtml>. Acesso em: 02 jun. 2007. p. 36-37.

(11) MORAES, Maria Celina Bodin de. *Danos à pessoa humana*: uma leitura civil-constitucional dos danos morais. Rio de Janeiro: Renovar, 2003. p. 77.

(12) CALLEJO, Jose María Garcia. *Protección jurídica contra el acoso moral en el trabajo o la tutela de la dignidad del trabajador*. Madrid: Federacion de Servicios Públicos de Madrid, 2004. p. 68.

Como visto em linhas anteriores, a dignidade humana[13], tratados na Constituição de 1988, veio a ser jurisdicionalizada[14], alcançando o patamar de fundamento da República Federativa Brasileira para efetivamente influenciar toda a ordem jurídica.

Daí a dificuldade encontrada pela doutrina de delimitar os contornos e limites desta dignidade, uma vez que ela baseia a ordem jurídica em todos os seus diferenciados campos de regulação.

Maria Celina Bodin de Moraes[15], neste sentido, propõe o desdobramento do "substrato material da dignidade" em quatro postulados, a saber:

> i) o sujeito moral (ético) reconhece a existência dos outros como sujeitos iguais a ele, ii) merecedores do mesmo respeito à integridade psicofísica de que é titular; iii) é dotado de vontade livre, de autodeterminação; iv) é parte do grupo social, em relação ao qual tem a garantia de não vir a ser marginalizado. São corolários desta elaboração os princípios jurídicos da igualdade, da integridade física e moral — psicofísica —, da liberdade e da solidariedade.

Nessa perspectiva, a dignidade, explica a aludida autora, viria à tona, no caso concreto, quando realizada a materialização destes postulados, visando a ampla defesa dos direitos da personalidade decorrentes do princípio da dignidade.

Sobre a personalidade, ensina Maria Celina Bodin de Moraes[16]:

> A personalidade é, portanto, não um "direito", mas um valor, o valor fundamental do ordenamento, que está na base de uma série (aberta) de situações existenciais, nas quais se traduz a sua incessantemente mutável exigência de tutela. Por isso, não pode existir um número fechado (*numerus clausus*) de hipóteses tuteladas: tutelado é o valor da pessoa, sem limites, salvo aqueles postos no seu interesse e no interesse de outras pessoas humanas.

---

(13) Segundo Zeno Simm: "A dignidade humana, algumas vezes entendida também como amor-próprio, honra ou respeitabilidade, é um daqueles valores cujo significado é mais sentido ou experimentado que propriamente conceituado, inclusive pela circunstância de se tratar de uma percepção mais ou menos natural das pessoas, inerente mesmo ao ser humano e muitas vezes ligada a padrões de ordem moral ou religiosa" (In SIMM, Zeno. *Acosso psíquico no ambiente de trabalho*: Manifestações, efeitos, prevenção e reparação. São Paulo: LTr, 2008. p. 27).

(14) Segundo Rodenas: "En cualquier Estado de Derecho la consagración de la persona y su dignidad constituye el centro del sistema constitucional. En nuestro ordenamiento el art. 10.1 CE dispone que la dignidad de la persona y los derechos inviolables que le son inherentes, son fundamento del orden político y de la paz social, precepto que impregna el ordenamiento jurídico laboral, ya que la dignidad personal constituye un valor espiritual y moral inherente al individuo, y cuyo respecto goza del mayor nivel de protección, como derecho fundamental" (In RODENAS, Maria José Romero Rodenas. *Protección frente al acoso moral en el trabajo*. 3. ed. Albacete: Editorial Bomarzo, 2005. p. 36-37).

(15) MORAES, Maria Celina Bodin de. *Danos à pessoa humana*: uma leitura civil-constitucional dos danos morais. Rio de Janeiro: Renovar, 2003. p. 85.

(16) MORAES, Maria Celina Bodin de. *Danos à pessoa humana*: uma leitura civil-constitucional dos danos morais. Rio de Janeiro: Renovar, 2003. p. 121.

Assim, os direitos da personalidade[17] estão garantidos pelo princípio da dignidade humana, alcançando a pessoa humana o posto de valor fundamental do ordenamento.

Com efeito, tendo em vista que o homem se realiza[18], no ambiente social, por meio do trabalho, deve também a ordem jurídica garantir o respeito aos direitos fundamentais do trabalhador. Neste sentido, Zeno Simm[19] destaca:

> Deve ser ressaltado que não apenas a pessoa do empregado merece tratamento digno como ser humano que é, como também o seu trabalho ou sua atividade merece igual tratamento como um dos fatores de dignificação do indivíduo e em razão do papel que desempenha na sociedade moderna. Por força dessa proeminência do ser humano e da centralidade do trabalho é que a ordem jurídica deve garantir decisivamente o respeito aos direitos fundamentais do trabalhador e a sua dignidade nas duas vertentes, a pessoal e a profissional.

Parte-se do objeto em estudo, para uma análise acerca da teoria geral dos direitos fundamentais, bem como da dignidade do trabalhador.

2.3. TEORIA GERAL DOS DIREITOS FUNDAMENTAIS

Chamar o 14 de julho de 1789 de "divisor de águas" na história da humanidade não é cair em exageros, tamanha seja a importância e a repercussão dos acontecimentos que a sucedera. Sem dúvida, a Revolução Francesa representa uma guinada na história da política, das ciências, da sociedade em geral e, como não poderia deixar de ser, na história do Direito.

Também é dessa época o início da institucionalização dos chamados direitos fundamentais — sempre muito caros à zetética e à dogmática jurídicas. Com o nascente constitucionalismo moderno, a garantia dos direitos fundamentais é tida como imprescindível à sociedade minimamente organizada e pautada no princípio do Estado de Direito, como no célebre dispositivo da Declaração Universal dos

---

(17) Segundo Gagliano e Pamplona Filho: "Conceituam-se os direitos da personalidade como aqueles que têm por objeto os atributos físicos, psíquicos e morais da pessoa em si e em suas projeções pessoais" (In: GAGLIANO, Pablo Stolze; PAMPLONA FILHO, Rodolfo. *Novo curso de direito civil*. 9. ed. São Paulo: Saraiva, 2007. p. 136).
(18) Segundo Callejo: "Por su parte el Tribunal Supremo há puesto manifiesto que la empresa, además de una organización dirigida a la producción de bienes y servicios, es uma célula social em la que se integra el hombre para su plena realización mediante su trabajo, privilegio, deber y vocación de la persona" (CALLEJO, Jose María Garcia. *Protección jurídica contra el acoso moral en el trabajo o la tutela de la dignidad del trabajador*. Madrid: Federacion de Servicios Públicos de Madrid, 2004. p. 68).
(19) SIMM, Zeno. *Acosso psíquico no ambiente de trabalho*: Manifestações, efeitos, prevenção e reparação. São Paulo: LTr, 2008. p. 29.

Direitos dos Homens e do Cidadão de 1789 (Art. 16º): "A sociedade em que não esteja assegurada a garantia dos direitos nem estabelecida a separação dos poderes não tem Constituição."

A temática dos direitos fundamentais é sempre intrigante e inspiradora. O homem, em sua essência, é sujeito de direitos inerentes à sua condição humana. Desde antes de Cristo, nos tempos da bíblia, vislumbra-se a ideia de vida digna. Adão e Eva, criados à imagem e semelhança de Deus, por exemplo, residiam no paraíso, desfrutando de uma qualidade de vida pautada na dignidade. Para os cristãos, os homens são irmãos, iguais perante a ótica divina.

Já na antiguidade, tanto os gregos quanto os romanos idealizavam uma dignidade formulada no fato de ser a humanidade única. Tais anseios refletiam uma tendência cultural acerca da possibilidade de uma existência humana digna, em que o homem seria sujeito de direitos naturais inalienáveis, pela condição humana, esta abraçada posteriormente pelo jusnaturalismo e perseguida pelos Estados Democráticos.

E é nesse contexto que surgem os direitos fundamentais.

2.3.1. *Conceito e terminologia*

A utilização da expressão "direitos fundamentais" traz à baila uma discussão muito profunda: a possibilidade de utilização de outras expressões também muito comuns (como "direitos humanos", "direitos do homem", "direitos individuais", "liberdades fundamentais", dentre outros), para se referir aos mesmos institutos. A delimitação terminológica de tal questão faz-se necessária, uma vez que ainda não há um consenso em tal esfera, como bem adverte Ingo Wolfgang Sarlet:

> Não é, portanto, por acaso, que a doutrina tem alertado para a heterogeneidade, ambiguidade e ausência de um consenso na esfera constitucional e terminologia, inclusive no que diz com o significado e conteúdo de cada termo utilizado, o que apenas reforça a necessidade de obtermos, ao menos para fins específicos deste estudo, critério unificador. Além disso, a exemplo do que ocorre em outros textos constitucionais, há que reconhecer que também a Constituição de 1988, em que pesem os avanços alcançados, continua a se caracterizar por uma diversidade semântica, utilizando diversos termos ao referir-se aos direitos fundamentais.(20)

É de suma importância que haja uma delimitação acerca da terminologia utilizada, para buscar-se uma noção conceitual mais aprofundada a respeito do tema.

---

(20) SARLET, Ingo Wolfgang. *A eficácia dos direitos fundamentais*. 9. ed, rev., atualiz. e ampl. Porto Alegre: Livraria do Advogado, 2008. p. 33.

A Constituição Federal de 1988, por exemplo, utiliza diversas expressões ao longo de seu texto, tais como direitos humanos (art. 4º, inciso II), direitos e garantias fundamentais (Título II e art. 5º, § 1º), direitos e liberdades individuais (art. 5º, inciso LXXI), direitos e garantias individuais (art. 60, § 4º, inciso IV), quando muitas vezes referem-se aos direitos fundamentais propriamente ditos.

Mas o que são os direitos fundamentais? Paulo Bonavides, ao citar Carl Schimitt, define direitos fundamentais da seguinte maneira:

> Os direitos fundamentais propriamente ditos são, na essência, entende ele, os direitos do homem livre e isolado, direitos que possuem em face ao Estado. E acrescenta: numa acepção estrita são unicamente os direitos da liberdade, da pessoa particular, correspondendo de um lado ao conceito do Estado burguês de Direito, referente a uma liberdade, em princípio ilimitada diante de um poder estatal de intervenção, em princípio limitado, mensurável e controlado.(21)

Observa-se por tal conceito uma característica marcante dos direitos fundamentais. Por serem "direito em face ao Estado", o termo "direitos fundamentais" é empregado, nas palavras de Ingo Wolfgang Sarlet, quando existem "direitos do ser humano reconhecidos e positivados na esfera do direito constitucional positivo de determinado Estado".(22)

O autor ainda distingue a utilização da expressão "direitos fundamentais" e "direitos humanos", na medida em que defende o uso desta última expressão no âmbito do direito internacional, haja vista que se coaduna como direitos inerentes ao ser humano, independentemente de positivação constitucional, pactuados em normas de direito público internacional.

J. J. Gomes Canotilho defende que a positivação dos direitos fundamentais nada mais é do que a incorporação desses direitos considerados "naturais" e "inalienáveis" do indivíduo no ordenamento jurídico em qual se inserem.(23)

Fábio Konder Comparato vai mais além, ao se observar que:

> É aí que se põe a distinção, elaborada pela doutrina germânica, entre direitos humanos e direitos fundamentais (*Grundrechte*).Estes últimos são os direitos humanos reconhecidos pelas autoridades às quais se atribui o poder político de editar normas, tanto no interior dos Estados quanto no plano internacional; são os direitos humanos positivados nas Constituições, nas leis, nos tratados internacionais. Segundo outra

---

(21) SCHMITT, Carlos. Verfassungrschtliche. Reimp. Berlim, Neukoelm, 1954. p. 164 *apud* BONAVIDES, Paulo. *Curso de direito constitucional*. 16. ed. São Paulo: Malheiros. 2005. p. 561.
(22) *Op. cit.*, p. 35.
(23) CANOTILHO, J. J. Gomes. *Direito constitucional e teoria da constituição*. 7. ed. Coimbra: Almedina, [19--] p. 377.

terminologia, fala-se em direitos fundamentais típicos e atípicos, sendo estes os direitos humanos ainda não declarados em textos normativos.[24]

Ainda mais, pode-se pensar em uma diferenciação entre os chamados "direitos do homem" e "direitos humanos". Ingo Wolfgang faz particular distinção, atribuindo aos "direitos do homem" cunho de direito natural ou ainda não positivado. Bruno Galindo, no entanto, faz uma ferrenha crítica a tal distinção, argumentando que "direitos do homem" e "direitos humanos" são sempre direitos intrínsecos à natureza humana, podendo estes estar positivados ou não.[25]

Tal assertiva se faz válida, haja vista que a terminologia "direitos do homem" traz consigo uma ideia de direito inerente à pessoa humana, pertencente ao indivíduo em razão de sua condição humana, coincidindo com o próprio conceito de "direitos humanos".

Em suma, as nuances conceituais apresentadas são deveras importantes para a delimitação e entendimento dos chamados "direitos fundamentais", sendo estes, repise-se, direitos reconhecidos e assegurados no âmbito constitucional Estatal. Embora tais denominações sejam limítrofes, não se pode aceitar uma infeliz generalização, utilizando-se de um único conceito para a abordagem de situações diferenciadas e específicas.

2.3.2. *Breve histórico sobre o surgimento dos Direitos Fundamentais*

A análise do surgimento dos direitos fundamentais é deveras relevante, uma vez que demonstra a importância desses direitos, além de promover uma localização histórica, espacial e temporal. Todavia, projetar um *iter* do surgimento dos direitos fundamentais consiste em uma tarefa, ainda hoje, sujeito a controvérsias.

Jorge Miranda, por exemplo, sustenta que "somente há direitos fundamentais, insistimos, quando o Estado e a pessoa, a autoridade e a liberdade se distinguem e até, em maior ou menor medida, se contrapõem"[26]. Assim, os direitos fundamentais, como postos hoje, somente teriam sido reconhecidos com a constitucionalização e evolução dos Estados, haja vista que o exercício e a limitação do poder são reflexos dos direitos e deveres das pessoas.

Visualiza-se, no processo do desenvolvimento dos direitos fundamentais, duas épocas distintas.

---

(24) COMPARATO, Fábio Konder. *A afirmação histórica dos direitos humanos*. 6. ed. São Paulo: Saraiva, 2008. p. 58-59.

(25) GALINDO, Bruno. *Direitos fundamentais*: análise de sua concretização constitucional. Curitiba: Juruá, 2003. p. 48.

(26) MIRANDA, Jorge. *Manual de direito constitucional*, Tomo IV, 2. ed. Coimbra: Coimbra, 1993. p. 12.

Nas palavras de J. J. Canotilho:

> Em geral, costuma-se fazer um *corte histórico* no processo de desenvolvimento da ideia de direitos fundamentais, conducente a uma separação absoluta entre duas épocas: uma, anterior ao *Virginia Bill of Rigths* (12.6.1776) e à *Declaration ds Droits de l'Homme et du Citoyen* (26.8.1789), caracterizada por uma relativa *cegueira* em relação à ideia dos direitos do homem;outra, posterior a esses documentos, fundamentalmente marcada pela chamada *constitucionalização* ou *positivação* dos direitos do homem nos documentos constitucionais.(27)

Há de se preferir, por ser mais completa, no entanto, a divisão proposta por Klaus Stern, na qual se concebe a existência de uma fase pré-histórica dos direitos fundamentais que vai até o século XVI, uma fase intermediária, marcada pela doutrina jusnaturalista e afirmação dos direitos naturais do homem; e uma fase constitucionalista, iniciada em 1776, com as declarações de direitos aos novos Estados Americanos e com a Declaração dos Direitos do Homem e do Cidadão, na França.(28)

2.3.2.1. Primeiro momento histórico: a pré-história dos direitos fundamentais: Antiguidade e Início da Idade Média

A indagação acerca do surgimento dos direitos fundamentais na antiguidade faz-se desnecessária, uma vez que pacificado o entendimento de cunho negativo sobre o tema.(29) Não se pode deixar de analisar, contudo, a contribuição trazida por este período no que tange ao nascimento dos direitos fundamentais.

O desenvolvimento do pensamento sofístico, pautado na igualdade dos homens por sua natureza biológica, trouxe consigo o ideal da igualdade natural e humanidade.(30)

E é nesse pensamento filosófico da Grécia Antiga que se encontram os principais argumentos para as noções, ainda que rudimentares, de direitos inerentes

---

(27) CANOTILHO, J. J. Gomes. *Direito constitucional e teoria da Constituição*. 7. ed. Coimbra: Almedina, [19--] p. 380.

(28) STERN, Klaus. *Das Statsrecht der Bundersrepublik Deustchland*. V. III/1, München: C. H. Beck, 1998. p. 56 *apud* SARLET, Ingo Wolfgang. *A eficácia dos direitos fundamentais*. 9. ed., rev., atualiz. e ampl. Porto Alegre: Livraria do Advogado, 2008. p. 43.

(29) Nesse sentido, CANOTILHO, J. J. Gomes. *Direito constitucional e teoria da Constituição*. 7. ed. Coimbra: Almedina, p. 380-381; MORAES, Guilherme Braga Pena de. *Dos direitos fundamentais*: contribuição para uma teoria. São Paulo: LTr, 1990 e 2005. p. 32; COMPARATO, Fábio Konder. *A afirmação histórica dos direitos humanos*, 6. ed. São Paulo: Saraiva, 2008. p. 11-12; SARLET, Ingo Wolfgang. *A eficácia dos direitos fundamentais*. 9. ed., rev., atualiz. e ampl. Porto Alegre: Livraria do Advogado, 2008. p. 44; SARMENTO, Daniel. *Direitos fundamentais e relações privadas*. 2. ed. Rio de Janeiro:. Lumen Juris, 2008. p. 6.

(30) CANOTILHO, J. J. Gomes. *Direito constitucional e teoria da Constituição*. 7. ed. Coimbra: Almedina, [19--]. p. 381.

ao homem. O sofista Antifonte, como relata Fábio Konder Comparato, critica a divisão da humanidade em gregos e bárbaros, em uma tentativa de aniquilar a superioridade de uns sobre os outros.[31]

Em outro momento, ainda na Grécia Antiga, Sócrates tenta demonstrar que a essência do ser humano está na alma, de modo que a mera aparência não pode ser confundida com a essência, com as qualidades que constituem o indivíduo.

O pensamento estóico, por conseguinte, traz consigo a ideia de igualdade entre os homens, nos dizeres de Fábio Konder Comparato, pautados em "uma unidade moral do ser humano e a dignidade do homem, considerado filho de Zeus e possuidor, em consequência, de direitos inatos e iguais em todas as partes do mundo, não obstante as inúmeras diferenças individuais e grupais".[32]

Não se pode esquecer, todavia, das contribuições advindas do Cristianismo medieval no tocante aos direitos fundamentais. Nas palavras de Canotilho:

> As concepções cristãs medievais, especialmente o direito natural tomista, ao distinguir entre *lex divina, lex natura e lex positiva* abriram o caminho para a necessidade de submeter o direito positivo às normas jurídicas naturais, fundada na própria natureza dos homens. (...) Ora, foi a secularização do direito natural pela teoria dos valores objectivos da escolástica espanhola (Francisco de Vitória, Vazquez e Suare) que, substituindo a vontade divina pela "natureza ou razão das coisas", deu origem a uma concepção secular do direito natural, posteriormente desenvolvida por Grotius, Pufendorf e Locke. Aqui são os preceitos da "*rectae rationis*" (noção explicitada logo no séc. XIV por Guiherme de Ockam) que, desvinculados do peso metafísico e nominalístico, conduzirão à ideia de *direitos naturais do indivíduo* e à concepção de *direitos humanos universais.*[33]

Com o Cristianismo, reconheceu-se a verdadeira dignidade de cada ser humano. Bastava ser homem para ser dotado de valor, para ser igual a qualquer outro homem perante a Deus. A liberdade aqui pregada era a liberdade espiritual, expressada pela fé dos filhos de Deus, não se vislumbrando a liberdade política nesse momento.

Abstraindo as questões religiosas, nota-se que, implicitamente, a doutrina cristã trazia em seu bojo uma ideia de direitos humanos, direitos existentes somente pela condição natural da existência do ser humano, prelúdio dos direitos fundamentais positivados nos ordenamentos.

---

(31) COMPARATO, Fábio Konder. *A afirmação histórica dos direitos humanos*. 6. ed. São Paulo: Saraiva, 2008. p. 15.

(32) *Ibidem*.

(33) *Op. cit.*, p. 382.

Por fim, vale ressaltar a importância das cartas de franquias medievais dadas pelos reis aos vassalos como precursora de alguns, ainda que rudimentares, direitos fundamentais, em especial a *Magna Carta Libertatum seu Concordiam inter regem Johannen at barones pro concessione libertatum ecclesiae et regni angliae* de 1215, outorgada pelo Rei João Sem Terra. A Magna Carta trazia, em verdade, regras de convivência entre os reis e os barões, bem como servia como um documento de garantia e franquia dos cidadãos em troca do direito de supremacia do rei.

Ainda mais, a Magna Carta preceituava os direitos do homem, já que, em seu bojo, detectava-se tais direitos, como o disposto no seu art. 39:

> Art. 39. Nenhum homem livre será preso, aprisionado ou privado de uma propriedade, ou tornado fora da lei, ou exilado, ou de maneira alguma destruído, nem agiremos contra ele ou mandaremos alguém contra ele, a não ser por julgamento legal dos seus pares, ou pela lei da terra.

Assim, pode-se observar a garantia de um devido processo legal (na expressão *Law of Land*) e um direito à liberdade de locomoção (direitos fundamentais consagrados em nosso ordenamento jurídico), ainda que mitigados, já nesta época, de modo a ser a Magna Carta fonte de posteriores direitos fundamentais.

2.3.2.2. Segundo momento histórico: da doutrina jusnaturalista à afirmação dos direitos naturais do homem

É inquestionável a importância das doutrinas jusnaturalistas surgidas a partir do século XVI no processo de desenvolvimento e posterior afirmação dos direitos fundamentais. O pensamento de Santo Tomás de Aquino possui grande relevância nessa ordem já que, como diz Ingo Wolfgang Sarlet, trouxe à baila a existência de duas ordens distintas, em que o direito natural deveria ser obedecido pelo direito em que positivo, justificando até mesmo o exercício do direito de resistência da população.(34)

Com o advento da concepção secular dos direitos naturais, estes sendo inerentes à condição humana, não são criados e outorgados pelo legislador. O direito positivo deve, em verdade, submeter-se às normas jurídicas naturais.(35)

Tal entendimento é decorrente, principalmente, das teorias desenvolvidas entre os séculos XVII e XVIII, justificadas principalmente pelas obras de Samuel Puffendort, Hugo Grócio, John Milton e Thomas Hobbes. A noção contratualista da sociedade e o direito natural racionalista ganham corpo por meio da assinatura de diversas Cartas de Direitos assinadas pelos monarcas na época, com destaque a *Petition of Rights* (1628), *Habeas Corpus Act* (1679) e *Bill of Rights* (1689), que instituiu o governo parlamentar inglês assinada por Guilherme III.

---

(34) SARLET, Ingo Wolfgang. *A eficácia dos direitos fundamentais*. 9. ed., rev., atualiz. e ampl. Porto Alegre: Livraria do Advogado, 2008. p. 45.
(35) MORAES, Guilherme Braga Pena de. *Dos direitos fundamentais*: contribuição para uma teoria. São Paulo: LTr, [1990 e 2005]. p. 35.

Esses documentos trazem consigo uma noção geral de direitos, considerados como inerentes à mera condição de cidadãos ingleses, refletidos nos direitos e liberdades até então reconhecidos, tais como o direito à petição, o *habeas corpus*, a proibição das prisões arbitrárias e o devido processo legal (ainda que em fase de desenvolvimento).

Dessa maneira, diminuiu-se o poder monárquico sobre os cidadãos ingleses, consagrando direitos antes inexistentes. Isto significou, por conseguinte, um avanço no que tange à liberdade anteriormente restrita a uma parcela da sociedade inglesa.

As ideias iluministas, combatentes de um absolutismo em queda, foram de grande valia nessa fase anterior ao surgimento dos direitos fundamentais. Vale ressaltar a contribuição de John Locke neste período, comentada por Ingo Wolfgang:

> [...] primeiro a reconhecer aos direitos naturais e inalienáveis do homem (vida, liberdade, propriedade e resistência) uma eficácia oponível, inclusive, aos detentores do poder, este, por sua vez, baseado no contrato social, ressaltando-se, todavia, a circunstância de que, para Locke, apenas os cidadãos (e proprietário, já identifica ambas as situações) poderiam valer-se do direito de resistência, sendo verdadeiros sujeitos, e não meros objetos do governo.[36]

Rousseau, por sua vez, defendia em *O Contrato Social*, um estágio primário, caracterizado pela liberdade natural plena do homem. Em um segundo estágio, haveria a verificação, por parte dos homens, de um contrato social, em que se visualiza uma sujeição do indivíduo à sociedade, estando o Poder fundamentado em uma vontade da maioria[37]. Assim, o homem obedeceria ao Estado, pois participou da elaboração das suas normas, pensamento este compartilhado por Locke e Hobbes.

A grande diferença entre Locke e Hobbes, de acordo com Oscar Vilhena Vieira, é visualizada no modo como cada um destes autores descreve o ser humano. Para Hobbes, os seres humanos viveriam em um Estado de guerra contra todos e que, para serem pacificados, necessitariam de um Estado forte. Já o ser humano de Locke, sabendo diferenciar o justo do injusto, optaria pela criação de um Estado imparcial, que auxiliasse no bom relacionamento entre os indivíduos.[38]

Encerrando essa fase iluminista de tendência jusnaturalista dos direitos humanos, uma breve consideração sobre o pensamento de Kant faz-se necessária. Kant, inspirado pelos ensinamentos de Rousseau, determina que o homem possui

---

(36) SARLET, Ingo Wolfgang. *A eficácia dos direitos fundamentais*. 9. ed., rev., atualiz. e ampl. Porto Alegre: Livraria do Advogado, 2008. p.46.

(37) *Op. cit.*, p. 37.

(38) VIEIRA, Oscar Vilhena. *Direitos fundamentais*: uma leitura da jurisprudência do STF. Colaboração de Flávia Scabin. [S.I.] Malheiros, 2006. p. 29-30.

liberdade jurídica na medida em que expressou seu livre consentimento ao Estado na elaboração de determinada norma, devendo obedecer somente àquelas em que participou na elaboração, como preceitua Bobbio[39].

O pensamento Kantiano, portanto, se baseia no estabelecimento de uma lei para todos os seres humanos racionais, para que estes possam julgar suas ações segundo máximas tais que, os mesmos possam querer que elas devam servir como leis universais.[40]

2.3.2.3. Terceiro momento histórico: constitucionalização dos direitos fundamentais

Notoriamente, as ideias iluministas anteriormente expostas foram de contribuição decisiva para o nascimento dos direitos fundamentais. Segundo Ingo Wolfgang Sarlet, ainda há uma discussão acerca do surgimento dos direitos fundamentais:

> A despeito do dissídio doutrinário sobre a paternidade dos direitos fundamentais, disputada entre a Declaração de Direitos do povo da Virgínia, de 1776, e a Declaração Francesa, de 1789, é a primeira que marca a transição dos direitos de liberdade legais ingleses para os direitos fundamentais constitucionais. As declarações Americanas incorporaram virtualmente os direitos e liberdades já reconhecidos pelas suas antecessoras inglesas do século XVII, direitos estes que também haviam sido reconhecidos aos súditos das colônias americanas, com nota distintiva de que, a despeito da virtual identidade de conteúdo, guardaram as características da universalidade e supremacia dos direitos naturais, sendo-lhes reconhecida a eficácia inclusive em relação à representação popular, vinculando, assim, todos os poderes públicos.[41]

A Declaração de Direitos do Povo da Vírginia estabeleceu um marco histórico no tocante à independência das 13 colônias americanas e, por consequência, trouxe consigo o surgimento dos direitos fundamentais. No entanto, como bem assevera Daniel Sarmento, a Constituição Americana de 1787 deixou de estabelecer qualquer rol de direitos, omissão que só veio a ser suprida com a aprovação do *Bill of Rights*, que consistiram em dez emendas elencando liberdades públicas e garantias constitucionais ao cidadão americano.[42]

---

(39) BOBBIO, Noberto. *A era dos direitos*. Rio de Janeiro: Campus, 1999. p. 86.
(40) *Op. cit.*, p. 30.
(41) SARLET, Ingo Wolfgang. *A eficácia dos direitos fundamentais*. 9. ed., rev., atualiz. e ampl. Porto Alegre: Livraria do Advogado, 2008. p. 50. Neste mesmo sentido, COMPARATO, Fábio Konder. *A afirmação histórica dos direitos humanos*. 6. ed. São Paulo: Saraiva, 2008. p. 50.
(42) SARMENTO, Daniel. *Direitos fundamentais e relações privadas*. 2. ed. Rio de Janeiro: *Lumen Juris*, 2006. p. 10.

Não menos importante foi a Declaração dos Direitos do Homem e do Cidadão, consagração do combate ao Absolutismo por meio da Revolução Francesa, divisor histórico dos interesses burgueses da época. Para Jane Reis Gonçalves Pereira, a concepção jurídica instaurada pela Revolução de 1789 não só promoveu a modificação do sistema político vigente, como também modificou a estrutura social antes vislumbrada. A partir desse momento, as pessoas nasceriam livres e iguais, sendo titulares de direitos naturais protegidos pela organização da sociedade.(43)

Contudo, algumas diferenciações entre esses dois documentos se fazem necessárias. Ingo Wolfgang Sarlet trata sobre elas, afirmando, em primeiro lugar, que a Declaração Francesa tem intrínseco, em seu conteúdo democrático e social, a questão revolucionária e constitucional. Em segundo lugar, diz ainda que a Declaração Francesa não postulava a condição de uma Constituição, permanecendo por muito tempo virtualmente à disposição do legislador, haja vista que não vinculavam o parlamento. Por fim, ressalta o autor que o sentido revolucionário da Declaração Francesa é fundado na criação de uma nova constituição, enquanto na Declaração Americana, esse sentido era visto por meio da independência.(44)

Embora latentes tais diferenças, foi a Declaração dos Direitos do Homem e do Cidadão que fomentou o processo de constitucionalização dos direitos fundamentais no Século XIX, ao conferir aos cidadãos direitos e liberdades fundamentais, decorrentes dos ideais revolucionários ínsitos na Revolução Francesa — liberdade, igualdade e fraternidade, tríade de base kantiana.

2.3.3. *As diversas dimensões dos Direitos Fundamentais*

Após o surgimento dos direitos fundamentais, muitas constituições passaram a reconhecê-los em seus textos. No entanto, os direitos fundamentais não ficaram estagnados nos textos constitucionais. Pelo contrário, passaram por diversas mutações ao longo de sua evolução histórica. Em razão disso, observou-se a existência de dimensões(45) nos direitos fundamentais, fruto do natural desenvolvimento dos mesmos.

---

(43) PEREIRA, Jane Reis. Apontamentos sobre a aplicação das normas de direito fundamental nas relações jurídicas entre particulares In: BARROSO, Luís Roberto (org.) *A nova interpretação constitucional*: ponderação, direitos fundamentais e relações privadas. 3. ed. Rio de Janeiro: Renovar, p. 125.

(44) SARLET, Ingo Wolfgang. *A eficácia dos direitos fundamentais*. 9. ed., rev., atualiz. e ampl. Porto Alegre: Livraria do Advogado, 2008. p. 51.

(45) Segundo informações de George Marmelstein, em seu livro *Curso de direitos fundamentais*. São Paulo: Atlas, 2008. p. 40. A teoria das dimensões dos direitos fundamentais fora criada pelo jurista tcheco naturalizado francês Karel Vasak, inspirado nos ideais da Revolução Francesa de liberdade, igualdade e fraternidade. Em razão disso, os direitos fundamentais de primeira geração expressariam os ideais de liberdade, trazidos pelas revoluções burguesas; os de segunda geração, os de igualdade, impulsionados pela revolução industrial e pelos problemas dela advindos e os de terceira geração, ideais de fraternidade, que ganhou força após a Declaração Universal dos Direitos Humanos de 1948. (MARMELSTEIN, George. *Curso de direitos fundamentais*. São Paulo: Atlas, 2008).

Inicialmente, falava-se em gerações de direitos fundamentais, adotando-se a ideia de que a própria história destes direitos denotaria uma ideia de gradação.

Desse modo, surgiram primeiramente os chamados direitos de primeira geração, dotados de um cunho negativo, resultantes de uma abstenção do Estado. Resultariam do ideal de liberdade. Logo após, surgiram os direitos fundamentais de segunda geração, chamados direitos sociais, que traziam consigo uma atuação positiva do Estado na efetivação dos mesmos, com atenção especial ao ideal revolucionário francês da igualdade. Em seguida, vislumbrar-se-ia os chamados direitos fundamentais de terceira geração, caracterizados pela proteção de uma coletividade, exprimindo assim o ideal de fraternidade.

Defende-se, por fim, a existência de uma quarta geração de direitos fundamentais, capitaneada por Paulo Bonavides no Brasil, onde estariam caracterizados os direitos à democracia direta e à informação pelo direito ao pluralismo(46).

No entanto, a adoção da terminologia "gerações de direitos fundamentais" revela-se extremamente problemática, haja vista que sugere uma substituição de cada geração por outra. Desta maneira, os direitos fundamentais não estariam se cumulando e expandindo ao longo do processo histórico, mas apenas sendo substituídos por cada geração que passasse(47).

Em razão disso, prefere-se a utilização do termo "dimensões", fundamentando-se na razão de que se utiliza este termo para indicar dois ou mais componentes ou aspectos do mesmo fenômeno ou elemento, dando uma ideia de complementaridade e não mais sobreposição.

2.3.3.1. Direitos Fundamentais de 1ª dimensão

As revoluções burguesas dos séculos XVII e XVIII proporcionaram uma mudança efetiva na ordem política mundial, como fora dito em linhas anteriores. O Estado Absolutista cede lugar para o Estado de Direito, permeado dos valores incorporados pelas declarações de direitos deste período, como a Declaração Universal dos Direitos do Homem e do Cidadão, de 1789, e da Declaração de Direitos dos Povos da Virgínia, de 1776.

---

(46) BONAVIDES, Paulo. *Curso de direito constitucional.*16 ed. São Paulo: Malheiros, 2005. p. 572.

(47) Neste sentido, BEZERRA, Paulo César Santos. *Temas atuais de direitos fundamentais.* Ilhéus: Editus, 2006. p. 32; AIRES, Mariella Carvalho de Farias. O papel do Ministério Público do Trabalho na Efetivação dos Direitos Humanos Postivados. In: *Revista de Direito do Trabalho.* RT, n. 122, p. 103, 2006; GALINDO, Bruno. *Direitos fundamentais*: análise de sua concretização constitucional. Curitiba: Juruá, 2003. p. 57; SARLET, Ingo Wolfgang. *A eficácia dos direitos fundamentais.* 9. ed., rev., atualiz. e ampl. Porto Alegre: Livraria do Advogado, 2008. p. 52-53. DIMOULIS, Dimitri; MARTINS, Leonardo. *Teoria geral dos direitos fundamentais.* 2ª tiragem, São Paulo: Revista dos Tribunais, 2008. p. 34-35.

Inspirados no ideal de liberdade, visualizado por meio da Revolução Francesa, os direitos fundamentais de primeira dimensão surgiram fundados na premissa de abstenção do Estado em face ao indivíduo. Possuem como característica uma notória concepção individualista, pela qual se conclui que seus titulares são os indivíduos.

Representam, ao indivíduo, o ideal de liberdade em face ao poder do Estado, já que agora os indivíduos não são mais meros telespectadores da atuação estatal, mas, sim, são considerados cidadãos livres para exercer seus direitos tutelados pelo Estado.

Em razão disso, são apresentados como direitos de cunho negativo, uma vez que o Estado não pode influenciar na esfera particular. Assim, são considerados direitos de oposição e resistência em face ao Estado, antes opressor.

Como bem anota Paulo Bonavides, "são por igual direitos que valorizam o homem-singular, o homem das liberdades abstratas, o homem da sociedade mecanicista que compõe a chamada sociedade civil, da linguagem jurídica mais usual"(48).

Como exemplo de direitos fundamentais de primeira dimensão tem-se os direitos à vida, à liberdade, à propriedade e à igualdade perante a lei. Posteriormente, são complementados por uma vasta gama de liberdades, como os direitos de opinião e expressão, direito à privacidade, à liberdade de locomoção(49).

Surge aqui também o conceito de direito de igualdade, visto em sua acepção formal, perante a lei, e garantias processuais tanto noticiadas ao longo da evolução histórica dos direitos fundamentais, como o devido processo legal, direito de petição e o *habeas corpus*(50).

2.3.3.2. Direitos Fundamentais de 2ª dimensão

A revolução industrial ocorrida nos séculos XIX e XX proporcionou um crescimento econômico acelerado, desconhecido para as épocas pretéritas, muitas vezes regidas pela agricultura e tecelaria. No entanto, a prosperidade econômica visualizada na época não foi gozada por uma maioria. Essa grande quantidade de pessoas, em verdade, foi prejudicada pelo desenvolvimento industrial sob a ótica de que não puderam garantir a efetivação de seus direitos de liberdade e igualdade, ainda que formal, em sua plenitude.

---

(48) BONAVIDES, Paulo. *Curso de direito constitucional*. 16 ed. São Paulo: Malheiros, 2005. p. 564.

(49) AIRES, Mariella Carvalho de Farias. O papel do Ministério Público do Trabalho na Efetivação dos Direitos Humanos Postivados. In: *Revista de Direito do Trabalho*. RT, n. 122, p. 101, 2006.

(50) SARLET, Ingo Wolfgang. *A eficácia dos direitos fundamentais*. 9. ed., rev., atualiz. e ampl. Porto Alegre: Livraria do Advogado, 2008. p. 54.

O Estado já não era mais capaz de garantir uma harmonia nas relações sociais. Em razão disto, os séculos em questão foram palco de grandes manifestos por melhoras nas condições de trabalho enfrentadas pelos operários, por direito à saúde, à educação, dentre outros. Segundo George Marmelstein, a própria Igreja Católica, que vinha se mantendo neutra nos conflitos entre os trabalhadores, publicou, em 1891, a encíclica *Rerum Novarum*, na qual criticava as condições de vida das classes trabalhadoras e apoiava o reconhecimento de vários direitos trabalhistas — embora consideradas ideias disseminadas de Karl Marx(51).

É nesse contexto que surgem os direitos fundamentais de segunda dimensão. O Estado não poderia mais se manter inerte diante das injustiças sociais. Deveria este atuar positivamente na efetivação dos direitos que garantissem as necessidades mínimas do ser humano, proporcionando o chamado Welfare State, ou Estado do bem-estar social.

Isso não significava que o Estado deveria abandonar o capitalismo. Pelo contrário, o Estado do bem-estar social partia da premissa garantidora dos alicerces do capitalismo, como a livre iniciativa e a garantia da propriedade privada, mas não se esquecia dos direitos garantidores de uma vida digna para o indivíduo.

Embora já houvesse notícias desses direitos nas Constituições francesas de 1793 e 1848, bem como na Constituição Alemã de 1849 e na Constituição Brasileira de 1824, foram as Constituições Mexicana de 1917 e Alemã de Weimar que primeiro, efetivamente, positivaram esses direitos(52). Verificam-se, pois, os chamados direitos sociais, direitos do indivíduo perante o Estado. São típicos exemplos desses direitos os direitos trabalhistas, direito à saúde, direito à educação, direito à assistência e previdência social.

Como assevera Ingo Sarlet, a nota distintiva desses direitos é a sua dimensão positiva, já que não se cuida mais da liberdade do e perante o Estado, senão da liberdade por intermédio do Estado.

A distinção entre a primeira e a segunda dimensões, basicamente, para Antonio-Enrique Pérez Luño, baseia-se no fato de que os direitos de primeira geração são considerados como direitos de defesa das liberdades do indivíduo, exigindo do Estado uma atitude passiva e de vigilância em termos de polícia administrativa, enquanto os direitos fundamentais de segunda geração, direitos de participação, exigem do Estado uma política ativa para garantir o seu exercício(53).

---

(51) MARMELSTEIN, George. *Curso de direitos fundamentais*. São Paulo: Atlas, 2008. p. 49.

(52) Nesse sentido, TAVARES, André Ramos. *Direito constitucional econômico*. 2. ed. São Paulo: Método, 2006. p. 89-92. MARMELSTEIN, George. *Curso de direitos fundamentais*. São Paulo: Atlas. 2008. p. 49-50.

(53) LUÑO, Antonio-Enrique Pérez. Las Geraciones de Derechos Humanos. In: *Revista del Centro de Estúdios Constitucionales*, n. 10., p. 205-206, Septiembre-Diciembre 1991. Disponível em:

Vale ressaltar que os direitos de segunda geração abordam também as chamadas "liberdades sociais", como a liberdade de sindicalização e o direito à greve, representando um caráter negativo, de abstenção por parte do Estado, bem como o reconhecimento dos direitos fundamentais dos trabalhadores(54).

2.3.3.3. Direitos Fundamentais de 3ª dimensão

Após o contexto vivido durante a primeira e segunda guerra mundial, verificou-se o surgimento de uma terceira dimensão de direitos fundamentais, baseados no ideal francês de fraternidade entre os povos.

As guerras experimentadas à época fez com que surgisse nos países uma reflexão acerca de ideais de paz, de desenvolvimento, de proteção ao meio ambiente, de comunicação entre os povos e preservação do patrimônio comum da humanidade(55).

Em razão disso, surgem, nesse período, diversos tratados internacionais fundados no claro objetivo de fomentar e propagar os direitos fundamentais de terceira dimensão. Como exemplo, é possível elencar a Declaração Universal dos Direitos Humanos, Pacto Internacional de Direitos Econômicos, Sociais e Culturais e o Pacto Internacional de Direitos Civis e Políticos, conhecido como Pacto de San Jose da Costa Rica.

Esses direitos destinam-se à proteção da coletividade e de grupos humanos, de maneira que possuem como característica marcante o fato de serem direitos de titularidade difusa ou coletiva (natureza transindividual). São direitos de toda a humanidade, exigindo, assim, uma mobilização não só do Estado, mas também uma movimentação na ordem do Direito Público Internacional por meio dos Tratados. Segundo G.E. do Nascimento e Silva e Hildebrando Accioly:

> Esta noção de terceira geração dos direitos é baseada no princípio de uma ordem jurídica flexível, da qual emergem as normas, que às vezes são o prolongamento de conceitos antigos ou então de interpretações dos aspectos da ordem social. [...] O que caracteriza esses direitos de terceira geração [...] é que são desfrutados de maneira coletiva, ou seja, pelo indivíduo, pelo Estado e por outras entidades públicas e privadas.(56)

<http://www.cepc.es/rap/Frames.aspx?IDS=qins0qjcsbmigxqpzog2ec55_407909&ART=15,21414,R-CEC_10_201.pdf>. Acesso em: 20 de março de 2009.

(54) SARLET, Ingo Wolfgang. *A eficácia dos direitos fundamentais*. 9. ed., rev., atualiz. e ampl. Porto Alegre: Livraria do Advogado, 2008. p. 55.

(55) BONAVIDES, Paulo. *Curso de direito constitucional*. 16 ed. São Paulo: Malheiros, 2005. p. 569.

(56) SILVA, Geraldo Eulálio do Nascimento; ACCIOLY, Hidelbrando. *Manual de direito internacional público*. 15 ed., rev. e atualiz. São Paulo: Saraiva, 2002. p. 367.

Por serem direitos desfrutados de maneira difusa[(57)], tendo por destinatário o gênero humano, verifica-se na essência desses direitos um conteúdo de cunho excludente e negativo, atuando como direitos de caráter defensivo, embora gozados de maneira universal[(58)]. Por isso, distinguem-se dos direitos fundamentais de primeira e segunda dimensão, em razão do conteúdo humanitário e universal que permeia esse direito.

2.3.3.4. Direitos Fundamentais de 4ª dimensão

Capitaneada no Brasil por Paulo Bonavides, uma corrente doutrinária defende a existência de uma quarta dimensão de direitos fundamentais, baseada na globalização desses direitos.

Para o autor mencionado, "globalizar direitos fundamentais equivale a universalizá-los no campo institucional. Só assim aufere humanização e legitimidade um conceito que, doutro modo, qual vem acontecendo de último, poderá aparelhar unicamente a servidão do porvir"[(59)].

Assim, a universalização no campo institucional corresponderia à fase de institucionalização do Estado Social — Estado criado para atender aos reclames de índole assistencial da sociedade, que clamavam por uma intervenção estatal que assegurasse condições mínimas àqueles incapazes de prover seu próprio sustento[(60)].

---

(57) A Medida Cautelar em ADI 3540, julgada em 1º.9.2005, tendo como relator o Ministro Celso de Mello do Tribunal Pleno do STF reconheceu o direito à preservação do meio ambiente como direito fundamental de terceira dimensão, passível de tutela por parte do Estado e por toda a coletividade, em razão de seu caráter transindividual. Assim, pode-se perceber que os direitos fundamentais de terceira dimensão são de titularidade de todos os indivíduos, por sua condição humana, como é demonstrado a seguir: EMENTA: MEIO AMBIENTE — DIREITO À PRESERVAÇÃO DE SUA INTEGRIDADE (CF, ART. 225) — PRERROGATIVA QUALIFICADA POR SEU CARÁTER DE METAINDIVIDUALIDADE — DIREITO DE TERCEIRA GERAÇÃO (OU DE NOVÍSSIMA DIMENSÃO) QUE CONSAGRA O POSTULADO DA SOLIDARIEDADE [...] COLISÃO DE DIREITOS FUNDAMENTAIS — CRITÉRIOS DE SUPERAÇÃO DESSE ESTADO DE TENSÃO ENTRE VALORES CONSTITUCIONAIS RELEVANTES — OS DIREITOS BÁSICOS DA PESSOA HUMANA E AS SUCESSIVAS GERAÇÕES (FASES OU DIMENSÕES) DE DIREITOS (RTJ 164-158, 160-161) [...] — Todos têm direito ao meio ambiente ecologicamente equilibrado. **Trata-se de um típico direito de terceira geração (ou de novíssima dimensão), que assiste a todo o gênero humano** (grifo nosso) (RTJ 158-205-206). Incumbe, ao Estado e à própria coletividade, a especial obrigação de defender e preservar, em benefício das presentes e futuras gerações, esse direito de titularidade coletiva e de **caráter transindividual** (grifo nosso) (RTJ 164/158-161). O adimplemento desse encargo, que é irrenunciável, representa a garantia de que não se instaurarão, no seio da coletividade, os graves conflitos intergeneracionais marcados pelo desrespeito ao dever de solidariedade, que a todos se impõe, na proteção desse bem essencial de uso comum das pessoas em geral [...].

(58) SARLET, Ingo Wolfgang. *A eficácia dos direitos fundamentais*. 9. ed., rev., atualiz. e ampl. Porto Alegre: Livraria do Advogado, 2008. p. 58.

(59) BONAVIDES, Paulo. *Curso de direito constitucional*. 16. ed. São Paulo: Malheiros, 2005. p. 571.

(60) TAVARES, André Ramos. *Direito constitucional econômico*. 2. ed. São Paulo: Método. 2006. p. 58.

Para Paulo Bonavides seriam direitos de quarta dimensão, os direitos à democracia, à informação e ao pluralismo. Ingo Sarlet, comentando tais direitos, afirma que:

> A proposta do Prof. Bonavides, comparadas com as posições que arrolam os direitos contra a manipulação genética, mudança de sexo, etc., como integrando a quarta geração, oferece a nítida vantagem de constituir, de fato, uma nova fase no reconhecimento dos direitos fundamentais, qualitativamente diversas das anteriores, já que não se cuida apenas de vestir com roupagem novas reivindicações deduzidas, em sua maior partem dos clássicos direitos de liberdade(61).

Os direitos de quarta dimensão, portanto, embora estejam longe de ser positivados, são essenciais para que se alcance uma maturidade no que tange à globalização política. Somente com a compreensão deles, a cidadania poderá ser exercida em sua plenitude, promovendo, assim, a liberdade de todos os povos.

2.3.4. *Características dos Direitos Fundamentais*

Os direitos fundamentais encontram-se pautados no conceito de Estado Democrático de Direito, sendo a dignidade da pessoa humana alicerce maior do ordenamento jurídico.

Em razão disso, observam-se algumas características comuns a todos os direitos fundamentais, de modo a promover distinções entre estes e outros direitos. Afora isso, as características comuns dos direitos fundamentais servem como critérios unificadores destes, de modo a identificá-los entre si.

Seguindo a classificação de Dirley da Cunha Júnior(62), analisar-se-ão as características elencadas a seguir.

2.3.4.1. Historicidade

A historicidade dos direitos fundamentais reflete o fato de serem os direitos fundamentais fruto de uma evolução histórica. Desta maneira, observa-se que os direitos fundamentais não foram produtos de um momento histórico isolado, mas sim de uma mutação progressiva.

Note-se que, os direitos fundamentais passaram por um processo evolutivo, em que se vislumbram notícias desde a Idade Antiga. Trilharam, portanto, um

---

(61) *Op. cit.*, p. 59.
(62) CUNHA JUNIOR, Dirley. *Curso de direito constitucional*. Salvador: JusPodivm, 2008. p. 581-586.

caminho de desenvolvimento, reconhecimento, constitucionalização e universalização por meio dos direitos humanos postos em tratados, de sorte que ainda estão sujeitos a transformações.

2.3.4.2. Universalidade

Os direitos fundamentais englobam todos os indivíduos, haja vista que são necessários ao implemento da dignidade da pessoa humana. Em razão disso, não há qualquer distinção entre os seres humanos, de maneira que estes serão atingidos pelos direitos fundamentais independentemente de etnia, cor, sexo, credo ou opção política.

Isso não significa que os direitos fundamentais serão uniformes em todo mundo, já que são fixados de acordo com o momento histórico que cada Estado vive(63). Não se pode crer que todos os indivíduos desfrutem de todos os direitos fundamentais existentes, uma vez que existem direitos fundamentais que só interessam a um certo grupo de pessoas, como os trabalhadores, por exemplo, ou só pertencem a poucos, como os direitos políticos(64).

2.3.4.3. Inalienabilidade, imprescritibilidade e irrenunciabilidade

Não há a possibilidade de transferência dos direitos fundamentais, seja a título gratuito ou oneroso. Por isso, observa-se nos direitos fundamentais a característica de serem inalienáveis, não estando à disposição do seu titular.

Observa-se ainda a notória imprescritibilidade dos direitos fundamentais, uma vez que estes não se perdem pelo decurso do prazo, sendo sempre exigíveis(65).

---

(63) Paulo César Santos Bezerra, em sua obra *Temas Atuais de Direitos Fundamentais* (p. 42 e seguintes) afirma ser a universalidade princípio que deve ser analisado enquanto conteúdo, forçando, assim, que houvesse um temperamento nessa universalidade. Para ele, "Cerrar fileiras na universalidade absoluta de todos esses direitos reclama por uma mudança de posição crítica. Atribuir universalidade aos chamados direitos fundamentais que constam nos textos normativos é uma falácia histórica que deve ser desmistificada. E isso se dá porque ninguém, em bom juízo, pode negar a álea de discricionariedade dada ao legislador, para fazer mudar a tábua de direitos escritos nos textos, mesmo os Constitucionais". Afirma, ainda, que a relativização da universalidade engloba qualquer dimensão de direitos fundamentais, já que os direitos não são universais, mas, sim, sua proteção é absoluta. Por fim, entende que esses direitos só podem ser postos em prática de modo gradual, já que a universalidade só pode ser conhecida no plano do reconhecimento e não no plano fático. (In: BEZERRA, Paulo César Santos. *Temas atuais de direitos fundamentais*. Ilhéus: Editus, 2006. p. 42).

(64) CUNHA JUNIOR, Dirley. *Curso de direito constitucional*. Salvador: JusPodivm, 2008. p. 582.

(65) Confirmando esse entendimento, AgRg no REsp 893725 / PR AGRAVO REGIMENTAL NO RECURSO ESPECIAL 2006/0219140-9, Ministro Relator Humberto Martins, Segunda Turma, STJ, julgamento em 23.4.09: ADMINISTRATIVO E PROCESSUAL CIVIL — INDENIZAÇÃO

Afora isso, os direitos fundamentais não podem ser objeto de renúncias. Dessa característica, como entende Alexandre de Moraes, surge diversas discussões, como renúncia ao direito à vida, à eutanásia, ao aborto e ao suicídio[(66)].

2.3.4.4. Limitabilidade

Não existem direitos fundamentais absolutos, de modo que os direitos fundamentais podem colidir com outros direitos fundamentais[(67)]. Neste caso, deverá haver a proteção do núcleo mínimo dos direitos fundamentais, visando fazer com que estes consigam se coadunar com a realidade fática apresentada. Para que os direitos fundamentais convivam em harmonia, é necessário que haja a resolução dos conflitos por meio da aplicação dos postulados, devendo o magistrado contar com a ponderação de interesses, proibição do excesso e concordância.

Ponderando-se os interesses diante dessa situação concreta, o magistrado conseguirá "impor compressões recíprocas sobre os interesses protegidos pelos princípios em disputa, objetivando lograr um ponto ótimo, em que a restrição a cada interesse seja a mínima indispensável à convivência com o outro"[(68)].

— REPARAÇÃO DE DANOS MATERIAIS E MORAIS — TORTURA — REGIME MILITAR — NÃO INCIDÊNCIA DA PRESCRIÇÃO QUINQUENAL — ART. 1º DO DECRETO N. 20.910/1932 — IMPRESCRITIBILIDADE. 1. A jurisprudência do STJ é firme no sentido de que a prescrição quinquenal não se aplica aos casos de reparação de danos causados por **violações dos direitos fundamentais que são imprescritíveis** (grifo nosso), principalmente quando se fala da época do Regime Militar, quando os jurisdicionados não podiam buscar a contento suas pretensões. Precedentes. 2. Ademais, o argumento referente à afronta ao Princípio da Reserva de Plenário foi trazido, tão somente, nas razões do agravo regimental ora analisado, o que configura patente inovação da tese. "É vedado à parte inovar em sede de agravo regimental." (AgRg no Ag 875.054/SP, Rel. Min. Denise Arruda, julgado em 7.8.2007, DJ 6.9.2007). Agravo regimental improvido.

(66) MORAES, Alexandre de. *Direitos humanos fundamentais*. 7. ed. São Paulo: Atlas, 2006. p. 23. Contudo, é preciso chamar atenção para certos direitos fundamentais, chamados direitos da personalidade, podem ser objeto de parcial disposição do seu titular — por exemplo, quando o individuo dispõe de sua imagem para realização de uma campanha publicitária. Nada disto, porém, pode ser capaz de ensejar a renúncia ao direito fundamental ou a ofensa à dignidade da pessoa humana.

(67) A característica da limitabilidade dos direitos fundamentais é bem observada no HC 93250/MS, 2ª Turma do Supremo Tribunal Federal, tendo como relatora a ministra Ellen Gracie e data de julgamento em 10.6.08: PROCESSO PENAL. PRISÃO CAUTELAR. EXCESSO DE PRAZO. CRITÉRIO DA RAZOABILIDADE. INÉPCIA DA DENÚNCIA. AUSÊNCIA DE JUSTA CAUSA. INOCORRÊNCIA. INDIVIDUALIZAÇÃO DE CONDUTA. VALORAÇÃO DE PROVA. IMPOSSIBILIDADE EM *HABEAS CORPUS* [...] 6. **Na contemporaneidade, não se reconhece a presença de direitos absolutos, mesmo de estatura de direitos fundamentais previstos no art. 5º, da Constituição Federal, e em textos de Tratados e Convenções Internacionais em matéria de direitos humanos. Os critérios e métodos da razoabilidade e da proporcionalidade se afiguram fundamentais neste contexto, de modo a não permitir que haja prevalência de determinado direito ou interesse sobre outro de igual ou maior estatura jurídico-valorativa**. (grifo nosso) 7. Ordem denegada.

(68) SARMENTO, Daniel. *A ponderação de interesses na Constituição Federal*. 1. ed., 3ª Tiragem. Rio de Janeiro: Lumen Juris, 2003. p. 102.

2.3.4.5. Concorrência, complementaridade e interdependência

Pela característica da concorrência, entende-se que os direitos fundamentais podem ser exercidos de maneira cumulativa, de modo que um mesmo titular pode exercer vários direitos cumulativamente(69). Partindo da concorrência, pode-se observar outra característica, quer seja a interdependência.

Embora as normas de direitos fundamentais sejam autônomas, estas possuem diversas ligações para atingir a sua finalidade. Tem-se como exemplo a ligação entre o direito de liberdade de locomoção com a garantia fundamental do *habeas corpus*, o direito de liberdade de manifestação do pensamento com o direito de associação, dentre outros.

Por fim, observa-se ainda que os direitos fundamentais não podem ser interpretados isoladamente, mas, sim, de maneira conjunta na busca da finalidade da norma(70). Por isso os direitos fundamentais possuem, ainda, como característica a complementaridade, objetivando o alcance dos objetivos previstos pelo legislador constituinte.

2.3.4.6. Proibição do retrocesso

De maneira alguma, uma norma pode ser um retrocesso às conquistas obtidas ao longo do tempo. Sendo marcante a característica da historicidade dos direitos fundamentais, não comportam retrocessos, quer sejam por supressão desses direitos ou enfraquecimento.

Para Canotilho, seria inconstitucional qualquer medida que tendente a revogar direitos fundamentais já regulamentados, sem a criação de meios alternativos de compensação(71).

Em razão disso, as normas de direitos fundamentais são consideradas cláusulas pétreas por força do art. 60, § 4º, inciso IV da Constituição Federal, de 1988. O Constituinte criou, portanto, uma barreira às retrocessões no tocante aos direitos fundamentais, fomentando a atitude estatal no sentido progressista.

2.3.4.7. Constitucionalização

Os direitos fundamentais consistem em uma positivação dos direitos humanos ou direitos do homem no texto constitucional(72). Em razão disto, pode-se estabelecer como característica dos direitos fundamentais a constitucionalização.

---

(69) CUNHA JUNIOR, Dirley. *Curso de direito constitucional*. Salvador: JusPodivm, 2008. p. 585.

(70) MORAES, Alexandre de. *Direitos humanos fundamentais*. 7. ed. São Paulo: Atlas, 2006. p. 23.

(71) CANOTILHO, J. J. Gomes. *Direito constitucional e teoria da Constituição*. 7. ed. Coimbra: Almedina, p. 336.

(72) Remonta-se essa denominação ao ponto 2.1 deste capítulo.

Vale ressaltar que os direitos do homem são aqueles inerentes à sua condição humana, sendo direitos naturais. Pelo seu reconhecimento formal por meio dos textos constitucionais, observa-se uma força jurídica desses direitos, elevando-os a normas constitucionais de hierarquia superior no ordenamento jurídico.

Contudo, é aceito no ordenamento jurídico — direito fundamental que não esteja no texto constitucional, em razão da cláusula de abertura contida no art. 5º, § 2º da Constituição Federal, pautada na fundamentabilidade material dos direitos fundamentais. Tratar-se-á desse aspecto mais a frente.

2.3.5. Os Direitos Fundamentais na Constituição Federal de 1988

Primeiramente, vale considerar que a Constituição Federal de 1988 foi inovadora no que tange ao rol de direitos e garantias fundamentais ali expressos. Como assevera Flávia Piovesan:

> Desde seu preâmbulo, a Carta de 1988 projeta a construção de um Estado Democrático de Direito, "destinado a assegurar o exercício dos direitos sociais e individuais, a liberdade, a segurança, o bem estar, o desenvolvimento, a igualdade e a justiça como valores supremos de uma sociedade fraterna, pluralista e sem preconceitos (..)"(73)

Observa-se que o Estado Democrático de Direito brasileiro encontra-se pautado nos direitos fundamentais para garantir a sua plena efetividade. A amplitude conferida ao texto constitucional reforça a impressão sobre a posição de destaque que o constituinte quis outorgar a esses direitos(74). Em razão disto, observa-se a dignidade da pessoa humana como grande alicerce do ordenamento jurídico brasileiro, já que a pessoa é vista como fundamento e fim da sociedade e do Estado(75).

Por serem os direitos e garantias fundamentais, fundados na máxima da dignidade da pessoa humana, alicerces do sistema jurídico brasileiro, observa-se uma estruturação na Constituição Federal de 1988 diferenciada das outras constituições, enfatizando-se estes direitos e garantias fundamentais por sua inserção nos primeiros capítulos da carta magna.

Afora isso, é importante salientar que estes direitos e garantias fundamentais são cláusulas pétreas por força do art. 60, § 4º da Constituição de 1988.

---

(73) PIOVESAN, Flávia. *Direitos humanos e o direito constitucional internacional*. São Paulo: Max Limonad, 2002. p. 54.

(74) MENDES, Gilmar Ferreira. Os Direitos Fundamentais e seus Múltiplos Significados na Ordem Constitucional. *Revista Jurídica Virtual*. Brasília, v. 02, n. 13, junho de 1999. Disponível em: <http://www.planalto.gov.br/ccivil_03/revista/rev_14/direitos_fund.htm>. Acesso em: 03 abr. 2009.

(75) MIRANDA, Jorge. *Manual de direito constitucional*. Tomo IV, 2. ed. Coimbra: Coimbra, 1993. p. 166.

Gilmar Mendes Ferreira entende que, por serem elementos integrantes da continuidade e da identidade da Constituição, qualquer reforma tendente a suprimir esses direitos fundamentais seria ilegítima, por força do referido art. 60, § 4º da CF/88[76].

A Constituição Federal de 1988 concentra os direitos e garantias fundamentais no título II do seu texto, dividindo-o em cinco capítulos: direitos individuais e coletivos, direitos sociais, direitos de nacionalidade, direitos políticos e direitos relacionados à existência, organização e participação em partidos políticos. Não se almeja fazer uma exaustiva reflexão aqui acerca de cada um dos direitos fundamentais elencados nos referidos artigos, mas sim, pretende-se apenas realizar uma demonstração geral destes.

O capítulo I trata dos direitos ligados diretamente ao conceito de pessoa humana e sua própria personalidade[77]: como o direito à vida, à liberdade, à honra, à vida privada. Vale salientar que o direito à vida corresponde a um direito fundamental à existência humana, direito que torna imune a vida da pessoa humana, vida esta visualizada sob o prisma da existência digna, da garantia do mínimo existencial[78].

O capítulo II consagra os chamados direitos sociais, ligados à noção de Estado Democrático de Direito. Aqui se observa a busca por uma melhoria nas condições de vida daqueles que se encontram em situação de hipossuficiência, visando a concretização da igualdade social. Tais direitos encontram-se consagrados nos artigos sexto e seguintes da Constituição Federal de 1988, sendo exemplificados pelo direito à saúde, à educação, à moradia, ao trabalho dentre outros.

O capítulo III trata, nos artigos doze e treze da Constituição de 1988, dos direitos de nacionalidade, compreendidos, nas palavras de Alexandre de Moraes, como o vínculo que liga um indivíduo a certo Estado, fazendo deste um componente do povo[79].

No capítulo IV observam-se os direitos políticos, que correspondem ao conjunto de regras que disciplinam a atuação da soberania popular e, por fim, no Capítulo V, visualiza-se o direito à organização partidária, funcionando como instrumentos aptos à preservação do Estado Democrático de Direito.

---

(76) MENDES, Gilmar Ferreira. *Direitos fundamentais e controle de constitucionalidade*. 3. ed. São Paulo: Saraiva, 2004. p. 1.

(77) MORAES, Alexandre de. *Direitos humanos fundamentais*. 7. ed. São Paulo: Atlas, 2006. p. 25.

(78) O princípio do Mínimo Existencial ou princípio do Patrimônio Mínimo, no entendimento de Luiz Edson Fachin é valor, conceito aberto, apto de ser construído nas vicissitudes do caso concreto. Em verdade, representa um limite mínimo patrimonial capaz de suprir as necessidades de uma vida humana digna. (FACHIN, Luiz Edson. *Estatuto jurídico do patrimônio mínimo*. Rio de Janeiro: Renovar, 2001).

(79) *Op. cit.*, p. 25.

2.3.6. A fundamentabilidade formal e material e o conceito materialmente aberto dos Direitos Fundamentais

A noção de direitos fundamentais deve sempre estar conjugada com a característica da fundamentabilidade destes direitos. Em razão disto, pode-se dividir a fundamentabilidade desses direitos em formal e material.

A fundamentabilidade formal encontra-se ligada ao direito constitucional positivo, sendo resultado daquilo que se encontra positivado no texto constitucional[(80)]. Relaciona-se com as normas de direito fundamental constitucional. Segundo Robert Alexy, "entre el concepto de norma de derecho fundamental y el del derecho fundamental existen estrechas conexiones. Siempre que alguien posee un derecho fundamental, existe uma norma válida de derecho fundamental que le otorga este derecho"[(81)].

Na fundamentabilidade formal, a norma válida que outorga o direito fundamental é a própria Constituição no seu título II. Note-se que, essa fundamentabilidade formal recebeu especial atenção do constituinte, como assevera Ingo Sarlet, pois se revela não apenas na hierarquia normativa superior das normas constitucionais em geral, mas principalmente na aplicabilidade imediata constante no art. 5º, § 1º da CF/88.[(82)]

Já a fundamentabilidade material decorre da existência de decisões fundamentais sobre a estrutura básica do Estado e da Sociedade[(83)]. Observa-se que a fundamentabilidade material é visualizada cada vez que um direito fundamental protege bens e valores consagrados na ordem interna, de sorte a garantir a manutenção do Estado Democrático de Direito. Vale salientar que a fundamentalidade material emana da relevância social (e também político-estatal) do próprio valor consubstanciado no direito.

Por meio do intermédio da fundamentabilidade material concebe-se hoje o conceito materialmente aberto, em que se permite a inserção de direitos fundamentais não constantes em seu texto, mas que possuem como característica marcante o fato de serem materialmente fundamentais. Esses direitos exprimem valores sobre a estrutura do Estado e da sociedade, pautados na dignidade da pessoa humana.

É o que ocorre com os direitos fundamentais que não estão situados no rol dos direitos fundamentais do título II da Constituição, mas podem ser encontrados

---

(80) SARLET, Ingo Wolfgang. *A eficácia dos direitos fundamentais*. 9. ed., rev., atual. e ampl. Porto Alegre: Livraria do Advogado, 2008. p. 86.

(81) ALEXY, Robert. *Teoria de los derechos fundamentales*. Madrid: Centro de Estudos Constitucionales, 1993. p. 47-48.

(82) SARLET, Ingo Wolfgang. Os Direitos Fundamentais Sociais na Constituição de 1988. *Revista Diálogo Jurídico*. Salvador, CAJ — Centro de Atualização Jurídica, v. 1, n. , 2001. Disponível em: <http://www.direitopublico.com.br>. Acesso em: 03 abr. 2009.

(83) *Op. cit.*, p. 87.

em outras passagens do texto constitucional em razão de sua materialidade. Como se observou anteriormente, o rol do Título II da Constituição Federal de 1988 não é taxativo, de maneira que a fundamentabilidade material dos direitos fundamentais permitiria o reconhecimento de certos direitos que não se encontram neste rol.

O art. 5º, § 2º da Constituição estabeleceu uma regra de abertura(84) a novos direitos fundamentais, como segue:

> Art. 5º
>
> [...]
>
> § 2º Os direitos e garantias expressos nesta Constituição não excluem outros decorrentes do regime e dos princípios por ela adotados, ou dos tratados internacionais em que a República Federativa do Brasil seja parte.

Destarte, visualizam-se direitos fundamentais em face à Constituição de 1988 para além do Titulo II da própria carta, na medida em que fundamentais são os direitos tipificados como fundamentais, bem como os decorrentes do regime e princípios adotados pela Constituição e os previstos em tratados internacionais sobre direitos humanos, observando-se o quórum estabelecido pelo art. 5º, § 3º da CF/88. De acordo com Manoel Gonçalves Ferreira Filho:

> O primeiro problema que a norma citada coloca é o do critério de identificação dos direitos implícitos. Ou seja, põe-se a questão da essência da fundamentalidade, portanto, dos caracteres necessários para que um direito não enumerado na Constituição seja reconhecido como fundamental. Sim, porque somente será possível reconhecer um direito como fundamental, se previamente estiverem estabelecidos os critérios da

---

(84) Observa-se que o REsp 811608/RS RECURSO ESPECIAL 2006/0012352-8, Ministro Relator Luiz Fux, 1ª Turma do STJ, julgamento em 15.5.07, traz o direito à saúde como direito fundamental consagrado fora do rol do art. 5º da CF/88 em razão de sua fundamentabilidade material trazida pela cláusula de abertura do art. 5º, § 2º da CF/88, *in verbis:* PROCESSUAL CIVIL. ADMINISTRATIVO. AÇÃO CIVIL PÚBLICA PROPOSTA PELO MINISTÉRIO PÚBLICO FEDERAL. IMPLEMENTAÇÃO DE POLÍTICAS PÚBLICAS CONCRETAS. DIREITO À SAÚDE (ARTS. 6º E 196 DA CF/88). EFICÁCIA IMEDIATA. MÍNIMO EXISTENCIAL. RESERVA DO POSSÍVEL. ACÓRDÃO RECORRIDO QUE DECIDIU A CONTROVÉRSIA À LUZ DE INTERPRETAÇÃO CONSTITUCIONAL. COMPETÊNCIA DO COLENDO SUPREMO TRIBUNAL FEDERAL. VIOLAÇÃO DO ART. 535, I e II, DO CPC. NÃO CONFIGURADA.[...] Mesmo que situado, como comando expresso, fora do catálogo do art. 5º da CF/88, é importante destacar que o direito à saúde ostenta o rótulo de direito fundamental, seja pela disposição do art. 5º, § 2º, da CF/88, seja pelo seu conteúdo material, que o insere no sistema axiológico fundamental — valores básicos — de todo o ordenamento jurídico [...]. Com efeito, já se viu, oportunamente, que por força do disposto no art. 5º, § 2º, da CF, diversas posições jurídicas previstas em outras partes da Constituição, por equiparadas em conteúdo e importância aos direitos fundamentais (inclusive sociais), adquirem também a condição de direitos fundamentais no sentido formal e material, ressaltando, todavia, que nem todas as normas de ordem social compartilham a fundamentalidade material (e, neste caso, também a formal), inerente aos direitos fundamentais. Além disso, percebe-se, desde já, que as normas relativas aos direitos sociais do art. 6º da CF exercem a função precípua de explicitar os conteúdos daqueles.

fundamentalidade. Isto é, as notas materiais que o constituem. Caso contrário, esta fundamentalidade ficará ao arbítrio do intérprete(85).

Ora, seria impossível prever direitos fundamentais de forma exaustiva. Estabelecer um conceito materialmente aberto, baseado em valores e princípios, faz-se necessário, em razão de uma constante evolução social no tocante aos direitos fundamentais.

No entanto, questionam-se alguns aspectos dessa cláusula de abertura, como relata Ingo Sarlet. Primeiramente, questiona-se a posição assumida por esses direitos materialmente fundamentais com relação aos direitos fundamentais postos no rol do Título II quanto à equiparação e regime jurídico.

Outra dificuldade reside em identificar quais seriam esses direitos fundamentais existentes no texto constitucional, ou mesmo fora dele, e suas fontes. Por fim, ainda questiona-se a abrangência da regra, haja vista que posta no capítulo dos direitos individuais e coletivos(86). No caso do art. 5º, § 3º da Constituição Federal(87),

---

(85) FERREIRA FILHO, Manoel Gonçalves. Os Direitos Fundamentais Implícitos e seu reflexo no Sistema Constitucional Brasileiro. *Revista Jurídica Virtual*. Brasília. v. 8, n. 82, dez./jan. 2007. Disponível em: <http://www.planalto.gov.br/ccivil_03/revista/rev_14/direitos_fund.htm>. Acesso em: 15 jul. 2009.

(86) SARLET, Ingo Wolfgang. *A eficácia dos direitos fundamentais*. 9. ed., rev., atualiz. e ampl. Porto Alegre: Livraria do Advogado, 2008. p. 93.

(87) Compreendia-se da leitura do art. 5º que o simples Tratado Internacional versando sobre direitos e garantias fundamentais já daria uma esfera de direito subjetivo para qualquer um, independentemente de qualquer ato. Eles eram automaticamente incorporados ao rol dos direitos fundamentais sem a necessidade de nenhum ato posterior. O STF, à época, entendeu diferente, ou seja, que esses tratados internacionais, para serem incorporados no direito brasileiro, deveriam passar pelo tramite da internacionalização dos tratos no direito interno. Somente após a aprovação, ele ganharia *status* de norma, ligado no direito brasileiro com a estatura de lei ordinária. Isto só foi corrigido com a Emenda Constitucional n. 45 de 2004, que acrescentou o § 3º ao art. 5º. No entanto, critica-se essa regra em razão do retrocesso que esta traz no tocante à incorporação dos direitos fundamentais por via de Tratado Internacional. Hoje, o STF tem mudado um pouco seu entendimento, como foi expressado no caso do julgamento da prisão civil por dívida, quando diz que o pacto de São Jose da Costa Rica, embora não tenha sido submetido ao requisito formal do § 3º do art. 5º, como foi um tratado celebrado anteriormente a emenda 45, tendo, portanto, força de norma constitucional. Por essa razão a prisão civil estaria derrogada pelo Pacto. RE 349703 — RS, Ministro Relator Carlos Britto, publicação do acórdão em 05/06/09: PRISÃO CIVIL DO DEPOSITÁRIO INFIEL EM FACE DOS TRATADOS INTERNACIONAIS DE DIREITOS HUMANOS. INTERPRETAÇÃO DA PARTE FINAL DO INCISO LXVII DO ART. 5º DA CONSTITUIÇÃO BRASILEIRA DE 1988. POSIÇÃO HIERÁRQUICO-NORMATIVA DOS TRATADOS INTERNACIONAIS DE DIREITOS HUMANOS NO ORDENAMENTO JURÍDICO BRASILEIRO. Desde a adesão do Brasil, sem qualquer reserva, ao Pacto Internacional dos Direitos Civis e Políticos (art. 11) e à Convenção Americana sobre Direitos Humanos — Pacto de San José da Costa Rica (art. 7º, 7), ambos no ano de 1992, não há mais base legal para prisão civil do depositário infiel, pois o caráter especial desses diplomas internacionais sobre direitos humanos lhes reserva lugar específico no ordenamento jurídico, estando abaixo da Constituição, porém acima da legislação interna. O *status* normativo *supralegal* dos tratados internacionais de direitos humanos subscritos pelo Brasil torna inaplicável a legislação infraconstitucional com ele conflitante, seja ela anterior ou posterior ao ato de adesão[...].

os dilemas acerca da equiparação dos direitos existentes em tratados aos direitos fundamentais foram diminuídos, haja vista que a Emenda Constitucional n. 45 do ano de 2004 acrescentou esse parágrafo, de modo que os tratados internacionais tem força de emenda constitucional de aprovados pelo quórum de três quintos dos membros do Congresso Nacional(88).

No entanto, discute-se ainda sobre a referência e o contorno para a construção de um conceito materialmente aberto dos direitos fundamentais, pautados na dignidade da pessoa humana e no regime adotado pela Constituição, bem como os critérios e limites utilizados na confecção destes(89).

2.3.7 *Titulares dos Direitos Fundamentais*

Qualquer pessoa, em regra, pode ser titular de direitos fundamentais, independentemente de cor, sexo, opção política ou religiosa em razão da sua condição de ser humano. Diante disto, o art. 1º do Pacto de San José da Costa Rica admite que:

> Art. 1º Obrigação de Respeitar os Direitos
>
> 1. Os Estados — partes nesta Convenção comprometem-se a respeitar os direitos e liberdades nela reconhecidos e a garantir seu livre e pleno exercício a toda pessoa que esteja sujeita à sua jurisdição, sem discriminação alguma, por motivo de raça, cor, sexo, idioma, religião, opiniões políticas ou de qualquer natureza, origem nacional ou social, posição econômica, nascimento ou qualquer condição social.
>
> 2. Para efeitos desta Convenção, pessoa é todo ser humano.

Consagra-se assim o princípio da universalidade, garantindo a todo ser humano direitos fundamentais em razão da consagrada dignidade da pessoa humana.

A Constituição Federal de 1988 no seu art. 5º, consagra esse princípio, ainda que de maneira indireta, quando atribui a titularidade de direitos e garantias fundamentais aos brasileiros e estrangeiros residentes no país.

De acordo com o princípio da universalidade, todas as pessoas, pelo fato de serem pessoas são titulares de direitos e deveres fundamentais. Isto não significa, como já fora mencionado alhures, que a Constituição não possa restringir alguns dos direitos fundamentais a determinadas categorias de pessoas (90).

---

(88) Acerca deste assunto, ver MARMELSTEIN, George. *Curso de direitos fundamentais*. São Paulo: Atlas, 2008. p. 200; VIEIRA, Oscar Vilhena. *Direitos fundamentais*: uma leitura da jurisprudência do STF. Colaboração de Flávia Scabin. Brasil: Malheiros, 2006. p. 42-43.

(89) Para uma análise mais aprofundada do tema, consultar SARLET, Ingo Wolfgang. *A eficácia dos direitos fundamentais*. 9. ed., rev., atualiz. e ampl. Porto Alegre: Livraria do Advogado, 2008. p. 96-156.

(90) Paulo Vicente e Marcelo Alexandrino trazem alguns exemplos de restrições a direitos fundamentais em razão de certas categorias. O *habeas corpus* é, por exemplo, direito fundamental universal,

Ressalte-se que o princípio da universalidade se faz presente mesmo nesses casos, uma vez que a pessoa que faz parte de determinado grupo de pessoas possui aquele referido direito fundamental de maneira universal, sendo, portanto, titular daquele direito.

2.3.7.1. A pessoa natural como titular de direitos fundamentais

Primeiramente, deve-se observar que a Constituição Federal, no *caput* do art. 5º, garante constitucionalmente o direito à igualdade, haja vista que afirma que todos são iguais perante a lei, sem distinção de qualquer natureza.

Ainda mais, a Constituição Federal de 1988, no *caput* do art. 5º, reconhece a pessoa natural como titular de direitos fundamentais, seja ela brasileira ou estrangeira residente no país, baseada no princípio da dignidade da pessoa humana e no princípio da universalidade.

Deve-se entender como brasileiros, aqueles que possuem a nacionalidade brasileira, independentemente da maneira e do momento que esta foi adquirida, não sendo critério diferenciador a nacionalidade advinda do nascimento em território brasileiro ou via naturalização[(91)]. No entanto, devem ser ressalvadas as exceções existentes no próprio texto constitucional referentes a certos direitos do brasileiro nato, por exemplo, os direitos políticos descritos no art. 12, §§ 2º e 3º da Constituição Federal de 1988[(92)].

Aos estrangeiros naturalizados é assegurado o exercício dos cargos não reservados pela própria Constituição aos brasileiros natos, não se devendo esquecer,

---

já que qualquer pessoa pode se valer contra ilegalidade que obste seu direito de locomoção. A ação popular, no entanto, só pode ser proposta por cidadão, de modo que o princípio da universalidade deve ser enxergado somente entre os cidadãos. Por fim, o mandado de segurança coletivo só pode ser impetrado por partido político, organização sindical, entidade de classe ou associação. Esses exemplos refletem certas mitigações ao princípio da universalidade. VICENTE, Paulo; ALEXANDRINO, Marcelo. *Direitos fundamentais*. 2. ed. Rio de Janeiro: Impetus, 2003. p. 15.

(91) DIMOULIS, Dimitri; MARTINS, Leonardo. *Teoria geral dos direitos fundamentais*. 2ª Tiragem. São Paulo: Revista dos Tribunais, 2008. p. 82.

(92) Art. 12 [...]

§ 2º A lei não poderá estabelecer distinção entre brasileiros natos e naturalizados, salvo nos casos previstos nesta Constituição.

§ 3º — São privativos de brasileiro nato os cargos:

I — de Presidente e Vice-Presidente da República;

II — de Presidente da Câmara dos Deputados;

III — de Presidente do Senado Federal;

IV — de Ministro do Supremo Tribunal Federal;

V — da carreira diplomática;

VI — de oficial das Forças Armadas;

VII — de Ministro de Estado da Defesa. (*Acrescentado pela EC-000.023-1999*)

contudo, dos casos em que há reciprocidade de tratamento, como se observa no acordo bilateral entre Brasil e Portugal (Dec. n. 3.927, 19.7.2001).

Segundo Dimitri Dimoulis e Leonardo Martins, "para que os brasileiros possam usufruir os direitos garantidos na Constituição não é necessário que residem no território nacional nem no momento de seu exercício nem habitualmente. É suficiente a presença do vínculo jurídico da nacionalidade"(93).

Isso significa que o gozo efetivo dos direitos fundamentais por parte de brasileiros não está condicionado ao critério territorial, de sorte que basta a sua condição de possuir nacionalidade brasileira para que possa usufruir dos referidos direitos.

2.3.7.2. Direitos dos estrangeiros residentes e não-residentes no país

O *caput* do art. 5º da Constituição Federal de 1988 traz ainda o termo "estrangeiros residentes do país" no tocante à titularidade dos direitos fundamentais. Essa expressão é utilizada aos estrangeiros que se encontram no Brasil temporariamente, mas já possuem vínculos com certa duração. Como exemplo, tem-se o estrangeiro que trabalha no Brasil, possuindo passaporte para trabalho, o estudante estrangeiro que realiza intercâmbio por um intervalo longo de tempo, dentre outros.

Fomenta-se a dúvida se os estrangeiros residentes gozariam de proteção pelos direitos fundamentais, apenas enquanto sua permanência no país fosse legal. No entanto, observa-se que o texto constitucional não faz referência a estrangeiros legalmente estabelecidos, de sorte que a tutela dos direitos fundamentais independe da situação e das condições de permanência, bastando a vinculação ao país de maneira permanente.(94)

O critério temporal é utilizado para distinguir o residente do estrangeiro que se encontra no país por um curto período, como ocorre com o turista. A partir dessa afirmação, surge o seguinte questionamento: os estrangeiros não residentes no país, mas que nele se encontrem são ou não titulares de direitos fundamentais, já que a Constituição Federal de 1988 assegura esses direitos aos brasileiros e estrangeiros residentes?

A resposta está longe de ser pacificada. Em verdade, diversos doutrinadores teceram críticas ao legislador diante da opção, pela leitura literal do *caput* do art. 5º, em garantir somente aos estrangeiros residentes no país direitos e garantias fundamentais(95). Esta opção legislativa é passível de críticas em razão de estar

---

(93) DIMOULIS, Dimitri; MARTINS, Leonardo. *Teoria geral dos direitos fundamentais*. 2ª Tiragem. São Paulo: Revista dos Tribunais, 2008. p. 82.
(94) *Ibidem*, p. 83.
(95) Nesse sentido, MARMELSTEIN, George. *Curso de direitos fundamentais*. São Paulo: Atlas, 2008. p. 212-213; DIMOULIS, Dimitri; MARTINS, Leonardo. *Teoria geral dos direitos fundamentais*.

consagrado, no Estado Democrático de Direito, o princípio da dignidade da pessoa humana, bem como o princípio da igualdade. Assim, não se justificaria a exclusão do estrangeiro não residente no país somente por essa condição, haja vista que no Brasil se atribui a qualquer pessoa, por sua condição de ser humano, direitos e garantias fundamentais. Como garantir a extensão desses direitos aos não residentes no país, evitando uma discriminação absurda(96)?

Afora isso, pode-se cogitar que um estrangeiro que não esteja no território nacional seja titular de direitos fundamentais. É só imaginar a hipótese de um estrangeiro que tenha investimentos no Brasil. Seria ele titular de direitos de propriedade, direitos tributários, direitos processuais, dentre outros(97). Observa-se ainda um direito fundamental que é garantido exclusivamente ao estrangeiro não residente no país, o chamado direito ao asilo político.

2ª Tiragem. São Paulo: Revista dos Tribunais, 2008. p. 85; SARLET, Ingo Wolfgang. *A eficácia dos direitos fundamentais*. 9. ed., rev., atualiz. e ampl. Porto Alegre: Livraria do Advogado, 2008. p. 231-232; SILVA, José Afonso da. *Curso de direito constitucional positivo*. 24. ed. rev. e atual. São Paulo: Malheiros, 2005. p. 192-193; VICENTE, Paulo; ALEXANDRINO, Marcelo. *Direitos fundamentais*. 2. ed. Rio de Janeiro: Impetus, 2003. p. 14; BEZERRA, Paulo César Santos. *Temas atuais de direitos fundamentais*. Ilhéus: Editus, 2006. p. 38.

(96) Na extradição n. 986 — Bolívia, julgada em 15.8.07 pelo Tribunal Pleno do Supremo Tribunal Federal, tendo como relator o Ministro Eros Grau, reconheceu-se direitos fundamentais básicos ao extraditando, conforme se pode observar na ementa aqui transcrita: EMENTA: EXTRADIÇÃO E NECESSIDADE DE OBSERVÂNCIA DOS PARÂMETROS DO DEVIDO PROCESSO LEGAL, DO ESTADO DE DIREITO E DO RESPEITO AOS DIREITOS HUMANOS. CONSTITUIÇÃO DO BRASIL, ARTS. 5º, § 1º E 60, § 4º. TRÁFICO DE ENTORPECENTES. ASSOCIAÇÃO DELITUOSA E CONFABULAÇÃO. TIPIFICAÇÕES CORRESPONDENTES NO DIREITO BRASILEIRO. NEGATIVA DE AUTORIA. COMPETÊNCIA DO PAÍS REQUERENTE. COMPETÊNCIA DA JUSTIÇA BRASILEIRA PARA O JULGAMENTO DO CRIME DE ASSOCIAÇÃO DELITUOSA. IMPROCEDÊNCIA: DELITO PRATICADO NO PAÍS REQUERENTE. FALTA DE AUTENTICAÇÃO DE DOCUMENTOS. IRRELEVÂNCIA: DOCUMENTOS ENCAMINHADOS POR VIA DIPLOMÁTICA. PEDIDO DE EXTRADIÇÃO DEVIDAMENTE INSTRUÍDO. Obrigação do Supremo Tribunal Federal de manter e observar os parâmetros do devido processo legal, do estado de direito e dos direitos humanos. [..] 3. Necessidade de se assegurar direitos fundamentais básicos ao extraditando. 4. Direitos e garantias fundamentais devem ter eficácia imediata (cf. art. 5º, § 1º); a vinculação direta dos órgãos estatais a esses direitos deve obrigar o estado a guardar-lhes estrita observância. 5. Direitos fundamentais são elementos integrantes da identidade e da continuidade da constituição (art. 60, § 4º). 6. Direitos de caráter penal, processual e processual-penal cumprem papel fundamental na concretização do moderno estado democrático de direito. 7. A proteção judicial efetiva permite distinguir o estado de direito do estado policial e a boa aplicação dessas garantias configura elemento essencial de realização do princípio da dignidade humana na ordem jurídica. 8. Necessidade de que seja assegurada, nos pleitos extradicionais, a aplicação do princípio do devido processo legal, que exige o *fair trial* não apenas entre aqueles que fazem parte da relação processual, mas de todo o aparato jurisdicional. 9. Tema do juiz natural assume relevo inegável no contexto da extradição, uma vez que o pleito somente poderá ser deferido se o estado requerente dispuser de condições para assegurar julgamento com base nos princípios básicos do estado de direito, garantindo que o extraditando não será submetido a qualquer jurisdição excepciona [...].

(97) MARMELSTEIN, George. *Curso de direitos fundamentais*. São Paulo: Atlas, 2008. p. 213.

Em razão dessa problemática, Dimitri Dimoulis e Leonardo Martins sintetizaram os quatro argumentos adotados pela doutrina constitucional brasileira para reconhecer aos estrangeiros não residentes no Brasil a titularidade dos direitos fundamentais[(98)].

Uma primeira alternativa de interpretação desse dispositivo é aquela que trata a opção do constituinte como anacrônica, de modo que todos aqueles que se encontram submetidos ao ordenamento jurídico brasileiro devem ser titulares de direitos fundamentais. Neste contexto, a escolha do constituinte deveria ser ignorada por não corresponder aos anseios da sociedade.

Outra alternativa seria a utilização do argumento de que os direitos fundamentais são inerentes ao homem, de maneira a constituírem verdadeiros direitos naturais. Aqui, não caberia ao constituinte restringir esses direitos nem negá-los a certas categorias de pessoas. No entanto, esta alternativa não seria a mais acertada, haja vista que os direitos fundamentais constituem direitos humanos positivados constitucionalmente, de sorte que estes direitos considerados naturais não tem o condão vinculativo.

Considera-se ainda o argumento da dignidade da pessoa humana, que, por possuir caráter universal, vincularia os estrangeiros não residentes. Neste sentido, Ingo Sarlet afirma que:

> [...]Sendo em homenagem aos princípios da dignidade da pessoa humana, isonomia e universalidade (fundamento aqui adotada), seja aplicando o princípio (próximo, mas não idêntico) do *in dúbio pro libertate*, que impõe a interpretação mais favorável ao indivíduo em detrimento do Estado, como estrangeiros residentes são compreendidos todos os que, não sendo brasileiros natos ou naturalizados, se encontram, pelo menos temporariamente, no País, guardando, portanto, algum vínculo de certa duração[(99)].

A problemática envolvendo esse argumento reside no fato de ser a dignidade da pessoa humana conceito abstrato que não impõe determinadas medidas nem engloba todos os direitos garantidos no art. 5º da Constituição Federal de 1988[(100)].

Por fim, utiliza-se o argumento dos chamados direitos decorrentes dos tratados, conforme preceitua o art. 5º, § 2º da Constituição. Para a proteção dos estrangeiros não residentes existem normas de Direito Internacional consagradas

---

(98) DIMOULIS, Dimitri; MARTINS, Leonardo. *Teoria geral dos direitos fundamentais*. 2ª Tiragem. São Paulo: Revista dos Tribunais, 2008. p. 88 e seguintes.

(99) SARLET, Ingo Wolfgang. *A eficácia dos direitos fundamentais*. 9. ed., rev., atual. e ampl. Porto Alegre: Livraria do Advogado. 2008. p. 232.

(100) DIMOULIS, Dimitri; MARTINS, Leonardo. *Teoria geral dos direitos fundamentais*. 2ª Tiragem. São Paulo: Revista dos Tribunais, 2008. p. 89.

em tratados em que o Brasil faz parte. Afora isso, como fora descrito anteriormente, o Brasil subscreveu a Convenção Americana de Direitos Humanos de 1969, o chamado Pacto de San José da Costa Rica, de modo a elevar a pessoa humana a uma condição supranacional, garantindo-lhe o mínimo de respeito e tratamento condigno[(101)]. Assim, deve sempre ser observada a prevalência dos direitos humanos no âmbito das relações internacionais em que o Brasil atua, de sorte que o estrangeiro não residente no país deve, sim, ser titular de direitos fundamentais.

2.3.7.3. As pessoas jurídicas como titulares de Direitos Fundamentais

A Constituição Federal de 1988 não possui cláusula expressa em que se assegura direitos e garantias fundamentais às pessoas jurídicas como um todo. No entanto, observam-se no texto constitucional algumas passagens nas quais são expressamente asseverados às pessoas jurídicas direitos fundamentais, como o art. 5º, XXI, que concede às associações o poder de representar seus filiados perante os tribunais, bem como os sindicatos, igualmente, de defender os interesses da categoria a qual representa (art. 8, III). Encontram-se ainda direitos que são específicos das pessoas jurídicas, como o tratamento diferenciado imposto às empresas de pequeno porte (art. 170, IX), direito à propriedade das marcas, aos nomes das empresas e a outros signos distintivos.

Em razão disso, entende-se ser vigente no ordenamento jurídico brasileiro a tese de que as pessoas jurídicas podem ser titulares dos direitos fundamentais, desde que estes direitos sejam compatíveis com sua natureza peculiar de pessoa jurídica[(102)], além de estarem relacionados com a finalidade desta. Destarte, os direitos fundamentais, quando estendidos às pessoas jurídicas, devem ter por finalidade maior a proteção dos direitos das pessoas físicas, de maneira que a tutela da pessoa jurídica possa facilitar essa proteção aos indivíduos [(103)].

Controvérsia maior reside na possibilidade de ser a pessoa jurídica de direito público titular de direitos fundamentais, uma vez que, em princípio, aparentaria

---

(101) SILVA, José Afonso da. *Curso de direito constitucional positivo*. 24. ed., rev. e atual. São Paulo: Malheiros, 2005. p. 193.

(102) O novo Código Civil Brasileiro, incorporando os novos paradigmas, prescreveu no art. 52 que: "Aplica-se às pessoas jurídicas, no que couber, a proteção dos direitos da personalidade". No mesmo sentido, entende o STJ, conforme consubstanciado na Súmula n. 227, que a pessoa jurídica pode sofre danos morais.

(103) Corroboram com esse entendimento SARLET, Ingo Wolfgang. *A eficácia dos direitos fundamentais*. 9. ed., rev., atual. e ampl. Porto Alegre: Livraria do Advogado, 2008. p. 236; MARMELSTEIN, George. *Curso de direitos fundamentais*. São Paulo: Atlas, 2008. p. 216; SILVA e VICENTE, Paulo; ALEXANDRINO, Marcelo. *Direitos fundamentais*. 2. ed. Rio de Janeiro: Impetus, 2003. p. 15. Em sentido contrário, SILVA, José Afonso da. *Curso de direito constitucional positivo*. 24. ed. rev. e atual. São Paulo: Malheiros, 2005. p. 192, DIMOULIS, Dimitri; MARTINS, Leonardo. *Teoria geral dos direitos fundamentais*. 2ª Tiragem. São Paulo: Revista dos Tribunais, 2008. p. 98.

ser uma contradição considerar o Estado sujeito ativo de direitos fundamentais e sujeito passivo da obrigação de tutela e promoção desses mesmos direitos fundamentais.

Ora, os direitos fundamentais são, por sua natureza, direitos de proteção contra as atitudes e arbitrariedades cometidas pelo Estado e não em favor do mesmo, de sorte que considerar a pessoa jurídica de direito público titular de direito fundamental de maneira absoluta seria absolutamente paradoxal.

No entanto, em algumas hipóteses essas pessoas jurídicas de direito público poderão ser consideradas titulares de direitos fundamentais. Basta que se tenha em mente que os direitos fundamentais visam não somente a proteção da dignidade da pessoa humana, mas também a limitação do poder[(104)].

E em determinadas hipóteses o Estado estará em uma situação de sujeição ao poder, como quando, por exemplo, a União deixa de repassar, injustificadamente, as verbas do Fundo de Manutenção e Desenvolvimento do Ensino Fundamental[(105)]. Neste caso, poder-se-ia alegar violação ao direito fundamental à educação, garantindo o efetivo direito às pessoas físicas por meio da pessoa jurídica de direito público, conforme dito alhures. Afora isso, observa-se ainda o direito à ampla defesa e ao contraditório garantido às pessoas jurídicas de direito público quando integrantes em processo judicial, bem como direito de propriedade quando possuidoras desta.

Conclui-se, portanto, que estando as pessoas jurídicas de direito público em uma situação de sujeição, estas podem invocar as normas de direito fundamentais para uma efetiva tutela.

2.3.8. Deveres Fundamentais

Os deveres fundamentais são deveres instituídos constitucionalmente com o fulcro de promover a existência pacífica dos direitos fundamentais, haja vista que não se pode ter o gozo pleno de um direito fundamental se não houver o respeito e proteção deste. Desta maneira, os deveres fundamentais são essenciais para o desenvolvimento dos direitos fundamentais, uma vez que de nada adiantaria existir um direito fundamental se este pudesse ser livremente violado.

A Constituição Federal de 1988 consagra essa máxima ao referir-se em seu Titulo II, Capítulo 1, a direitos e deveres, quando trata dos direitos e deveres individuais e coletivos. No entanto, nesse Capítulo, não se tem acesso a uma lista de deveres fundamentais consagrados por alguns motivos.

---

(104) MARMELSTEIN, George. *Curso de direitos fundamentais*. São Paulo: Atlas, 2008. p. 218.
(105) *Ibidem*, p. 219.

Observa-se que a Constituição Federal no art. 5º faz menção a diversos deveres específicos do Estado diante dos indivíduos. Analisando outros dispositivos constitucionais consegue-se visualizar deveres dos cidadãos e da sociedade, como o serviço militar obrigatório (art. 143), o dever de pagar tributos, o dever do Estado e da família no tocante à educação[(106)].

Afora isso, traça-se uma distinção entre deveres fundamentais autônomos e deveres fundamentais conexos ou correlatos aos direitos fundamentais. A existência de tal distinção também influencia a inexistência de um rol de deveres fundamentais, já que os deveres fundamentais conexos só existem a partir do direito fundamental a qual estão vinculados[(107)], o que não ocorre com os deveres fundamentais autônomos.

Os deveres fundamentais conexos ou correlatos impõem uma condição de deveres — direitos ou direitos — deveres, a depender da perspectiva analisada. Como exemplo de dever fundamental conexo, pode-se citar o direito ao ensino fundamental, obrigatório e gratuito (art. 205, CF), relacionado com o dever dos pais de educar os filhos e o dever do Estado em fornecer o ensino fundamental.

Outro dever fundamental correlato é o dever de proteção ao meio ambiente, tão em voga com a Constituição Federal de 1988, com o direito fundamental ao meio ambiente ecologicamente equilibrado.

Os deveres fundamentais autônomos, no entanto, não estão relacionados com nenhum outro direito fundamental, possuindo existência jurídica própria. Ingo Sarlet traz como exemplo de dever fundamental autônomo o dever de votar, que é obrigatório para os maiores de 18 anos e menores ou iguais de 70 anos[(108)]. Discorda-se desse exemplo, uma vez que o dever de votar está relacionado com o direito fundamental decorrente do exercício da cidadania que se realiza por meio do voto. Entende-se, portanto, que há conexão entre o direito de votar e o dever de votar.

No entanto, o dever de pagar tributos configura um legítimo dever fundamental autônomo, já que não se encontra relacionado a nenhum outro direito fundamental. O dever de prestar o serviço militar obrigatório, conjuntamente com o dever de defesa da pátria também podem ser considerados deveres fundamentais autônomos.

Por fim, utiliza-se ainda a distinção entre deveres fundamentais expressos e deveres fundamentais implícitos, sendo que, em relação aos últimos, há severa

---

(106) DIMOULIS, Dimitri; MARTINS, Leonardo. *Teoria geral dos direitos fundamentais*. 2ª Tiragem. São Paulo: Revista dos Tribunais, 2008. p. 77.
(107) SARLET, Ingo Wolfgang. *A eficácia dos direitos fundamentais*. 9. ed., rev., atual. e ampl. Porto Alegre: Livraria do Advogado. 2008. p. 241.
(108) *Ibidem*, p.242.

discussão no tocante à delimitação destes. Aceita-se a existência de deveres fundamentais implícitos, contudo não se pode crer que todo direito fundamental tenha um correlato dever implícito, pois assim a categoria dos deveres fundamentais autônomos seria desnecessária, o que não pode ser tomado como verdade.

2.3.9. *A eficácia do art. 5º, § 1º da Constituição Federal de 1988*

No ordenamento jurídico brasileiro, qualquer norma constitucional possui um mínimo de eficácia jurídica. Contudo, essa eficácia pode variar de acordo com o grau de normatividade que a própria Constituição tenha outorgado. O art. 5º, § 1º da Constituição Federal de 1988 traz disposição normativa sobre a eficácia dos direitos fundamentais ao dizer que: "As normas definidoras dos direitos e garantias fundamentais têm aplicação imediata".

Dessa maneira, o parágrafo primeiro traz como regra a aplicabilidade direta ou imediata das normas de direitos fundamentais. No entanto, alguns problemas surgem no tocante à interpretação deste parágrafo.

O primeiro deles diz respeito à localização do dispositivo, que se encontra no capítulo reservado aos direitos individuais e coletivos. Nesta senda, poder-se-ia sugerir que o § 1º do art. 5º somente se aplicaria aos direitos individuais e coletivos. Contudo, esse argumento não parece correto, pois o dispositivo, em seu texto, utiliza uma formulação genérica e abrangente para alcançar os direitos e garantias fundamentais.

Assim, não há como se proceder com uma interpretação restritiva do dispositivo, já que este trata, genericamente, dos direitos e garantias fundamentais[(109)]. Ingo Sarlet, no entanto, relata que houve quem propusesse, em sentido contrário:

> Uma nova exegese da norma contida no art. 5º, § 1º, sustentando a sua necessária interpretação restritiva quanto ao alcance (embora extensiva quanto a eficácia) já que o constituinte "disse mais do que o pretendido", assumindo, por via de consequência, uma interpretação baseada não apenas na já amplamente questionada e questionável "vontade do constituinte", mas num originalismo ancorado numa vontade presumidamente contrária ao teor liberal do dispositivo.[(110)]

---

(109) Sobre o assunto, Dirley da Cunha Júnior afirma que: " O princípio da aplicabilidade imediata das normas definidoras de direitos fundamentais abrange todos os direitos fundamentais, até mesmo os não previstos no Catálogo (Título II) e os não previstos na própria Constituição, desde que, quanto a estes, ostentem a nota distintiva da fundamentabilidade material (como os decorrentes dos tratados internacionais em que o Brasil seja signatário)". (CUNHA JUNIOR, Dirley. *Curso de direito constitucional*. Salvador: JusPodivm, 2008. p. 601).

(110) SARLET, Ingo Wolfgang. *A eficácia dos direitos fundamentais*. 9. ed., rev., atual. e ampl. Porto Alegre: Livraria do Advogado. 2008. p.279.

Afirma-se, no entanto, que o constituinte não quis excluir outros direitos fundamentais, como os direitos políticos, de nacionalidade e os direitos sociais, da aplicação da norma do art. 5º, § 1º, já que o texto constitucional não faz distinção desta natureza entre eles. Por isso, a aplicabilidade imediata dos direitos fundamentais é válida, mesmo que estes direitos fundamentais sejam encontrados fora do catálogo, em razão da cláusula de abertura constante no art. 5º, § 2º.

O segundo problema que se pode observar no § 1º do art. 5º consiste no significado e alcance da norma contida neste, notadamente quanto à sua aplicabilidade e eficácia.

A primeira corrente acerca deste questionamento surgiu pautada no argumento de que a aplicabilidade imediata não poderia prevalecer em face das características normativas e estruturais de determinados direitos fundamentais. Desta maneira, questiona-se se a norma do art. 5º, § 1º, por si só, teria força suficiente para transformar todos os direitos fundamentais em normas plenamente aplicáveis, ainda que estas necessitassem de intervenção do legislador.

Para essa corrente, os direitos fundamentais alcançariam plena eficácia somente nos termos da lei[(111)], já que não se poderia atentar contra a ordem natural das coisas.

Uma segunda corrente adota uma posição intermediária no tocante à aplicabilidade imediata. Para os defensores[(112)] desta corrente, o art. 5º, § 1º da Constituição Federal de 1988 deve ser aplicado para todos os direitos fundamentais, excepcionando-se quando a própria Constituição determina que o direito fundamental em questão só será exercido nos termos da lei ou quando a norma de direito fundamental ainda não possui os requisitos mínimos que assegurem sua aplicação[(113)].

A terceira corrente sobre o tema é liderada por Eros Grau[(114)], em que o mesmo defende a inexistência de normas programáticas na Constituição Federal de 1988. Para o autor, o constituinte original criou instrumentos processuais para combater possíveis omissões do legislador e órgãos estaduais.

---

(111) Esta posição é defendida por FERREIRA FILHO, Manoel Gonçalves. *Direitos humanos fundamentais*. 2 ed., rev. e atual., São Paulo: Saraiva, 1998. p. 100.

(112) Esta corrente tem como principais defensores: SARLET, Ingo Wolfgang. *A eficácia dos direitos fundamentais*. 9. ed., rev., atual. e ampl. Porto Alegre: Livraria do Advogado. 2008. p. 279; BASTOS, Celso Ribeiro; MARTINS, Ives Gandra da Silva. *Comentários à Constituição do Brasil*. v. II, São Paulo: Saraiva, 1989. p. 393.

(113) BASTOS, Celso Ribeiro; MARTINS, Ives Gandra da Silva. *Comentários à Constituição do Brasil*. v. II, São Paulo: Saraiva, 1989. p. 393.

(114) GRAU, Eros Roberto. *A ordem econômica e a Constituição Federal de 1988*. 10. ed. São Paulo: Malheiros, 2005. p. 329-331.

Nasceram o Mandado de Injunção[115] (art. 5º, LXXI) e a Ação Direta de Inconstitucionalidade por Omissão (art. 103, § 2º) com esse fito[116]. Ingo Sarlet[117] discorda desta posição, fundamentando que o Mandado de Injunção e a Ação Direta de Inconstitucionalidade por Omissão não conseguem, por si só, outorgar aplicabilidade direta às normas constitucionais.

Observa-se, ainda, que esses instrumentos processuais, em verdade, fazem prova da impossibilidade de aplicação direta das normas de direitos fundamentais, já que necessita-se deles para que estas possam ser aplicáveis, de modo a comprovar que existem normas na Constituição Federal que dependem de interposição do legislador. O Mandado de Injunção e a Ação Direta de Inconstitucionalidade por Omissão funcionam, em verdade, como instrumentos de efetivação das normas constitucionais, estando a serviço da aplicabilidade imediata das normas de direitos fundamentais.

Ingo Sarlet argumenta ainda que a nossa Constituição é um sistema aberto de regras e princípios, de maneira a comportar normas que, em virtude de sua natureza, reclamam uma atuação concretizadora aos órgãos estatais, especialmente do legislador. Disto decorrem as chamadas normas programáticas, dotadas de certo grau de eficácia e aplicabilidade. Alguns direitos fundamentais, inclusive, podem ser considerados normas programáticas, por estabelecerem certo fim e programas a serem implementados, como ocorre com certos direitos sociais, que dependem de implementação legislativa[118].

---

(115) De acordo com Carla Pinheiro, a Constituição alemã estabelece remédio jurídico com características semelhantes ao mandado de injunção, o chamado *Verfassungsbeschwerde*. Apesar deste instituto também visar a proteção dos direitos fundamentais, sua função é muito mais abrangente, sendo considerado um recurso constitucional que garante ao cidadão o poder de fiscalizar a função legislativa no cumprimento de seu dever de proteção dos direitos aos direitos fundamentais. No art. 93, 4º, a, da Constituição tedesca está estabelecido que cabe ao Tribunal Constitucional Federal decidir sobre recursos constitucionais que podem ser interpostos por todo e qualquer cidadão com a alegação de ter sido prejudicado pelo poder público no exercício de seus direitos fundamentais. (PINHEIRO, Carla. *Direito internacional e direitos fundamentais*. São Paulo: Atlas, 2001. p. 40 e 41).

(116) José Afonso da Silva afirma que a declaração pura do art. 5º, § 1º por si só não bastaria se outros mecanismos não fossem criados para torná-la eficiente, destacando a importância do Mandado de Injunção e da Ação de Inconstitucionalidade por omissão nesse propósito. SILVA, José Afonso da. *Curso de direito constitucional positivo*. 24. ed. rev. e atual. São Paulo: Malheiros, 2005. p. 467. SILVA, José Afonso da. *Aplicabilidade das normas constitucionais*. 7. ed. São Paulo: Malheiros, 2007. p. 165-166.

(117) SARLET, Ingo Wolfgang. *A eficácia dos direitos fundamentais*. 9. ed., rev., atual. e ampl. Porto Alegre: Livraria do Advogado, 2008. p. 282 e seguintes.

(118) Aqui surge uma grande discussão acerca da Teoria da Reserva do Possível e a implementação do Direito Fundamental à saúde. Sem maiores delongas, até mesmo porque este não é o objetivo da pesquisa, cumpre salientar que se alega com essa teoria que o Poder Público possui um orçamento destinado ao atendimento dos Direitos Sociais, em especial o direito à saúde e que o atendimento de direito social não contemplado por este orçamento não poderia existir, haja vista que os recursos do Poder Público são escassos. Para maior aprofundamento, ver SARLET, Ingo; FIGUEIREDO, Mariana Filchtiner. Reserva do possível, mínimo existencial e direito à saúde: algumas aproximações. In: SARLET, Ingo Wolfgang; TIMM, Luciano Benetti (org.). *Direitos fundamentais*: orçamento e "reserva do possível". 1. ed. Porto Alegre: Livraria do Advogado, 2008, v. , p. 11-53.

Em resumo, não se concorda com a terceira teoria por se acreditar que o art. 5º, § 1º da Constituição Federal de 1988 estabelece uma aplicabilidade imediata a todo e qualquer direito fundamental, excepcionando aqueles que, por determinação constitucional, só podem ser aplicados em virtude de lei, bem como os direitos fundamentais que ainda não são dotados de total aplicabilidade.

Dessa maneira, a eficácia imediata dos direitos fundamentais deve assumir um cunho principiológico(119), de modo que seu alcance deve ser analisado no caso concreto. A aplicabilidade imediata deve ser considerada regra geral, sendo excepcionada somente diante de uma hipótese concreta.

2.4. A EFICÁCIA HORIZONTAL DOS DIREITOS FUNDAMENTAIS

À época do direito romano tinha-se a noção da *summa divisio*. Pregava-se que o direito era dividido em dois blocos dicotômicos: um bloco denominado de direito público e o outro denominado de direito privado, sendo estes incomunicáveis. O constitucionalismo moderno europeu repete essa visão romana. A Constituição era vista como uma carta política, que servia de referência para as relações entre o Estado e o cidadão, ao passo que o Código Civil era o documento que regia as relações entre particulares.(120).

O código napoleônico(121) é a representação mais marcante à época da divisão dicotômica entre o direito público e o direito privado. O código de direito privado regulava todas as condutas individuais e situações de conflito que porventura viessem a aparecer na sociedade, não comportando interpretações em conformidade com o texto constitucional. Já o texto constitucional limitava-se a tratar da atuação dos Poderes Públicos, possuindo eficácia limitada.

Vale ressaltar que o código napoleônico tinha grande influência das questões relacionadas à propriedade, esta considerada o centro do sistema. Com o passar do tempo, observou-se que mais importante do que ter algo, era a proteção do ser humano enquanto indivíduo. O sistema começou a perder a característica patrimonialista que até então prevalecia, passando-se a observar sempre o indivíduo.

---

(119) SARLET, Ingo Wolfgang. *A eficácia dos direitos fundamentais*. 9. ed., rev., atual. e ampl. Porto Alegre: Livraria do Advogado. 2008. p. 288.

(120) BARROSO, Luís Roberto. Neoconstitucionalismo e constitucionalização do direito (o triunfo tardio do direito constitucional no Brasil). *Revista de Direito Administrativo*. Rio de Janeiro, v. 240, 1-42, p. 25, abr./jun. 2005.

(121) O código Napoleônico realizava os ideais liberais burgueses no tocante à proteção da propriedade e à liberdade de contratar, protegendo as figuras do contratante e contratado. Os ideais burgueses positivados à época representaram um inegável progresso, sob o prisma legislativo. BARROSO, Luís Roberto. Neoconstitucionalismo e constitucionalização do direito (o triunfo tardio do direito constitucional no Brasil). *Revista de Direito Administrativo*. Rio de Janeiro, v. 240, 1-42, p. 25, abr./jun. 2005; GAGLIANO, Pablo Stolze; PAMPLONA FILHO, Rodolfo. *Novo curso de direito civil*. v. 1. Parte Geral, 5. ed. São Paulo: Saraiva, 2004. p. 49.

Em razão dessas mudanças ideológicas, temas de direito privado passaram para a esfera do direito público, fenômeno chamado de publicização do direito privado. Consequentemente, temas de direito privado também adentraram a esfera do direito público, desenvolvendo o fenômeno da privatização do direito público. Exemplificando estes fenômenos, tem-se a noção de função social da propriedade, instituto privado que sofre influência do direito público e a existência de sociedades de economia mista, instituto de direito público que sofre a influência do direito privado.

A ideia de divisão dicotômica entre os dois grandes blocos do direito foi abrandada, de maneira a não existir mais uma incomunicabilidade entre eles, mas sim uma divisão para facilitação do estudo.

Miguel Reale defende que, em razão da interferência do Estado, ainda se justificaria a distinção entre direito público e privado, contudo esta distinção teria uma alteração fundamental em relação à concepção romana em razão da existência dos interesses da coletividade e dos particulares[(122)].

A fase atual é marcada pela constitucionalização do direito, caracterizando não só "o reflexo de uma sensível ruptura na interpretação jurídica, como inaugura verdadeira renovação dos princípios fundantes da própria matéria"[(123)]. Os valores, os fins e princípios consagrados no texto constitucional passam a servir de parâmetro para a validade de todas as normas jurídicas do direito infraconstitucional, consagrando a força normativa da constituição no sistema democrático atual.

Segundo Luís Roberto Barroso, há razoável consenso de que o marco inicial do processo de constitucionalização do direito se deu na Alemanha, com a assertiva de que os direitos fundamentais, além de sua dimensão subjetiva, desempenham outra função, quer seja o estabelecimento de valores na sociedade, fundamento que será analisado no próximo ponto da presente pesquisa. O primeiro grande precedente disto foi o caso Lüth[(124)], julgado em 15 de janeiro de 1958, no qual se estabeleceu que:

> Os direitos fundamentais são antes de tudo direitos de defesa do cidadão contra o Estado; sem embargo, nas disposições de direitos fundamentais da Lei Fundamental se incorpora também uma ordem objetiva de valores, que como decisão constitucional fundamental é válida para todas as esferas do direito. (...) Esse sistema de valores — que encontra seu ponto central no seio da comunidade social, no livre desenvolvimento da personalidade e na dignidade da pessoa humana... — oferece direção

(122) REALE, Miguel. *Lições preliminares de direito*. 24. ed. São Paulo: Saraiva, 1998. p. 342.

(123) OLIVEIRA, Thiago Almeida de. Resenha: Moreira, Eduardo Ribeiro. Obtenção dos direitos fundamentais nas relações entre particulares. Rio de Janeiro: Lumen Juris, 2007. 241 p. *Revista de Direito Constitucional e Internacional 2008* — RDCI 65. 2008. p. 354-366.

(124) Falar-se-á com maiores detalhes sobre o caso Lüth a seguir.

> e impulso para o legislativo, a administração e o judiciário, projetando-se, também, sobre o direito civil. Nenhuma disposição de direito civil pode estar em contradição com ele, devendo todas ser interpretadas de acordo com seu espírito. *sic*[(125)]

Dessa maneira, observa-se por meio do fenômeno da constitucionalização do direito que as normas contínuas na constituição passaram a irradiar para todo o ordenamento jurídico, exprimindo valores a serem seguidos.

Os direitos fundamentais[(126)] incluem-se nessas normas, uma vez que transmitem valores sociais a serem defendidos por sua perspectiva objetiva. Vale ressaltar que a constitucionalização do direito, em especial tratando-se de direitos fundamentais, repercute sobre a atuação dos Poderes Públicos, inclusive nas suas relações com particulares. Repercute, ainda mais, no tocante às relações entre particulares, justificando a eficácia horizontal dos direitos fundamentais na medida em que estabelece certos limites na atuação destes. Tratar-se-á disso agora.

2.4.1. A perspectiva objetiva e subjetiva dos Direitos Fundamentais

A primeira concepção dos direitos fundamentais baseava-se no fato de serem estes limites impostos ao poder do Estado, impondo ao mesmo um dever de abstenção. Assim, os direitos fundamentais, no constitucionalismo liberal, eram analisados somente a partir de uma perspectiva subjetiva, uma vez que tratavam exclusivamente do indivíduo, enquanto sujeito de direitos fundamentais, ressaltando-se sempre a postura de seu titular no tocante à resistência à intervenção estatal em sua esfera de liberdade.

A referência aos direitos fundamentais, em uma perspectiva subjetiva, remonta à noção de que ao titular do direito é "aberta a possibilidade de impor judicialmente seus interesses juridicamente tutelados perante o destinatário (obrigado)"[(127)]. A dimensão subjetiva dos direitos fundamentais consiste, portanto, na capacidade

---

(125) BARROSO, Luís Roberto. Neoconstitucionalismo e constitucionalização do direito (o triunfo tardio do direito constitucional no Brasil). *Revista de Direito Administrativo*. Rio de Janeiro, v. 240, 1-42, p. 15, abr./jun. 2005.

(126) Samir José Caetano Martins afirma que, em razão do fenômeno da constitucionalização, foram geradas algumas instabilidades no âmbito normativo, já que, em razão de desconformidade com o texto constitucional, a norma sofreria inúmeras revogações. Fora isso, alega ainda que, muitas vezes, esses debates vem acompanhados do reconhecimento jurisprudencial da retroatividade mínima, de modo que a própria coisa julgada é posta em xeque e relativizada em situações de conflito com os direitos fundamentais. (MARTINS, Samir José Caetano. Neoconstitucionalismo e seus reflexos nas relações jurídicas privadas: em busca de parâmetros de aplicação direta dos direitos fundamentais. *Revista de Direito Privado 2007* — RDP 30, 2007, p. 265-304, p. 279).

(127) SARLET, Ingo Wolfgang. *A eficácia dos direitos fundamentais*. 9. ed., rev., atual. e ampl. Porto Alegre: Livraria do Advogado. 2008. p. 168.

que estes possuem em gerar direitos subjetivos passíveis de proteção judicial. Note-se que a perspectiva subjetiva surge em função do anterior *status* negativo que o Estado deveria ter sobre a liberdade individual.

Nos tempos atuais, a perspectiva subjetiva dos direitos fundamentais insurge-se quanto a sua positivação, conteúdo e alcance, não se limitando apenas às relações sujeito-Estado. Alguns autores(128) defendem que o direito subjetivo consagrado por uma norma de direito fundamental é enxergado por meio de uma relação trilateral, formada entre o titular, o objeto e o destinatário do direito.

Robert Alexy, tratando dos direitos subjetivos, primeiramente, divide-os em posições jurídicas diferenciadas, consistindo em direitos a algo (que englobam direitos a ações negativas e positivas do Estado face aos sujeitos de direitos fundamentais), direito de liberdade (negação de exigências e proibições) e competências(129). Tratando dos direitos a algo, exemplifica o autor essa relação trilateral, quando A tem frente a B um direito G:

> Este enunciado pone claramente de manifiesto que el derecho a algó puede ser concebido como una relación triádica cuyo primer miembro es el *portador* o titular del derecho *(a)*, su segundo miembro, el *destinatario* del derecho *(b) y* su tercer miembro, el *objeto* del derecho *(g)*.
>
> [...]
>
> De este esquema surgen cosas totalmente diferentes según lo que se coloque en lugar de a, *b y G*. Según que por a, el titular del derecho, se coloque una persona física o una persona jurídica de derecho público, o por *b*, el destinatario, el Estado o particulares, o por *G*, el objeto, acciones positivas u omisiones, se obtienen relaciones, entre las cuales existen diferencias muy importantes desde el punto de vista de la dogmática de los derechos fundamentales. Aquí nteresará sólo la estructura del objeto del derecho a algo. El objeto de un derecho a algo es siempre una *acción* del destinatario. Esto resulta de su estructura como relación triadica entre um titular, un destinatario y un objeto. Si el objeto no fuera ninguna acción del destinatario no tendría sentido incluir al destinatário em la relación(130).

Dessa maneira, observa-se que a dimensão subjetiva dos direitos fundamentais que poderá produzir efeitos jurídicos diferenciados, já que a partir da relação

---

(128) No Brasil é defensor desta corrente: SARLET, Ingo Wolfgang. *A eficácia dos direitos fundamentais*. 9. ed., rev., atual. e ampl. Porto Alegre: Livraria do Advogado, 2008. p. 168.

(129) Para um maior aprofundamento nestas questões, ver ALEXY, Robert. *Teoria de los derechos fundamentales*. Madrid: Centro de Estudos Constitucionales, 1993. p. 173 e seguintes.

(130) ALEXY, Robert. *Teoria de los derechos fundamentales*. Madrid: Centro de Estudos Constitucionales, 1993. p. 186-187.

trilateral formada por ela; podem existir diversas situações jurídicas que resultarão em diversos direitos subjetivos passíveis de proteção estatal.

Já a perspectiva objetiva dos direitos fundamentais pauta-se na ideia de que os direitos fundamentais consagram valores ou fins que uma comunidade se propõe a seguir. Destarte, a perspectiva objetiva dos direitos fundamentais liga-se à noção de coletividade, enquanto a dimensão subjetiva encontra-se mais ligada aos indivíduos e posições jurídicas que estes assumem na relação trilateral.

Daniel Sarmento[131] argumenta que, exprimindo os direitos fundamentais valores nucleares de uma ordem jurídica democrática, seus efeitos não poderiam se resumir à limitação jurídica do poder estatal, devendo se expandir para todos os campos do ordenamento jurídico. Defende-se, portanto, que os direitos fundamentais devem estar presentes na atuação dos poderes Executivo, Legislativo e Judiciário, servindo como parâmetro de interpretação[132].

A perspectiva objetiva, portanto, traz consigo valores de toda uma comunidade, de sorte que os problemas existentes no tocante à efetivação dos direitos fundamentais são problemas de todos e não somente um problema do Estado. Toda a comunidade política deve colaborar com a implementação dos direitos fundamentais, atuando em sua defesa conjuntamente com o Estado.

O Poder Público, ainda, não deve apenas se abster de violar direitos fundamentais. Deve o Estado atuar de maneira participativa com toda a comunidade na proteção dos direitos fundamentais, protegendo-os ativamente de possíveis violações e ameaças advindas de terceiros[133]. Em razão disso, fundamenta-se a existência de uma eficácia horizontal dos direitos fundamentais no âmbito das relações privadas, já que a proteção aos direitos fundamentais, a partir da perspectiva objetiva, não se dá somente na relação indivíduo — Estado, mas sim transcende por meio dos valores de uma comunidade política.

Nas palavras de Ana Cristina Costa Meireles, "a concepção de uma dimensão objetiva dos direitos fundamentais leva em conta não apenas a abstenção do

---

(131) SARMENTO, Daniel. *Direitos fundamentais e relações privadas*. 2. ed. Rio de Janeiro: Lumen Juris, 2008. p. 106.

(132) Peter Häberle defende que a interpretação constitucional dos órgãos estatais não deve ser a única interpretação, uma vez que os cidadãos, grupos de interesses e a opinião pública constituem fonte interpretativa. Desta maneira, a interpretação constitucional da norma de direito fundamental pelo seu destinatário possui muita força no processo interpretativo, muito mais do que se pensaria pelo processo hermenêutico tradicional. Trazendo isto para o campo da dimensão objetiva dos direitos fundamentais, defende-se que a norma de direito fundamental deve ser interpretada de acordo com os valores exprimidos pela comunidade em questão, uma vez que os valores intrínsecos desta constituem fonte interpretativa importante, devendo ser consideradas por todos os Poderes Estatais. (HÄBERLE, Peter. *Hermenêutica constitucional* — a sociedade aberta dos intérpretes da constituição: contribuição para a interpretação pluralista e "procedimental" da constituição. Tradução de Gilmar Mendes. Porto Alegre: Sergio Antonio Fabris Editor, 2002).

(133) SARMENTO, Daniel. *Direitos fundamentais e relações privadas*. 2. ed. Rio de Janeiro: Lumen Juris, 2008. p. 107.

Estado, como, ainda, a promoção, por parte deste, dos princípios açambarcados naquelas normas e uma irradiação nas relações entre particulares"[134].

A violação a direito fundamental por particular em uma relação privada deve ser combatida justamente porque essa ofensa representaria uma ofensa ainda maior aos valores e fins da comunidade. Assim, a autonomia privada é limitada para proteger os indivíduos da opressão exercida pelos particulares na contemporaneidade. Ademais, a dimensão objetiva dos direitos fundamentais serve como justificativa para certas limitações impostas aos direitos fundamentais, em detrimento do interesse da coletividade[135].

Contudo, não se pode generalizar, entendendo que sempre o interesse da coletividade quanto aos direitos fundamentais deva prevalecer sobre os direitos individuais. Em verdade, as perspectivas objetivas e subjetivas devem conviver harmonicamente, sendo o indivíduo o titular do direito subjetivo a ser reclamado, se violado, em juízo e a coletividade a fonte de valores e princípios relativos a direitos fundamentais na comunidade jurídica.

2.4.1.1. A Constituição como ordem de valores

Tratar de uma ordem de valores inseridos nos sistemas constitucionais não é uma tarefa fácil, uma vez que valores e princípios sociais vêm se modificando ao longo dos anos nos ordenamentos jurídicos. Os direitos do homem[136] são codificados em constituições, de modo a transformá-los em direitos fundamentais. Pelos ideais iluministas, valores advindos do direito natural, dos direitos do homem são codificados.

---

(134) MEIRELES, Ana Cristina Costa. *A eficácia dos direitos sociais*: os direitos subjetivos em face das normas programáticas. Salvador: JusPodivm, 2008. p. 339.

(135) *Op. cit.*, p. 108.

(136) Robert Alexy afirma que os direitos do homem são reconhecidos por meio de cinco marcas: direitos universais, morais, fundamentais, preferenciais e abstratos. Para ele, o caráter universal compreende o fato de que a titularidade dos direitos do homem consiste justamente no fato de que estes direitos competem a todos os homens. Já os direitos morais podem ser jurídico-positivos de maneira simultânea, bastando para sua validez que a norma que está em sua base valha moralmente. Os direitos preferenciais relacionam-se com um direito positivo. Trata, portanto, da relação entre o direito moral ao direito positivo, devendo este último respeitar, proteger e fomentar os direitos do homem. Os direitos do homem possuem ainda relação com a fundamentabilidade na medida em que tratam de interesses e carências que devem ser fomentados pelo direito, necessariamente. Por fim, são abstratos, devendo o Estado não funcionar somente como instância de interposição, mas também como instância de decisão para a realização dos direitos do homem. Note-se, portanto, que os direitos do homem exprimem valores da sociedade, já que se baseiam em direitos de caráter universal, em direitos morais que devem ser positivados, necessários à sociedade e garantidos pelo Estado. (ALEXY, Robert. *Constitucionalismo discursivo*. Tradução de Luís Afonso Heck. Porto Alegre: Livraria do Advogado, 2007. p. 45-49).

Assumir que um texto constitucional moderno não contenha um mero toque de princípios éticos não é mais possível. A comunidade passa a funcionar como fonte de princípios e valores relativos aos direitos fundamentais que dela emanam, irrigando todo o ordenamento jurídico.

Daniel Sarmento[137] afirma que o debate acerca dos valores na metodologia constitucional se projetou com destaque nos dois grandes pólos da teoria constitucional: Estados Unidos e Alemanha. Nos Estados Unidos, esse debate não se relaciona com a dimensão objetiva dos direitos fundamentais, limitando-se a discussão acerca da aplicação da teoria não interpretativista da hermenêutica constitucional.

Os adeptos dessa teoria[138] afirmam que é necessária a utilização de valores substantivos pelo Poder Judiciário na realização da interpretação constitucional, justificando-se em razão da defesa dos direitos fundamentais. Em contrapartida, um expressivo segmento doutrinário afirma que tal postura seria antidemocrática, pois o Judiciário não "teria legitimidade para infirmar as decisões dos poderes eleitos a não ser quando a Constituição claramente proibisse determinada escolha"[139].

Entende-se ser a teoria não interpretativista da hermenêutica constitucional a opção mais correta diante de uma defesa dos direitos fundamentais, uma vez que os valores da sociedade podem ser utilizados diante de uma violação a esses direitos pelo Poder Judiciário, não implicando em uma postura antidemocrática. Pelo contrário, o Poder Judiciário deve possuir uma postura ativa diante de uma violação a direito fundamental, consagrando-se assim uma jurisprudência incisiva e criativa diante dos arbítrios relacionados aos direitos fundamentais na Suprema Corte Americana, pautada nos ideais pós-positivistas.

A jurisprudência alemã, no entanto, desenvolveu-se a chamada teoria da ordem de valores[140], esta relacionada com a dimensão objetiva dos direitos

---

(137) SARMENTO, Daniel. *Direitos fundamentais e relações privadas*. 2. ed. Rio de Janeiro: Lumen Juris, 2008. p. 116-117.

(138) Daniel Sarmento noticia que são adeptos desta teoria Laurence Tribe, Alexander Bickel e Ronald Dworkin. SARMENTO, Daniel. *Direitos fundamentais e relações privadas*. 2. ed. Rio de Janeiro: Lumen Juris, 2008. p. 116.

(139) Ainda segundo informações de Daniel Sarmento, são defensores desta segunda corrente Raul Berger, Robert Bork e Antonin Scalia. *Ibidem*, p. 116-117.

(140) Virgílio Afonso da Silva entende que a teoria da ordem de valores consolida a ideia de que as declarações de direitos fundamentais não são meras declarações de princípios, mas sim, contêm normas jurídicas que conferem direitos subjetivos aos indivíduos. Fora isso, a ordem de valores implicaria na superação da concepção de que os direitos fundamentais seriam exigíveis somente perante o Estado, seja por abstenção ou prestação. Direitos fundamentais desempenhariam a função adicional de expressar os valores da sociedade, válidos para todo o ordenamento jurídico. Esse sistema de valores, na opinião do autor, não pode ser confundido com uma mera declaração de princípios, pois os valores representariam o ponto de partida, vinculante, para a constitucionalização do direito e ampliação da força normativa da Constituição. SILVA, Virgílio Afonso da. *A constitucionalização do Direito* — Os direitos fundamentais nas relações entre particulares. 1. ed., 2ª Tiragem. São Paulo: Malheiros, 2008. p. 76-77.

fundamentais. Essa teoria diferencia-se daquelas que tratam dos direitos naturais do homem, já que não tratam somente da moral como valor imutável, mas sim, dos valores de uma sociedade concreta e definida[(141)].

Dessa maneira, os valores sociais de cada época incorporam-se à interpretação constitucional, de modo que os direitos fundamentais contidos na Constituição devem ser interpretados com base nos mais íntimos princípios éticos e valores existentes naquela comunidade jurídica. Relaciona-se, portanto, com a dimensão objetiva dos direitos fundamentais na medida em que os direitos fundamentais exprimem os valores de uma determinada sociedade, devendo esta, em contrapartida, atuar no resguardo destes direitos.

Note-se que, a teoria da ordem de valores também se relaciona com um critério coletivo, haja vista que os valores advêm dos seres que compõem aquela sociedade como um todo, devendo refletir uma época. Por isso, a teoria da ordem de valores não é mais uma teoria estática. Muito pelo contrário, essa teoria é tão dinâmica que atua ao longo dos anos, sendo o reflexo da sociedade no período.

Não se pode ser ingênuo ao ponto de achar que o texto constitucional de 1988 brasileiro incorpora os valores da sociedade atual. Ao longo desses anos, a sociedade incorporou valores diversos daqueles existentes à época da promulgação do texto original, muitas vezes promovendo mutações nestes valores[(142)].

Critica-se, no entanto, que a Constituição seja vista apenas como uma ordem de valores, uma vez que se poderia criar certa insegurança jurídica, afinal o julgamento de uma causa poderia ficar vinculado a um valor que talvez não fosse o mais adequado ao caso concreto, a um valor que somente parte da sociedade concorda ou até mesmo a um valor deturpado pelo órgão julgador.

Deixar a interpretação constitucional à margem da justificativa de uma ordem de valores pode levar a sociedade ao palco de sérias abusividades pelo Judiciário,

---

(141) *Ibidem*, p. 118.

(142) Como exemplo dessas mutações dos valores sociais, pode-se trazer o caso da união homoafetiva. Em 1988, a união homoafetiva não foi incluída no rol do art. 226 como entidade familiar, de maneira que somente era reconhecida a união estável entre o homem e a mulher como entidade familiar. Hoje, a jurisprudência e a doutrina caminham para o reconhecimento da união homoafetiva como entidade familiar, embora o Supremo Tribunal Federal e o Superior Tribunal de Justiça ainda não a reconheçam. EMENTA: APELAÇÃO CÍVEL. UNIÃO HOMOAFETIVA. RECONHECIMENTO. PRINCÍPIO DA DIGNIDADE DA PESSOA HUMANA E DA IGUALDADE. É de ser reconhecida judicialmente a união homoafetiva mantida entre duas mulheres de forma pública e ininterrupta pelo período de 16 anos. A homossexualidade é um fato social que se perpetua através dos séculos, não mais podendo o Judiciário se olvidar de emprestar a tutela jurisdicional a uniões que, enlaçadas pelo afeto, assumem feição de família. A união pelo amor é que caracteriza a entidade familiar e não apenas a diversidade de sexos. É o afeto a mais pura exteriorização do ser e do viver, de forma que a marginalização das relações homoafetivas constitui afronta aos direitos humanos por ser forma de privação do direito à vida, violando os princípios da dignidade da pessoa humana e da igualdade. Negado provimento ao apelo. (Apelação Cível n. 70012836755, Sétima Câmara Cível, Tribunal de Justiça do RS, Relator: Maria Berenice Dias, Julgado em 21.12.2005)

uma vez que este não terá amarras balizadoras para a realização de um julgamento. Em verdade, o Poder Judiciário poderia agir de qualquer maneira, utilizando-se da escusa de estar vinculado a certos valores para solucionar determinado conflito.

Contudo, não se pode negar que os valores permeiam a interpretação constitucional. Deve-se encontrar uma maneira de harmonizar a segurança jurídica com a ordem de valores. Daniel Sarmento, tratando do tema, sugere que:

> As soluções hoje se encaminham para o reconhecimento de que, se por um lado as constituições albergam valores que são relevantes na interpretação constitucional, abrindo-as para conteúdos morais, por outro lado, é necessário que a aplicação da Lei Maior se lastreie em metodologia preocupada com o estreitamento das margens do subjetivismo, incerteza e insegurança das decisões. E se o modelo lógico-subsuntivo se revela imprestável diante das características do Direito Constitucional, urge, em prol da transparência e da controlabilidade das decisões do intérprete, recuperar e promover a ideia de racionalidade prática na hermenêutica e na jurisdição constitucional, a fim de legitimá-las democraticamente(143).

Assim, os valores e princípios éticos devem ser considerados paradigmas no tocante à interpretação constitucional, fazendo-se com que a teoria da ordem de valores seja útil no deslinde de questões envolvendo direitos fundamentais.

No entanto, o Poder Judiciário deve ser coerente em suas decisões, adotando interpretações e linhas argumentativas fundamentadas, sempre se pautando na segurança jurídica que permeia as relações entre sociedade e o Judiciário. Este deve atuar com base nos ditames da transparência e coerência, de modo a garantir à sociedade decisões que expressem sua vontade, uma vez que é a própria sociedade a fornecedora de valores que devem embasar as suas decisões.

2.4.1.2. A Eficácia Irradiante dos Direitos Fundamentais

A eficácia irradiante dos direitos fundamentais configura-se como uma consequência lógica da dimensão objetiva destes. Em verdade, é pela eficácia irradiante que os valores que norteiam a sociedade penetram por todo o ordenamento jurídico, condicionando a interpretação legislativa a estes valores, bem como orientando a atividade do Legislador ao conceber novas normas legais. Afora isso, a eficácia irradiante também atinge o poder Judiciário e o Poder Executivo, uma vez que estes têm suas atividades intrinsecamente ligadas aos valores sociais.

---

(143) SARMENTO, Daniel. *Direitos fundamentais e relações privadas*. 2. ed. Rio de Janeiro: Lumen Juris, 2008. p. 123.

A eficácia irradiante dos direitos fundamentais é, portanto, norteadora de todo o ordenamento jurídico, já que transmite os valores impregnados na sociedade para um melhor funcionamento da ordem jurídica. É por meio dessa eficácia que os direitos fundamentais deixam de ser apenas direitos em face ao Estado e se tornam presentes em cada norma existente, balizando ainda as atividades dos Poderes Estatais.

A interpretação conforme o texto constitucional é um poderoso instrumento da eficácia irradiante, uma vez que desempenha os papéis de princípio hermenêutico e mecanismo de controle de constitucionalidade(144). Em seu papel de princípio hermenêutico, a interpretação conforme a Constituição determina ao operador do direito que, diante de ambiguidade de certa disposição legal, opte pela interpretação condizente com o texto constitucional. Desta maneira, a norma se mantêm no ordenamento jurídico, passando a ser aplicada nos ditames da Constituição Federal.

A interpretação conforme a Constituição, em seu papel de mecanismo de controle de constitucionalidade, permite que o Supremo Tribunal Federal, verificando contrariedade ao texto constitucional, elimine-a sem reduzir seu texto, em realização do controle abstrato de constitucionalidade. No entanto, isto não significa que a atividade de interpretação conforme o texto constitucional fique limitada à atividade do Supremo Tribunal Federal. Pelo contrário, cada juiz, diante do caso concreto, pode exercer essa interpretação, verificando se a norma jurídica em questão está em consonância com o disposto na Constituição Federal(145).

Destarte, a eficácia irradiante dos direitos fundamentais ainda atua nas legislações infraconstitucionais(146), devendo o operador do direito interpretar

(144) SARMENTO, Daniel. *Direitos fundamentais e relações privadas*. 2. ed. Rio de Janeiro: Lumen Juris, 2008. p. 124.

(145) *Ibidem*, p. 124.

(146) Ana Cristina Costa Meireles, tratando sobre o tema, afirma que é forçoso reconhecer que o controle abstrato de constitucionalidade das normas infraconstitucionais já representa uma demonstração do reconhecimento da faceta objetiva dos direitos fundamentais. "Mas o que se quer dizer com eficácia irradiante dos direitos fundamentais é muito mais; de mero dever de abstenção, passa a existir um autêntico dever de prestação". Discorda-se do posicionamento da autora, uma vez que a atividade jurisdicional exercida no controle de constitucionalidade abstrato de normas infraconstitucionais configura faceta da interpretação conforme o texto constitucional, marcada pela eficácia irradiante dos direitos fundamentais. Assim, a dimensão objetiva dos direitos fundamentais estaria plenamente demonstrada, haja vista que os valores da coletividade estão sendo incorporados por meio de uma interpretação conforme os ditames constitucionais. Discorda-se, ainda, da afirmação de que, a eficácia irradiante dos direitos fundamentais representaria um dever de prestação, uma vez que a eficácia irradiante, em verdade, representa um distanciamento das relações de direitos fundamentais com o Estado, sejam elas relações de abstenção ou prestacionais. O que a eficácia irradiante tutela é a disseminação dos valores sociais por todo o ordenamento jurídico. MEIRELES, Ana Cristina Costa. *A eficácia dos direitos sociais*: os direitos subjetivos em face das normas programáticas. Salvador: JusPodivm, 2008. p. 344.

essas normas de acordo com a Lei Maior, especialmente os direitos fundamentais. Isto ocorre pois a Constituição Federal de 1988 encontra-se carregada de direitos fundamentais, exprimindo ainda valores sociais. O direito infraconstitucional não poderia ficar a mercê destes novos paradigmas trazidos pelo texto constitucional. A interpretação dessas legislações em consonância com a Constituição é chamada de filtragem constitucional, em que o aplicador do direito deve assumir uma postura interpretativa compatível com o texto constitucional.

Conceitos jurídicos indeterminados e cláusulas gerais também são interpretados por meio da eficácia irradiante dos direitos fundamentais. Conceitos como boa-fé, ordem pública, interesse público, abuso de direito, bons costumes, dentre outros, devem ser interpretados à luz dos direitos fundamentais em razão das dificuldades encontradas na conceituação e delimitação destes[(147)].

Por fim, cumpre destacar que a eficácia irradiante dos direitos fundamentais não se limita na atuação diante de normas procedentes do poder Legislativo. Paula Sarno Braga complementa o posicionamento exposto, ao afirmar que:

> Não é só com a legislação infraconstitucional de permeio merecerão efetividade os direitos fundamentais. Incidem eles diretamente nas situações concretas, sejam elas públicas ou privadas, independentemente de lei prévia, cabendo ao Estado protegê-los de lesões reais ou iminentes[(148)].

Dessa maneira, a eficácia irradiante justifica a incidência de normas de direitos fundamentais nas relações privadas, uma vez que estas incidem diante de relações jurídicas concretas, cumprindo a função de irrigar todo o ordenamento jurídico com valores advindos da sociedade. No entanto, a teoria da eficácia horizontal dos direitos fundamentais ainda passa por um processo exploratório, advindo deste processo inúmeras divergências doutrinárias e jurisprudenciais. É o que se verá agora.

2.4.2. A negação da eficácia dos Direitos Fundamentais nas relações privadas: a doutrina da "state action"

A teoria da *state action* surgiu na Alemanha, em contraposição à teoria da eficácia horizontal dos direitos fundamentais, sendo defendida por Mangoldt e Forsthoff. Essa teoria nega a eficácia dos direitos fundamentais nas relações pri-

---

(147) SARMENTO, Daniel. *Direitos fundamentais e relações privadas*. 2. ed. Rio de Janeiro: Lumen Juris, 2008. p. 127.
(148) BRAGA, Paula Sarno. *Aplicação do devido processo legal nas relações privadas*. Salvador: JusPodivm, 2008. p. 116.

vadas, partindo da concepção de que somente o Estado pode ser sujeito passivo desses direitos, de modo a serem os direitos fundamentais apenas direitos de defesa em face ao Estado(149).

Dentre os argumentos lançados por essa corrente, destacavam-se:

> A tradição histórica liberal dentro da qual se cristalizaram os direitos fundamentais, o texto constitucional alemão, que prevê expressamente apenas a vinculação dos poderes públicos aos direitos fundamentais no seu art. 1.3, bem como a vontade histórica do constituinte, pois não se discutiu, durante a elaboração da Lei Fundamental alemã, a vinculação de atores privados aos direitos fundamentais, já que as atenções estavam voltadas para a proteção contra o Estado, até pela proximidade da experiência nazista. Ademais, alegava-se também que a eficácia horizontal fulminaria a autonomia individual, destruiria a identidade do direito privado, que ficaria absorvido pelo direito constitucional, e conferiria um poder exagerado aos juízes, em detrimento do legislador democrático(150).

Essa teoria praticamente desapareceu na Alemanha, em razão do reconhecimento pelo Tribunal Constitucional Federal da eficácia horizontal dos direitos fundamentais. Contudo, os Estados Unidos surgiram no quadro internacional como os maiores defensores da *state action,* uma vez que os direitos fundamentais previstos no *Bill of Rights* impõem limitações apenas para os Poderes Públicos e não para os Particulares, com exceção da 13ª Emenda, que proibiu a escravidão.

Justifica-se a utilização da teoria da *state action* nos Estados Unidos em razão da literalidade do texto constitucional, que se refere apenas aos Poderes Públicos na maioria das normas consagradoras de direitos fundamentais.

Fora isso, utiliza-se ainda os argumentos de que as *states actions* preservariam a autonomia privada e a autonomia dos Estados, uma vez que existe a imposição, pelo Pacto Federativo, de que somente os Estados legislem sobre normas de Direito privado, a não ser quando a matéria envolva comércio interestadual ou internacional(151).

Todavia, a partir da década de 40, os órgãos judiciais americanos acabaram por relativizar a teoria da *state action,* ampliando excepcionalmente o âmbito de

(149) SARMENTO, Daniel. A vinculação dos particulares aos direitos fundamentais no direito comparado e no Brasil. In: DIDIER JR., Fredie (org.). *Leituras complementares de processo civil.* 7. ed., rev. e ampl. Salvador: JusPodvim, 2009. p. 146.

(150) SARMENTO, Daniel. *Direitos fundamentais e relações privadas.* 2. ed. Rio de Janeiro: Lumen Juris, 2008. p. 188.

(151) *Idem.* A vinculação dos particulares aos direitos fundamentais no direito comparado e no Brasil. In: DIDIER JR., Fredie (org.). *Leituras complementares de processo civil.* 7. ed., rev. e ampl. Salvador: JusPodvim, 2009. p. 147.

aplicação dos direitos fundamentais da Constituição, ao dilatarem os conceitos de Poder Público e ação Estatal[(152)].

Dessa maneira, a jurisprudência americana passou a utilizar a *public function theory*, de modo que o sujeito de direito privado que pratica atividade de natureza estatal fica sujeito às limitações impostas pelos direitos fundamentais. Outrossim, quando particulares assumem funções eminentemente estatais, devem se sujeitar às normas de direitos fundamentais, respeitando-as.

Juan María Bilbao Ubillos, tratando sobre o tema, afirma que:

> Los supuestos em los que se há aplicado esta doctrina jurisprudencial pueden clasificarse, pese a sua disparidad tipológica, em dos grandes apartados: por um lado, los relacionados com actividades que entrañan materialmente El ejercicio de uma 'función pública', y por outro, aquéllo em los que se detecta uma 'conexion' o 'implicación' estatal significativa em la acción impugnada por el demandante.[(153)]

Essa teoria impede, portanto, que o Estado se abstenha de cumprir com a efetivação dos direitos fundamentais em razão da constituição de empresa privada ou delegação de suas atividades a uma empresa privada por meio de concessão, uma vez que, ainda que o Estado não figure diretamente no exercício da função pública, transferirá ao particular as mesmas obrigações e limites postos constitucionalmente no tocante aos direitos fundamentais.

Destarte, a *public function theory* é aplicável independentemente de delegação, bastando apenas que a atividade desenvolvida pelo ente privado possua natureza estatal em sua essência. No entanto, diante da falta de critério seguro e caráter errático na aplicação da *public function theory,* a Suprema Corte vem restringindo sua aplicação desde a década de 70[(154)].

Outra hipótese de vinculação dos particulares a direitos fundamentais na comunidade jurídica americana se dá quando é possível estabelecer uma profunda conexão entre o ente privado e algum órgão estatal[(155)].

---

(152) SARLET, Ingo Wolfgang. Direitos fundamentais e direito privado: algumas considerações em torno da vinculação dos particulares aos direitos fundamentais. *Revista de Direito do Consumidor*, n. 36, p. 79, out./dez. 2000.

(153) UBILLOS, Juan María Bilbao. Em qué medida vinculan a los particulares los derechos fundamentales? In: SARLET, Ingo Wolfgang (Org.). *Constituição, direitos fundamentais e direito privado.* Porto Alegre: Livraria do Adogado, 2003. p. 318.

(154) SARMENTO, Daniel. A vinculação dos particulares aos direitos fundamentais no direito comparado e no Brasil. In: DIDIER JR., Fredie (Org.). *Leituras complementares de processo civil*. 7. ed., rev. e ampl. Salvador: JusPodvim, 2009. p. 149.

(155) Eduardo Ribeiro Moreira, comentando o abrandamento da doutrina da *state action* afirma que, aos poucos a realidade entre particulares foi amoldada para poder exigir o cumprimento e proteção das normas constitucionais sempre que houvesse a participação do Estado na violação do direito individual. Sem a verificação da participação mínima do Estado na violação do direito do particular,

Um caso marcante na jurisprudência[156] americana, no qual se observa uma conexão entre o ente privado e o Estado é o caso Shelley v. Kraemer, em que existia uma convenção de condomínio privado que proibia a venda de casas a afrodescendentes. Quando uma das casas fora vendida a um afrodescendente, em contrariedade ao estabelecido na convenção, iniciou-se uma disputa judicial para tentar anular a venda. Na Suprema Corte a pretensão foi rejeitada, sob o argumento de que os direitos previstos na convenção contrariavam o previsto na Constituição, não podendo as autoridades judiciárias perpetuar tal segregação[157].

É importante salientar, no entanto, a opinião de Virgílio Afonso da Silva no tocante à doutrina da *state action*. Para o autor, esta doutrina procura determinar quando um ato privado que viole direitos fundamentais, especialmente o direito de igualdade, pode ser objeto de controle judicial. Em razão disso, Virgílio critica o posicionamento de que a doutrina da *state action* corresponderia a uma não aceitação de efeitos dos direitos fundamentais nas relações entre particulares, uma vez que essa doutrina tem justamente o objetivo contrário, quer seja o rompimento da limitação da aplicação dos direitos fundamentais às relações entre sujeito-Estado quando tenta definir em quais situações a ação privada é equiparável a ação pública[158].

Discorda-se deste posicionamento, uma vez que a origem da doutrina da *state action* remonta a Alemanha, em contrapartida à possibilidade da aplicação da eficácia horizontal dos direitos fundamentais nas relações privadas.

Afora isso, observa-se ainda que essa doutrina representa uma limitação à aplicação dos direitos fundamentais, uma vez que estes só podem ser vistos nas relações em que o Estado participa. Caso a *state action* rompesse com a limitação na aplicação dos direitos fundamentais, expandindo-os para as relações entre particulares, não seria necessário o desenvolvimento da *public function theory*, já que os direitos fundamentais incidiriam em relações em que o particular exercesse alguma atividade estatal.

---

as normas constitucionais não poderiam ser invocadas entre particulares. Segundo ele, atribuir um grau de participação do Estado nos processos entre particulares foi tarefa dos advogados e juristas norte-americanos, que se desenvolveu em vários níveis, produzindo, em alguns casos, ligações entre Estado e particular por ficção jurídica; em outros casos, a negativa da relação entre ato estatal e particular causa espanto. MOREIRA, Eduardo Ribeiro. *Obtenção dos direitos fundamentais nas relações entre particulares*. Rio de Janeiro: Lumen Juris, 2007. p. 97.

(156) Para maior conhecimento sobre a jurisprudência americana no tocante à doutrina da *state action e public function theory,* ver SARMENTO, Daniel. A vinculação dos particulares aos direitos fundamentais no direito comparado e no Brasil. In: DIDIER JR., Fredie (Org.). *Leituras complementares de processo civil*. 7. ed., rev. e ampl. Salvador: JusPodvim, 2009; SARMENTO, Daniel. *Direitos fundamentais e relações privadas*. 2. ed. Rio de Janeiro: Lumen Juris, 2008; MOREIRA, Eduardo Ribeiro. *Obtenção dos direitos fundamentais nas relações entre particulares*. Rio de Janeiro: Lúmen Juris, 2007.

(157) SARMENTO, Daniel. A vinculação dos particulares aos direitos fundamentais no direito comparado e no Brasil. In: DIDIER JR., Fredie (Org.). *Leituras complementares de processo civil*. 7. ed., rev. e ampl. Salvador: JusPodvim, 2009. p. 149-150.

(158) SILVA, Virgílio Afonso da. *A constitucionalização do Direito* — Os direitos fundamentais nas relações entre particulares. 1. ed., 2ª Tiragem. São Paulo: Malheiros, 2008. p. 99-100.

Ainda mais, a *public function theory* veio a funcionar como um temperamento à doutrina da *state action*, estabelecendo algumas condutas, embora de maneira desorganizada e sem critérios claros, em que os direitos fundamentais poderiam incidir nas relações ente particulares. Acaso o posicionamento de Virgílio da Silva fosse o correto, a doutrina da *public function theory* iria se confundir com a própria *state action*, já que, para o autor, a *state action* viria trazer situações nas quais a ação privada é equiparada a ação pública.

Assim sendo, essas duas doutrinas representariam a mesma coisa, o que constitui um enorme equívoco, já que a *state action* pode ser tomada como a doutrina mais extremista, na qual os direitos fundamentais só incidem nas relações com o Estado e a *public function theory* constitui justamente um abrandamento dessa teoria, sem lhe tirar o caráter vital, quer seja o Estado sempre estar presente nas relações que versem sobre direitos fundamentais, ainda que indiretamente, seja por uma ligação profunda com a relação particular em questão, seja por um ente privado estar exercendo uma atividade que é nitidamente sua.

Em verdade, predomina nos Estados Unidos a aplicação da *state action* nos moldes já explicados, de modo que, em se tratando de direitos fundamentais, o Estado deve ser sujeito passivo da obrigação. No entanto, algumas vozes, embora de maneira tímida e minoritária, criticam a teoria da *state action*. É o caso dos membros do movimento *Critical Legal Studies* e de alguns movimentos feministas americanos, que criticam a dicotomia entre direito público e privado, bem como a existência de liberdade, democracia e igualdade apenas na seara do direito público, de modo que no direito privado só existiria apenas a liberdade para comprar e vender(159).

Critica ainda a doutrina da *state action* Edwin Chemerinsky, afirmando que cada vez que se reconhece a liberdade de alguém para violar um direito fundamental de terceiro, ocorre uma restrição ao direito desta vítima. No tocante à autonomia dos Estados, o professor afirma que esta autonomia tem limites na Constituição americana e por isso não pode ser invocada contra ela. Por fim, propõe Edwin Chemerinsky que a doutrina da *state action* seja eliminada, devendo ser substituída por um modelo de ponderação diante do caso concreto(160).

Concorda-se com o posicionamento de Edwin Chemerinsky, uma vez que a doutrina da *state action* não proporciona uma proteção adequada aos direitos

---

(159) KAIRUS, D. *The politics of law*. New York: Pantheon Books, 1982. p. 151 *apud* SARMENTO, Daniel. A vinculação dos particulares aos direitos fundamentais no direito comparado e no Brasil. In: DIDIER JR., Fredie (org.). *Leituras complementares de processo civil*. 7. ed., rev. e ampl. Salvador: JusPodvim, 2009. p. 152.

(160) GARVEY, John H.; ALEINIKOFF, T. Alexander. *Modern constitucional theory*: a reader. St. Paul: West Group, 1999. p. 793-800 *apud* SARMENTO, Daniel. A vinculação dos particulares aos direitos fundamentais no direito comparado e no Brasil. In: DIDIER JR., Fredie (Org.). *Leituras complementares de processo civil*. 7. ed., rev. e ampl. Salvador: JusPodvim, 2009. p. 152-153.

fundamentais. Em verdade, essa doutrina serve como palco de muitas violações a direitos fundamentais não tutelados pela ordem estatal, em razão de não estar o Estado vinculado àquela relação jurídica privada.

Muitas vezes as violações a direitos fundamentais não são provenientes de atitudes estatais, mas sim, de particulares, como empresas, pessoas individualizadas, grupos ou associações. Deixar o Estado à mercê da *state action* é fazer com que este feche os olhos para as atrocidades no âmbito dos direitos fundamentais provenientes de particulares. Ainda mais, a existência da doutrina da *state action* pode significar, muitas vezes, um incentivo ao cometimento de tais violações, já que a impunidade poderia ser a sensação passada a esses entes particulares.

Alguns Estados americanos vem reagindo a essa teoria. O *Statute* da Califórnia protege o direito a não ter discriminação no emprego ou no exercício profissional (art. 1º, secção 8). Em Nova York, está previsto o direito a não ser discriminado, seja diante de uma empresa, seja diante de qualquer particular; verificando-se também em Montana. O *Statute* de Illinois protege o direito a não existir discriminação por aluguéis em razão da raça ou etnia (art. 1º, secção 17). Em Louisiana, a proteção só se dá plenamente em espaços públicos (art. 1º, secção 12)[(161)]. Esses Estados, como se pode observar, adotam uma posição mais vanguardista do que a própria Suprema Corte, que ainda se pauta na teoria da *state action*.

No entanto, outros países também adotam a teoria da *state action*. É o caso do Canadá, revelado em que do caso *Dolphin Delivery*, por meio, diante de uma greve, decidiu-se na Corte Suprema Canadense que eram proibidos os piquetes, alegando-se ainda que não se aplicam à Constituição decisões do judiciário em processos entre particulares. Na África do Sul, chegou-se à mesma conclusão quando vigia a Constituição provisória, editada após o final do regime do *apartheid*, no caso *Plessis v. Klerk*. Essa matéria, contudo, foi reformada com a vigência da constituição definitiva, de modo a estabelecer a vinculação direta dos direitos fundamentais aos particulares[(162)].

2.4.3. A teoria da eficácia indireta ou mediata dos Direitos Fundamentais

A teoria da eficácia indireta (*mittelbare Drittwirkung*) ou eficácia mediata (*indirekte Drittwirkung*) foi desenvolvida na Alemanha por Günther Dürig, sendo considerada hoje a concepção dominante no direito germânico, principalmente em razão das decisões advindas do seu Tribunal Constitucional[(163)].

---

(161) MOREIRA, Eduardo Ribeiro. *Obtenção dos direitos fundamentais nas relações entre particulares*. Rio de Janeiro: Lumen Juris, 2007. p. 106-107.

(162) MOREIRA, Eduardo Ribeiro. *Obtenção dos direitos fundamentais nas relações entre particulares*. Rio de Janeiro: Lumen Juris, 2007. p. 116; SARMENTO, Daniel. A vinculação dos particulares aos direitos fundamentais no direito comparado e no Brasil. In: DIDIER JR., Fredie (Org.). *Leituras complementares de processo civil*. 7. ed., rev. e ampl. Salvador: JusPodvim, 2009. p. 154.

(163) STEINMETZ, Wilson. *A vinculação dos particulares a direitos fundamentais*. São Paulo: Malheiros, 2004. p. 136.

Em verdade, trata-se de uma concepção intermediária entre a doutrina da *State Action*, que nega a eficácia horizontal dos direitos fundamentais nas relações privadas e a doutrina da eficácia direta ou imediata dos direitos fundamentais.

Para a teoria da eficácia mediata, os direitos fundamentais não são direitos subjetivos que podem ser invocados a partir do texto constitucional nas relações privadas. Pelo contrário, incidem nas relações particulares como princípios objetivos, ou sistema de valores. A construção desta teoria parte da premissa de que os direitos fundamentais são, em uma concepção clássica, direitos subjetivos de defesa ante o Estado. Desta maneira, surgiria a relação jurídica entre o sujeito e o Estado, de modo a ser o indivíduo titular de direitos fundamentais, enquanto o Estado seria apenas destinatário das normas de direitos fundamentais, vinculando o poder Estatal em face aos direitos de liberdade titularizados. Os direitos fundamentais não poderiam incidir imediatamente nas relações entre particulares em razão das diferenças existentes entre a relação particular e particular e entre cidadão e Estado[(164)]. Note-se que, na relação entre particulares, todos são titulares de direitos fundamentais, enquanto na relação entre Estado e indivíduo, apenas este último é titular.

Segundo Konrad Hesse, as situações jurídicas que envolvem um ente público e um particular são tipicamente de subordinação, de modo que só caberá a proteção deste em face a preponderância do Estado, enquanto as situações jurídicas privadas, em que predominam relações de coordenação, todos gozam igualmente da proteção que os direitos fundamentais conferem. Surgiria um conflito entre esses direitos fundamentais nas relações particulares, pois os entes privados gozariam de iguais direitos[(165)]. Assim, não haveria como tutelar igualmente situações que são, em sua essência, desiguais.

Fora isso, em razão da autonomia privada[(166)], pode o particular renunciar a direito fundamental no âmbito das relações negociais travadas, o que não é possível nas relações entre Estado e indivíduo[(167)]. Por isso, a teoria da eficácia mediata

---

(164) STEINMETZ, Wilson. *A vinculação dos particulares a direitos fundamentais*. São Paulo: Malheiros, 2004. p. 140.

(165) HESSE, Konrad. *Derecho constitucional y derecho privado*. Tradução e introdução de Ignacio Gutiérrez-Gutiérrez. Madrid: Civitas, 1995. p. 60 *apud* CALGARO, Gerson Amauri. O direito privado como meio de efetivação dos direitos fundamentais. *Revista de Direito Privado*, n. 32, p. 135, out./dez., 2007.

(166) De maneira bem simplista, a autonomia privada consiste na liberdade que o indivíduo possui para firmar direitos e obrigações, de modo a, nas relações com particulares, autovincular-se de maneira responsável. Em verdade, os indivíduos encontram-se ligados por meio de uma relação denominada de relação horizontal, pois os particulares encontram-se, ainda que em tese, em situações de equilíbrio. Essa relação é baseada justamente na autonomia privada, na capacidade que os sujeitos tem de estabelecerem negócios jurídicos. Para um maior aprofundamento na questão, BORGES, Roxana Cardoso Brasileiro. *Disponibilidade dos direitos da personalidade e autonomia privada*. 2. ed. São Paulo: Saraiva, 2007.

(167) SARMENTO, Daniel. A vinculação dos particulares aos direitos fundamentais no direito comparado e no Brasil. In: DIDIER JR., Fredie (org.). *Leituras complementares de processo civil*. 7. ed., rev. e ampl. Salvador: JusPodvim, 2009. p. 155.

dos direitos fundamentais nega a aplicação imediata destes nas relações privadas, já que, caso fosse reconhecida a eficácia imediata, extinguir-se-ia a autonomia privada e o direito privado perderia sua força.

Ora, o direito privado é um ramo do direito autônomo. Deixar que os direitos fundamentais influenciassem tanto sua esfera, para a teoria da eficácia mediata, é negar sua independência em relação aos outros ramos do direito. Ainda mais, a eficácia imediata acabaria ou desconfiguraria a autonomia privada, já que limitaria as possibilidades de relações jurídicas negociais entre particulares.

Em razão dessas considerações é que a teoria da eficácia mediata dos direitos fundamentais possuem um núcleo básico, no qual se reconhece que os direitos fundamentais exprimem uma ordem de valores que se irradia por todo o ordenamento jurídico. A primeira premissa deste núcleo básico da teoria da eficácia indireta reside na afirmação de que os direitos fundamentais são protegidos no campo privado não por meio dos instrumentos de direito constitucional, mas sim pelos mecanismos típicos do direito privado. No caso concreto, a interpretação-aplicação das normas de direitos fundamentais não se dá por meio da Constituição, mas sim mediante normas e parâmetros dogmáticos hermenêutico-aplicativos do direito privado[(168)].

Dessa maneira, os direitos fundamentais iriam se estender aos particulares apenas mediante a concretização, por parte do legislador privado, de normas compatíveis com valores constitucionais. E é justamente essa a segunda premissa da teoria da eficácia indireta. Cabe ao legislador privado a tarefa de legislar sobre normas de direito privado que sejam compatíveis com ordem de valores estabelecida no texto constitucional, em razão da dimensão objetiva dos direitos fundamentais[(169)].

Assim, o Legislador protegeria os direitos fundamentais na medida em que suas normas estivessem de acordo com os ditames da dimensão objetiva dos direi-

---

(168) STEINMETZ, Wilson. *A vinculação dos particulares a direitos fundamentais*. São Paulo: Malheiros, 2004. p. 137.

(169) Andrey Borges de Mendonça e Olavo Augusto Vianna Alves Ferreira defendem que, no tocante à necessidade de o legislador de conformar as relações privadas de acordo com os direitos fundamentais, esta decorre da própria perspectiva objetiva dos direitos fundamentais, perspectiva essa que não se confunde com a aplicação dos direitos fundamentais nas relações privadas. A perspectiva objetiva destaca os direitos fundamentais como valores dentre os mais relevantes do ordenamento jurídico, em uma perspectiva evidentemente valorativa aplicável seja nas relações entre Poder Público e particular, seja exclusivamente entre particulares. Em razão disto, conclui os autores que este aspecto não é uma característica determinante para a aplicação da teoria da eficácia mediata, pois em nada se relacionaria com os direitos fundamentais nas relações privadas. Para esses autores, a teoria da eficácia mediata não possui conteúdo que responda adequadamente às verdadeiras questões relativas à eficácia horizontal dos direitos fundamentais nas relações privadas. (MENDONÇA, Andrey Borges de; FERREIRA, Olavo Augusto Vianna Alves. Eficácia dos direitos fundamentais nas relações privadas. In: CAMARGO, Marcelo Novelino (Org.). *Leituras complementares de direito constitucional*: direitos fundamentais. 2. ed. Salvador: JusPodivm, 2007. p. 146).

tos fundamentais, sem desconsiderar a autonomia da vontade. Ainda mais, caberia ao legislador realizar uma ponderação de interesses constitucionais no processo legislativo, fazendo com que a norma de direito privado correspondesse aos valores sociais arraigados à época, fixando o grau de cedência de cada bem jurídico(170).

Em relação ao Poder Judiciário, vale ressaltar que este não aplicaria diretamente as normas de direito fundamental constantes no texto constitucional nas relações privadas, haja vista que as normas de direito privado estariam impregnadas de valores sociais advindos do texto constitucional.

Restaria ao Judiciário duas principais tarefas. A primeira delas consistiria na interpretação das normas de direito privado em conformidade com as normas de direitos fundamentais, de modo a refletir uma interpretação conforme a Constituição(171). Isto se dá pois, embora o direito privado seja um ramo autônomo do direito, este está adstrito aos ditames do texto constitucional, passível de controle de constitucionalidade. Desta forma, a interpretação de norma de natureza privada deve estar em conformidade com o estabelecido na Constituição.

A outra tarefa pertinente ao Judiciário seria preencher as cláusulas gerais criadas pelo Legislador, bem como os conceitos jurídicos indeterminados com os valores que decorrem ou fundamentam as normas de direito fundamental(172). O direito privado possui em seu corpo diversas normas que estabelecem cláusulas gerais e conceitos jurídicos indeterminados, como boa-fé, interesse público, abuso de direito, dentre outros. Nas palavras de Wilson Steinmetz:

> No direito privado, as cláusulas gerais são havidas como recurso interpretativo — aplicativo que o legislador põe à disposição do juiz, para restrição, *in concreto,* da autonomia privada e do exercício de direitos ou interesses subjetivos legais. Ora, ao "informar" ou "constituir" o conteúdo das cláusulas gerais no caso concreto, os direitos fundamentais operam como limites à autonomia privada. Por essa via, o Poder Judiciário dá eficácia às normas de direitos fundamentais nas relações entre particulares mediante normas e critérios dogmáticos, interpretativos e aplicativos, próprios do direito privado.(173)

O Judiciário, diante de tais normas, pela teoria da eficácia mediata, deve aplicá-las de acordo com as normas de direito fundamental. Esta regra permite uma

(170) SARMENTO, Daniel. A vinculação dos particulares aos direitos fundamentais no direito comparado e no Brasil. In: DIDIER JR., Fredie (Org.). *Leituras complementares de processo civil.* 7. ed., rev. e ampl. Salvador: JusPodvim, 2009. p. 157.
(171) STEINMETZ, Wilson. *A vinculação dos particulares a direitos fundamentais*. São Paulo: Malheiros, 2004. p. 145.
(172) SARMENTO, Daniel. A vinculação dos particulares aos direitos fundamentais no direito comparado e no Brasil. In: DIDIER JR., Fredie (Org.). *Leituras complementares de processo civil.* 7. ed., rev. e ampl. Salvador: JusPodvim, 2009. p. 157.
(173) *Op. cit.*, p. 147.

única exceção. Apenas em casos excepcionais, em que se verifiquem lacunas no direito privado e inexistência de cláusulas gerais e conceitos jurídicos indeterminados, é que se permitirá ao judiciário a aplicação direta dos direitos fundamentais nas relações privadas(174).

Ressalte-se ainda que, quando o Judiciário resolve conflitos privados e interpreta suas normas sem considerar os direitos fundamentais, este incorre em responsabilidade por uma lesão causada a tais direitos. É o que se observa no caso Lüth, de 1958. Em 1950, Eric Lüth, diretor do Clube de Imprensa de Hamburgo, sustentou um boicote público contra o filme *Unsterbliche Gelibte* (amante imortal), dirigido pela cineasta Veit Harlan. Tal boicote teve como fundamento o fato de a diretora ter produzido o filme com cunho antissemita no período nazista.

Veit Harlan obteve decisão no Tribunal de Justiça de Hamburgo no sentido de que Lüth se abstivesse de promover o boicote, com base no art. 826 do Código Civil, que diz que aquele que causa dano a outrem, de maneira ofensiva aos bons costumes, está obrigado a repará-lo. Contra esta decisão, Lüth ingressou com uma reclamação constitucional perante a Corte Constitucional, alegando que a decisão do Tribunal de Hamburgo violou sua liberdade de expressão. Este acolheu o recurso, fundamentando-se no entendimento de que as cláusulas gerais de direito privado, como os bons costumes, referidos no art. 826 do Código Civil, devem ser interpretadas de acordo com a ordem objetiva de valores que integra a ordem constitucional.

Para o Tribunal, o conteúdo dos direitos fundamentais como normas objetivas se desenvolve no Direito Privado por meios de seus dispositivos, de modo que a influência dos direitos fundamentais como critérios valorativos se realiza por meio, principalmente, das disposições privadas de cunho imperativo(175). Os direitos fundamentais funcionam como linhas diretivas, atuando na interpretação e aplicação do direito ordinário pela jurisdição e administração(176). Assim, estabeleceu-se que cada norma de direito privado deve ser compatível com o sistema de valores advindos da perspectiva subjetiva dos direitos fundamentais, devendo ser interpretados à luz destes.

---

(174) Fazem referência a esta possibilidade, na doutrina brasileira, SARMENTO, Daniel. A vinculação dos particulares aos direitos fundamentais no direito comparado e no Brasil. In: DIDIER JR., Fredie (org.). *Leituras complementares de processo civil*. 7. ed., rev. e ampl. Salvador: JusPodvim, 2009. p. 157; BRAGA, Paula Sarno. *Aplicação do devido processo legal nas relações privadas*. Salvador: JusPodivm, 2008. p. 124; MASCARENHAS, Ana Carolina Fernandes. Relações Jurídicas Privadas e direitos fundamentais: uma análise do art. 57 do Código Civil. *Revista de Direito da Faculdade da Bahia*. Salvador, n. 01, p. 37, jan./jun. 2008.

(175) SARLET, Ingo Wolfgang. Direitos Fundamentais e Direito Privado: algumas considerações em torno da vinculação dos particulares aos direitos fundamentais. *Revista de Direito do Consumidor*, n. 36, p. 69, out./dez., 2000.

(176) HECK, Luís Afonso. Direitos Fundamentais e sua Influência no Direito Civil. *Revista de Direito do Consumidor*, n. 29, p. 45-46, jan./mar. 1999.

Dessa forma, consolidou-se na Alemanha a teoria da eficácia mediata dos direitos fundamentais nas relações privadas, representando uma posição intermediária entre a aplicação imediata dos direitos fundamentais nas relações entre particulares e a negação da eficácia destes nas relações entre entes privados.

Contudo, essa teoria é passível de críticas. Virgílio Afonso da Silva[(177)] aponta três críticas a esta doutrina. Primeiramente, ataca-se a base da teoria da eficácia mediata dos direitos fundamentais nas relações privadas, por meio das críticas ao sistema de ordem de valores. Isto se fundamenta na premissa de que considerar a Constituição como mero valor social poderia acarretar em abusividades pelo Poder Legislativo, na elaboração das normas de direito privado e pelo Poder Judiciário, na interpretação das cláusulas gerais, conforme uma ordem de valores.

Ataca-se a ordem de valores partindo-se da consideração de que interpretar as normas de direito privado baseados em ideais sociais traria uma insegurança jurídica. Discorda-se, contudo, deste argumento, pois, como já foi abordado em linhas anteriores, há como compatibilizar a inserção dos valores no ordenamento constitucional sem dar margens à abusividades ou insegurança jurídica, bastando o Legislativo e o Judiciário atuarem com base nos ditames da transparência e coerência.

Afirma ainda o autor que outra fonte de críticas a essa teoria é a insuficiência de cláusulas gerais. Desta maneira, ocorreria uma proteção ineficaz dos direitos fundamentais nas relações privadas, haja vista que seus efeitos só alcançariam essas relações por meio das cláusulas gerais.

Esse posicionamento é acertado justamente porque a insuficiência de cláusulas gerais e conceitos jurídicos indeterminados é um fato no ordenamento jurídico. Não se pode esperar que a boa-fé ou os bons costumes tutelem uma gama de normas privadas diferenciadas. Pelo contrário, tais cláusulas são aplicadas em hipóteses bem específicas, de modo que as outras situações, não abarcadas por nenhuma cláusula geral, ficariam desprotegidas.

Por fim, Virgílio Afonso da Silva afirma que, a autonomia do direito privado no modelo de eficácia mediata estaria comprometida em razão de uma dominação da jurisdição ordinária por parte de um Tribunal Superior. A interpretação conforme uma ordem de valores, por meio da irradiação dos direitos fundamentais faria com que toda e qualquer relação privada se tornasse pública, na medida em que seria um caso de direito constitucional a ser discutido nos Tribunais Superiores. Este não se configura como o melhor argumento, já que as normas, ainda que versando sobre direito privado, estão sujeitas à interpretação conforme a Constituição Federal.

---

(177) SILVA, Virgílio Afonso da. *A constitucionalização do Direito:* os direitos fundamentais nas relações entre particulares. 1. ed., 2ª Tiragem. São Paulo: Malheiros, 2008. p. 84.

No entanto, uma crítica fundada à eficácia mediata reside justamente na existência da interpretação, conforme a Constituição[178]. Não se encontraria diferença entre uma interpretação das cláusulas abertas conforme uma ordem valorativa advinda do texto constitucional e uma interpretação, conforme a Constituição. Ora, a interpretação de cláusula aberta consiste somente em uma mudança de terminologias, já que o resultado almejado será o mesmo se utilizada a interpretação, conforme a Constituição: normas de direito privado serão impregnadas com valores sociais advindos do ordenamento constitucional.

2.4.4. A teoria da eficácia direta e imediata dos Direitos Fundamentais

Nipperdey foi o autor que, primeiramente, defendeu a aplicabilidade direta dos direitos fundamentais nas relações particulares, no início da década de 50. Para ele, os direitos fundamentais têm efeitos absolutos[179], de modo a não carecerem de mediação legislativa para serem aplicados[180]. Justifica-se tal conduta em razão da constatação de que as ofensas aos direitos fundamentais não provêm somente do Estado, mas também dos poderes sociais e de terceiros particulares.

Antônio Enrique Perez Luño afirma que:

> Esta ampliación de la eficácia de los derechos fundamentales a la esfera privada o em relación a terceros (por ello, la doctrina alemana utiliza com referencia a este fenômeno la expressión *Drittwirkung der Grundrechte*) hace necessária la actuación de los poderes públicos encaminada a "promover lãs condiciones para que la libertad y la igualdad del individuo y de los grupos em que se integra sean reales y efectivas", así como a "remover los obstáculos que impidam o dificulten su plenitud"[181].

Reconhece-se, portanto, que a teoria da eficácia imediata dos direitos fundamentais nas relações privadas tem devida importância, uma vez que protege os particulares de ameaças a direitos fundamentais provindas de outros particulares. Os poderes públicos têm atuação importante neste processo, uma vez que promovem as condições necessárias para o exercício dos direitos fundamentais.

Segundo Juan María Bilbao Ubillos, admitir a possibilidade de uma eficácia imediata dos direitos fundamentais nas relações particulares não implica em

---

(178) BRAGA, Paula Sarno. *Aplicação do devido processo legal nas relações privadas*. Salvador: JusPodivm, 2008. p. 125.

(179) É importante destacar que os direitos fundamentais não são absolutos, mas sim, possuem efeitos absolutos, de caráter *erga omnes*. Considerar que os direitos fundamentais são absolutos levaria à falsa ideia de que, esses têm conteúdo invariável no tempo ou que esses não sofrem limitações, o que não é verdade, como foi explicitado no ponto 2.3.4.4 desta pesquisa.

(180) SILVA, Virgílio Afonso da. *A constitucionalização do Direito*: os direitos fundamentais nas relações entre particulares. 1. ed., 2ª Tiragem. São Paulo: Malheiros, 2008. p. 87.

(181) LUÑO, Antonio Enrique Perez. *Los derechos fundamentales*. 9. ed. Madrid: Tecnos, 2007. p. 23.

subestimar os efeitos de irradiação desses direitos por meio da lei[182]. Para ele, podem coexistir normas de direito privado com a eficácia horizontal dos direitos fundamentais. A regularização pelo legislador de normas de direito privado criadas com base em uma ordem de valores emanada do texto constitucional não exclui a possibilidade de, na falta destas, serem aplicadas as normas de direito constitucional diretamente[183].

A jurisprudência do Tribunal Federal do Trabalho alemão adotou algumas decisões baseadas nesta doutrina, como se pode observar do julgado de 1957, em que se reconheceu, com base em preceitos constitucionais, sem a invocação de nenhuma norma ordinária da legislação trabalhista, a invalidade de cláusula contratual que previa a extinção do contrato de trabalho de enfermeiras de um hospital privado, caso estas viessem a contrair matrimônio[184].

Daniel Sarmento[185] relata outro julgado, ocorrido em 1989, em que o mesmo Tribunal apreciou o caso de demissão de um químico que, invocando a liberdade de consciência, recusara-se a participar de pesquisa, conduzida pela instituição privada que o empregava, ligada ao desenvolvimento de medicamento que, em caso de guerra nuclear, ajudaria os militares envolvidos no conflito a combater as náuseas. O Tribunal Federal do Trabalho deu ganho de causa ao empregado, utilizando-se diretamente do direito fundamental de liberdade de consciência para a resolução do conflito trabalhista.

No entanto, a teoria da eficácia imediata dos direitos fundamentais nas relações particulares não é predominante na Alemanha. Em verdade, essa teoria ganhou força em países como Espanha, Portugal e Chile.

Na Espanha, observa-se claramente a defesa da teoria da eficácia imediata nas relações particulares, possuindo como defensores autores como Antonio Enrique Perez Luño[186] e Juan Maria Bilbao Ubillos,[187]embora não haja dispositivo expresso na Constituição adotando-a.

---

(182) No mesmo sentido, Benedita Mac Crorie afirma que, de fato, deve ser o legislador quem, em primeiro lugar, deve resolver as situações de conflito de direitos fundamentais que possam surgir. Para ela, essa perspectiva também não infirma a existência de um dever de proteção do Estado, que o vincula a proteger os particulares de ofensas ou ameaças aos seus direitos fundamentais. MAC CRORIE, Benedita. *Os limites da renuncia a direitos fundamentais nas relações entre particulares*. Coimbra: Almedina, 2013. p. 204.

(183) UBILLOS, Juan María Bilbao. Em qué medida vinculan a los particulares los derechos fundamentales? In: SARLET, Ingo Wolfgang (Org.). *Constituição, direitos fundamentais e direito privado*. Porto Alegre: Livraria do Advogado, 2003. p. 317.

(184) UBILLOS, Juan María Bilbao. *La eficácia de los derechos fundamentales frente a particulares*. Madrid: Centro de Estudos Constitucionales, 1997. p. 272 *apud* SARMENTO, Daniel. A vinculação dos particulares aos direitos fundamentais no direito comparado e no Brasil. In: DIDIER JR., Fredie (Org.). *Leituras complementares de processo civil*. 7. ed., rev. e ampl. Salvador: JusPodvim, 2009. p. 162.

(185) *Ibidem*, p. 162.

(186) LUÑO, Antonio Enrique Perez. *Los derechos fundamentales*. 9. ed. Madrid: Tecnos, 2007.

(187) *Op. cit.*, 2003.

Ubillos afirma que não são todos os direitos fundamentais, por sua natureza específica, que tem eficácia direta e imediata frente aos particulares, já que é necessário ver se o direito se dirige somente ao Estado, ao Estado e particulares ou até mesmo somente ao particular, como no caso dos direitos referentes à proteção dos trabalhadores que participam de sindicato. No entanto, o autor defende que se deve ponderar, caso a caso, o direito fundamental com a autonomia privada do particular(188). O autor ainda afirma que a desigualdade é elemento essencial para o desenvolvimento da eficácia imediata.

Reconhece-se a condição de desigualdade existente entre as partes, de maneira que, quanto maior for a desigualdade existente, maior deve ser a proteção à parte mais fraca daquela relação, admitindo-se a incidência dos direitos fundamentais para promover o equilíbrio entre as mesmas. É, segundo Wilson Steinmetz, a versão mais fraca da teoria da eficácia imediata. Ressalte-se que Wilson Steinmetz verifica três versões desta teoria, que seja a versão "forte", versão "intermediária" e a já mencionada versão "fraca":

> Segundo a versão "forte", nas relações entre particulares, os direitos fundamentais operam eficácia geral, plena e indiferenciada; em uma expressão, eficácia absoluta. Essa versão é atribuída a Nipperdey. Conforme a versão "fraca", os direitos fundamentais operam eficácia imediata entre particulares, *sobretudo* nas relações marcadas pela desigualdade fática, quando, de um lado, está um particular em posição de inferioridade ou subordinação e, de outro, está um particular em posição de supremacia econômica e/ou social. Por fim, há uma versão "intermediária", segundo a qual a eficácia de normas de direitos fundamentais entre particulares é imediata, porém não é ilimitada, incondicionada e indiferenciada. Se o problema da eficácia de normas de direitos fundamentais entre particulares se apresenta como um problema de colisão de direitos fundamentais, então a solução deve resultar na aplicação do princípio da proporcionalidade, de modo especial do princípio da proporcionalidade em sentido estrito (a ponderação de bens), terceiro elemento ou *testi* do princípio da proporcionalidade(189).

Note-se que o autor enquadra o pensamento esposado por Ubillos na versão "fraca" da teoria, uma vez que este verifica a existência de desigualdades sociais, de modo que a eficácia horizontal estaria apta a corrigir afrontas a direitos fundamentais promovendo um equilíbrio.

---

(188) UBILLOS, Juan María Bilbao. Em qué medida vinculan a los particulares los derechos fundamentales? In: SARLET, Ingo Wolfgang (Org.). *Constituição, direitos fundamentais e direito privado.* Porto Alegre: Livraria do Advogado, 2003. p. 316, p. 322.

(189) STEINMETZ, Wilson. A vinculação dos particulares a direitos fundamentais. São Paulo: Malheiros, 2004. p. 169.

No entanto, defende-se que a intensidade dada à eficácia direta dos direitos fundamentais, de acordo com estas teorias, faz-se desnecessária, uma vez que caberá ao órgão julgador a sua mensuração(190). Ora, não se pode ficar preso a versões de uma teoria que é considerada mecanismo de correção de desigualdades sociais, uma vez que reconhecem que violações a direitos fundamentais também emanam de particulares. Ainda, verifica-se que as versões "fraca" e "intermediária" podem coexistir, já que a aplicação do princípio da proporcionalidade diante da colisão de direitos fundamentais irá se embasar no caso concreto, analisando suas peculiares e, consequentemente, a situação de desigualdade experimentada.

Por essas razões, entende-se que a teoria da eficácia imediata deve ser utilizada para prevenir e reprimir as desigualdades sociais, pouco importando sua intensidade, como bem defende a doutrina espanhola.

O grande avanço da doutrina espanhola no tocante à eficácia imediata deve-se à existência do chamado recurso de amparo, julgado por Tribunal Constitucional. O recurso de amparo é um instrumento de defesa de direitos fundamentais, previsto inicialmente para violações ou ameaças por parte dos poderes públicos. No entanto, este recurso foi utilizado nas questões envolvendo direitos fundamentais e relações privadas por meio da construção de que a ofensa tutelada não é proveniente da conduta do particular, mas, sim, do Poder Judiciário, quando este não tiver protegido adequadamente tais direitos no exercício da prestação jurisdicional(191).

O fundamento para a utilização do recurso de amparo no tocante às relações particulares é justamente a proteção dos direitos fundamentais, afinal estes devem ter um tratamento diferenciado que possibilite que estes estejam sempre salvaguardados. Aplica-se, portanto, a teoria da eficácia imediata nas relações privadas na medida em que se possibilita o julgamento destas questões no Tribunal Constitucional espanhol.

Também foi opção do direito português a utilização da teoria da eficácia imediata dos direitos fundamentais nas relações privadas. O próprio constituinte estabeleceu isto, ainda que de maneira genérica, no art. 18.1, que afirma, *in verbis* "os preceitos constitucionais respeitantes aos direitos, liberdades e garantias são diretamente aplicáveis e vinculam as entidades públicas e privadas"(192).

Dessa maneira, é notória a opção do Constituinte pela eficácia imediata, doutrina esta majoritária(193) no território português. Não é necessária, portanto,

(190) No mesmo sentido, MOREIRA, Eduardo Ribeiro. *Obtenção dos direitos fundamentais nas relações entre particulares*. Rio de Janeiro: Lúmen Juris, 2007. p. 68.

(191) SARMENTO, Daniel. A vinculação dos particulares aos direitos fundamentais no direito comparado e no Brasil. In: DIDIER JR., Fredie (Org.). *Leituras complementares de processo civil*. 7. ed., rev. e ampl. Salvador: JusPodvim, 2009. p. 164.

(192) PORTUGAL. Lei Constitucional 01, de 12 de agosto de 2005, que trata da sétima revisão constitucional. *Diário da República* — I Série-A, N. 125, Portugal. Disponível em: <http://dre.pt/util/pdfs/files/crp.pdf>. Acesso em: 26 ago. 2009.

(193) O principal defensor desta teoria é Canotilho, afirmou que a Constituição portuguesa traz direitos fundamentais *erga omnes*, sendo diretamente aplicáveis. CANOTILHO, J. J. Gomes. *Direito constitucional*

intervenção do Poder Legislativo para que os direitos fundamentais produzam efeitos entre particulares, em razão de artigo expresso na Constituição portuguesa.

Canotilho defende a aplicação da teoria da eficácia imediata no direito português com algumas ponderações. Primeiramente, as normas de direito privado devem ser interpretadas conforme a Constituição e, se isto não for possível, a norma em questão não deve ser utilizada, em razão do controle incidental de constitucionalidade. Em ausência de norma própria, os direitos fundamentais devem ser aplicados diretamente nas relações privadas.

Destacou ainda que, a desigualdade da relação jurídica privada não pode ser desprezada quando se verifica a intensidade que a eficácia imediata irá ter. Além disso, Canotilho afirma que há um núcleo irredutível da autonomia pessoal que não pode ser abandonado em razão da aplicação dos direitos fundamentais nas relações privadas:

> Num plano diametralmente diverso se situam os casos em que os direitos fundamentais não podem aspirar a uma força conformadora de relações privadas dado que isso significaria um confisco substancial da *autonomia pessoal* e à qual não se pode contrapor um direito subjectivo público ou privado, cujo núcleo essencial seja sacrificado por uma utilização anormal dessa autonomia. Só aqui se pode dizer não implicar a eficácia imediata dos direitos fundamentais proibisse aos cidadãos aquilo que também é vedado ao Estado (HAMEL). E difícil, por exemplo, argumentar com o princípio da igualdade ou proibição de não discriminação no caso de um pai que favorece um filho em relação ao outro através da concessão da quota disponível, ou de um senhorio que promove acção de despejo por falta de pagamento de renda, mas abdica desse direito em relação a outro inquilino, nas mesmas circunstâncias, pelo facto de este ter as mesmas convicções políticas[194].

É notório que o referido autor possui argumentos semelhantes aos esposados por Juan María Bilbao Ubillos na Espanha. Concorda-se com tais argumentos, uma vez que os direitos fundamentais devem incidir nas relações privadas em consonância com a autonomia privada, de modo a garantir equilíbrio e igualdade nas relações entre particulares.

Na Itália, destaca-se a defesa da teoria da eficácia imediata por meio da sentença n. 122/1970, que reconheceu expressamente que existem direitos na Constituição italiana dotados de eficácia *erga omnes*, os quais protegem as pessoas não apenas das autoridades governamentais, mas também de outros atores privados[195]. Pietro Perlingeri[196] defende a eficácia imediata dos direitos fundamentais nas relações

---

e teoria da constituição. 7 ed. Coimbra: Almedina, [19--], p. 1.150 e seguintes, CANOTILHO, J. J. Gomes. *Direito constitucional*. 6. ed. Coimbra: Almedina, 1993. p. 593 e seguintes.

(194) CANOTILHO, J. J. Gomes. *Direito constitucional*. 6. ed. Coimbra: Almedina, 1993. p. 599.

(195) SARMENTO, Daniel. A vinculação dos particulares aos direitos fundamentais no direito comparado e no Brasil. In: DIDIER JR., Fredie (Org.). *Leituras complementares de processo civil*. 7. ed., rev. e ampl. Salvador: JusPodvim, 2009. p. 169.

(196) PERLINGIERI, Pietro. *Perfis do direito civil*: introdução ao Direito Civil Constitucional. 2. ed. Rio de Janeiro: Renovar, 2002. p. 11.

particulares, afirmando que a norma constitucional pode, por ela mesma, ser fonte da disciplina jurídica de uma relação de direito privado, quando não houver normas ordinárias que disciplinem tal situação.

O Chile possui sistema jurídico semelhante ao espanhol no reconhecimento da eficácia imediata. Contudo, a grande aproximação entre esses países reside na existência do *recurso de proteccíon*, uma forma mais avançada do recurso de amparo espanhol.

O *recurso de proteccíon*[(197)] é uma ação de tutela de direitos fundamentais, proposta diretamente no Tribunal, de rápido processamento e julgamento. A grande peculiaridade deste recurso reside no fato de não haver distinção no pólo passivo, podendo ser demandado em face de qualquer particular ou ente estatal, bastando, para tanto, que se comprova a violação ou ameaça a direito fundamental. Note-se que, pela existência deste mecanismo processual, fica comprovada a existência da eficácia imediata no ordenamento chileno. No entanto, a doutrina chilena possui vozes divergentes, que afirmam inexistir consistência no ordenamento jurídico chileno em razão do *recurso de proteccíon*[(198)].

Na Argentina, a Corte Suprema reconheceu a eficácia direta dos direitos fundamentais frente aos particulares em decisão proferida em 1958. Discutia-se o direito do proprietário de uma fábrica que fora ocupada por seus empregados por um período superior a três meses, sem atitudes das autoridades policiais. O recurso foi provido, consoante ementa abaixo:

> CONSTITUCION NACIONAL. Derechos y garantías. Generalidades.
>
> La declaración de que no existe protección constitucional de los derechos humanos frente a organizaciones colectivas, que acumulan casi siempre enorme poderío material o económico (consorcios, sindicatos, asociaciones profesionales, grandes empresas), comportaría la de la quiebra de los grandes objetivos de la Constitución, cuyo espíritu liberal es inequívoco y vehemente, y con ella, la del orden jurídico fundamental del país[(199)].

Dessa maneira, o julgado reconheceu a incidência da eficácia imediata dos direitos fundamentais no ordenamento jurídico argentino.

No Brasil, a teoria da eficácia imediata também é aceita. Na vigência da Constituição Federal de 1988, alguns acórdãos acolheram a aplicação direta dos direitos fundamentais nas relações particulares.

Um deles consiste no caso referente ao recurso extraordinário 158215-4, julgado, em 30 de abril de 1996, que se referia à exclusão de associados de cooperativa

---

(197) MOREIRA, Eduardo Ribeiro. *Obtenção dos direitos fundamentais nas relações entre particulares.* Rio de Janeiro: Lumen Juris, 2007. p. 112-113.

(198) Para maior aprofundamento do sistema chileno no tocante à aplicação da eficácia imediata dos direitos fundamentais nas relações particulares, vide MOREIRA, Eduardo Ribeiro. *Obtenção dos direitos fundamentais nas relações entre particulares.* Rio de Janeiro: Lumen Juris, 2007. p. 114-115.

(199) ARGENTINA. Corte Suprema de Justicia de la Nación. *Samuel, Kot* S.R.L. 1958 T. 241, p. 291, disponível em: <http://www.csjn.gov.ar/jurisp/jsp/BuscadorSumarios>. Acesso em: 26 ago. 2009.

por deliberação da assembleia geral, sob o fundamento de conduta contrária ao estatuto, sem a observância do princípio da ampla defesa. A segunda Turma do Supremo Tribunal Federal (STF) reformou a decisão atacada, sob o fundamento de que incumbia à cooperativa, uma vez instaurado o processo, dar aos acusados a oportunidade de defender-se e não excluí-los sumariamente.

Eis a ementa:

> DEFESA — DEVIDO PROCESSO LEGAL — INCISO LV DO ROL DAS GARANTIAS CONSTITUCIONAIS — EXAME — LEGISLAÇÃO COMUM. A intangibilidade do preceito constitucional assegurador do devido processo legal direciona ao exame da legislação comum. Daí a insubsistência da óptica segundo a qual a violência à Carta Política da República, suficiente a ensejar o conhecimento de extraordinário, há de ser direta e frontal. Caso a caso, compete ao Supremo Tribunal Federal exercer crivo sobre a matéria, distinguindo os recursos protelatórios daqueles em que versada, com procedência, a transgressão a texto constitucional, muito embora torne-se necessário, até mesmo, partir-se do que previsto na legislação comum. Entendimento diverso implica relegar à inocuidade dois princípios básicos em um Estado Democrático de Direito — o da legalidade e do devido processo legal, com a garantia da ampla defesa, sempre a pressuporem a consideração de normas estritamente legais. COOPERATIVA — EXCLUSÃO DE ASSOCIADO — CARÁTER PUNITIVO — DEVIDO PROCESSO LEGAL. Na hipótese de exclusão de associado decorrente de conduta contrária aos estatutos, impõe-se a observância ao devido processo legal, viabilizado o exercício amplo da defesa. Simples desafio do associado à assembleia geral, no que toca à exclusão, não é de molde a atrair adoção de processo sumário. Observância obrigatória do próprio estatuto da cooperativa. RE 158215 / RS — RIO GRANDE DO SUL; RECURSO EXTRAORDINÁRIO Relator(a): Min. MARCO AURÉLIO Julgamento: 30.4.1996 Órgão Julgador: SEGUNDA TURMA, STF

Outro caso mais recente se deu no Recurso Extraordinário 201819[200], no qual o STF acordou pela possibilidade de aplicação da eficácia direta e imediata dos direitos fundamentais nas relações privadas.

---

(200) EMENTA: SOCIEDADE CIVIL SEM FINS LUCRATIVOS. UNIÃO BRASILEIRA DE COMPOSITORES. EXCLUSÃO DE SÓCIO SEM GARANTIA DA AMPLA DEFESA E DO CONTRADITÓRIO. EFICÁCIA DOS DIREITOS FUNDAMENTAIS NAS RELAÇÕES PRIVADAS. RECURSO DESPROVIDO. I. EFICÁCIA DOS DIREITOS FUNDAMENTAIS NAS RELAÇÕES PRIVADAS. As violações a direitos fundamentais não ocorrem somente no âmbito das relações entre o cidadão e o Estado, mas igualmente nas relações travadas entre pessoas físicas e jurídicas de direito privado. Assim, os direitos fundamentais assegurados pela Constituição vinculam diretamente não apenas os poderes públicos, estando direcionados também à proteção dos particulares em face dos poderes privados. II. OS PRINCÍPIOS CONSTITUCIONAIS COMO LIMITES À AUTONOMIA PRIVADA DAS ASSOCIAÇÕES. A ordem jurídico-constitucional brasileira não conferiu a qualquer associação civil a possibilidade de agir à revelia dos princípios inscritos nas leis e, em especial, dos postulados que têm por fundamento direto o próprio texto da Constituição da República, notadamente em tema de proteção às liberdades e garantias fundamentais. O espaço de autonomia privada garantido pela Constituição às associações não está imune à incidência dos princípios constitucionais que asseguram o respeito aos direitos fundamentais de seus associados. A autonomia privada, que encontra claras limitações de ordem jurídica, não pode ser exercida em detrimento ou com desrespeito aos direitos e garantias de terceiros, especialmente aqueles positivados em sede constitucional, pois a autonomia da vontade não confere aos particulares, no domínio de sua incidência e atuação, o poder de transgredir ou de ignorar as restrições postas e definidas pela própria Constituição, cuja eficácia e força normativa também se impõem, aos particulares, no âmbito de suas relações privadas, em tema de liberdades fundamentais.[...]. RECURSO EXTRAORDINÁRIO DESPROVIDO. RE 201819 / RJ — RIO DE JANEIRO RECURSO EXTRAORDINÁRIO Relator(a): Min. Ellen Gracie, Relator(a) p/ Acórdão: Min. Gilmar Mendes, Julgamento: 11.10.2005, Órgão Julgador: Segunda Turma — SFT

No acórdão, decidiu-se que:

As violações a direitos fundamentais não ocorrem somente no âmbito das relações entre o cidadão e o Estado, mas igualmente nas relações travadas entre pessoas físicas e jurídicas de direito privado. Assim, os direitos fundamentais assegurados pela Constituição vinculam diretamente não apenas os poderes públicos, estando direcionados também à proteção dos particulares em face dos poderes privados.

Para o excelso Supremo Tribunal Federal, consoante asseverado na aludida decisão, a ordem jurídico-constitucional brasileira não conferiu a qualquer pessoa física ou jurídica de direito privado "a possibilidade de agir à revelia dos princípios inscritos nas leis e, em especial, dos postulados que têm por fundamento direto o próprio texto da Constituição da República". O espaço de autonomia privada garantido pela Constituição não está imune à incidência dos princípios constitucionais que asseguram o respeito aos direitos fundamentais.

Ainda de acordo com o STF, a autonomia privada não pode ser exercida em detrimento ou com desrespeito aos direitos e garantias de terceiros, especialmente aqueles positivados em sede constitucional (direitos e garantias fundamentais).

> A autonomia da vontade não confere aos particulares, no domínio de sua incidência e atuação, o poder de transgredir ou de ignorar as restrições postas e definidas pela própria Constituição, cuja eficácia e força normativa também se impõem, aos particulares, no âmbito de suas relações privadas, em tema de liberdades fundamentais.

Para fincar as bases dogmáticas de sua decisão, o Pretório Excelso percorreu as diversas teorias que rejeitaram e acolhem a eficácia horizontal dos direitos fundamentais.

Decidindo pela aplicação imediata dos direitos fundamentais nas relações privadas, o ministro Gilmar Mendes em seu voto preocupou-se em ressaltar que "o Supremo Tribunal Federal já possui histórico identificável de uma jurisdição constitucional voltada para a aplicação desses direitos às relações privadas"[(201)].

Em apertada síntese, podem-se registrar, neste momento, algumas diretrizes acerca da eficácia imediata dos direito fundamentais às relações privadas. Segundo o Ministro Gilmar Mendes, o caráter público ou geral da atividade legítima a aplicação direta e imediata dos direitos fundamentais, bem como a existência de forças sociais específicas desequilibram as relações privadas, gerando uma virtual igualdade (meramente formal).

Para o Ministro Joaquim Barbosa, a incidência dos direitos fundamentais nas relações privadas deverá ser feita no caso concreto, objetivando evitar limitação

(201) "Poder-se-ia aduzir, ainda, que a existência de forças sociais específicas, como os conglomerados econômicos, sindicatos e associações patronais, enfraquecem sobremaneira o argumento de igualdade entre os entes privados, exigindo que se reconheça, em determinada medida, a aplicação dos direitos fundamentais também às relações privadas.", voto do ministro Gilmar Mendes.

excessiva da autonomia privada do indivíduo em razão do paulatino rompimento da dicotomia direito público e privado, e constitucionalização do direito privado

Por fim, para o Ministro Celso de Mello, a cláusula de proteção de liberdades e garantias constitucionais não se aplica estritivamente ao âmbito das relações verticais (entre os indivíduos e o Estado).

Consoante o entendimento esposado pelo Supremo Tribunal Federal, pode-se defender com segurança a plena aplicação da eficácia direta ou imediata dos direitos fundamentais nas relações privadas no ordenamento jurídico brasileiro.

2.4.5. *Teoria dos deveres de proteção*

Recentemente, na Alemanha, foi desenvolvida a teoria dos deveres de proteção ou imperativos de tutela, capitaniadas por Joseph Isensee, Stefan Oeter, Klaus Stern e Claus-Wilhelm Canaris(202). De acordo com esta teoria, não basta que o Estado se abstenha de violar direitos fundamentais. É necessário que o Estado promova a proteção destes direitos perante ameaça ou lesão advinda de terceiro ou particular.

Canaris, ao defender a utilização da teoria dos deveres de proteção, tece diversas considerações sobre a eficácia desta teoria perante o Estado e particulares. Para o autor, no plano das relações verticais (relações entre Estado e particular), os direitos fundamentais funcionam como proibição de intervenção, exprimindo a função de defesa destes em combinação com a proibição de excesso, aludida por meio do princípio da proporcionalidade. Já nas relações horizontais (entre particulares), o Poder Público está vinculado aos direitos fundamentais como imperativos de tutela, obrigando-o a fornecer proteção aos seus cidadãos diante de ameaças ou lesões a estes direitos(203).

Consiste em dever do Poder Legislativo e do Poder Judiciário a proteção dos direitos fundamentais, ao menos no nível mínimo exigido pela Constituição. O Poder Legislativo cumpre o dever de proteção aos direitos fundamentais, no âmbito privado, pela disciplina do negócio jurídico, dos atos jurídicos, dos contratos e da responsabilidade civil. Já o Poder Judiciário cumpre este dever por meio da interpretação e aplicação das normas de natureza privada, conforme o que preceitua os direitos fundamentais devendo, no caso de omissão legislativa, integrar essas normas fazendo do próprio direito constitucional, de cláusulas gerais e conceitos jurídicos indeterminados(204).

---

(202) BRAGA, Paula Sarno. *Aplicação do devido processo legal nas relações privadas*. Salvador: JusPodivm, 2008. p. 132.

(203) CANARIS, Claus Wilhelm. A influência dos direitos fundamentais sobre o direito privado na Alemanha In: SARLET, Ingo Wolfgang (Org.). *Constituição, direitos fundamentais e direito privado*. Porto Alegre: Livraria do Advogado, 2003. p. 235-238.

(204) STEINMETZ, Wilson. Direitos fundamentais e relações entre particulares: anotações sobre a Teoria dos Imperativos de Tutela. *Revista de Direito Privado*, n. 23, p. 294, jun./set. 2005.

Os particulares, no entanto, não se sujeitariam à vinculação aos direitos fundamentais em razão do exercício da autonomia privada, de modo que os atos privados não teriam a obrigação de se conformar com os direitos fundamentais, de acordo com o texto constitucional. A conduta dos entes privados deveria se pautar nos parâmetros ditados pelo Poder Legislativo, que, no exercício do seu dever de proteção, optou pela implementação dos direitos fundamentais nas normas de caráter privado(205).

Daniel Sarmento revela a importante decisão do Tribunal Constitucional Alemão sobre a teoria dos deveres de proteção. Trata-se de um caso em que uma empresa vinícola havia rescindido contrato celebrado com representante comercial, sem pagamento de indenização, em razão de suposta falta grave cometida por ele.

No Código Comercial alemão havia a possibilidade de as partes, no contrato de representação comercial, aventarem a proibição do ex-representante de exercer negócio no mesmo ramo, por até dois anos, sem qualquer indenização, caso seu afastamento de desse por motivo relevante.

Esta cláusula fora pactuada, mas o antigo representante comercial insurgiu-se contra ela, alegando violação ao seu direito fundamental ao livre exercício de profissão ou ofício. O Tribunal Constitucional germânico reconheceu a possibilidade de pactuar cláusula que configurasse restrição ou renúncia a direito fundamental, em razão da autonomia privada.

Contudo, a validade desta cláusula pressupõe que as partes se encontrassem em situação de plena liberdade no consentimento, em uma relação equilibrada. Em razão disto, a Corte Constitucional alemã decidiu que o legislador, ao estabelecer a referida norma no Código Comercial, não levou em consideração o elemento do equilíbrio das partes na manifestação de vontade, violando o dever de proteção à liberdade de proteção(206).

Benedita Ferreira da Silva, mencionada por Paula Sarno Braga, demonstra ainda outra decisão referente à utilização da teoria dos deveres de proteção estatais, referindo-se ao debate em torno da constitucionalidade da lei que legitimava o aborto em solo alemão, excluindo sanções penais. O Tribunal Constitucional alemão firmou o posicionamento, neste caso, de que o Estado tem o dever positivo de proteger a vida de todo ser humano, de modo que a exclusão de pena pelo aborto seria um desrespeito a esse dever de proteção do Estado(207).

---

(205) SARMENTO, Daniel. A vinculação dos particulares aos direitos fundamentais no direito comparado e no Brasil. In: DIDIER JR., Fredie (Org.). *Leituras complementares de processo civil*. 7. ed., rev. e ampl. Salvador: JusPodvim, 2009. p. 172.

(206) *Ibidem*, p. 173.

(207) MAC CRORIE, Benedita Ferreira da Silva. *A vinculação dos particulares aos direitos fundamentais*. Coimbra: Almedina, 2005. p. 29 *apud* BRAGA, Paula Sarno. *Aplicação do devido processo legal nas relações privadas*. Salvador: JusPodivm, 2008. p. 134.

Em suma, conclui-se que essa teoria baseia-se na ideia de que cabe ao Poder Legislativo, e não ao Poder Judiciário, a realização de uma "ponderação" entre autonomia privada e direitos fundamentais. Observa-se, portanto, que a teoria dos imperativos de tutela se aproxima muito da teoria da eficácia mediata dos direitos fundamentais, uma vez que ambas baseiam-se em uma atuação do Legislativo, em primeiro plano, para a concretização dos direitos fundamentais. Para as duas teorias, o Judiciário deve atuar pautado na interpretação conforme a Constituição e, na impossibilidade desta, deve realizar a integração das normas de natureza privada por meio das cláusulas gerais. Embora a justificativa para a adoção de uma ou outra teoria seja diferente, seus efeitos são extremamente semelhantes.

Em decorrência disso, as críticas em relação à teoria dos deveres de proteção são bem semelhantes às proferidas para a teoria da eficácia mediata dos direitos fundamentais nas relações privadas. Também para esta teoria teme-se pela proteção adequada aos direitos fundamentais, que ficariam à mercê da vontade incerta do legislador privado[(208)], bem como pela insuficiência de cláusulas gerais para tutelar as diversas situações decorrentes das relações entre particulares.

2.4.6. *Outras concepções teóricas acerca da vinculação dos particulares aos Direitos Fundamentais*

No âmbito da interação entre direitos fundamentais e relações privadas, outras teorias surgiram para justificar a incidência destes direitos nos conflitos particulares. Neste contexto, duas teorias foram desenvolvidas sobre o tema. A primeira delas fora desenvolvida por Jüngen Schwabe na Alemanha, em obra publicada no ano de 1971, denominada de "teoria da convergência estatista"[(209)]. A outra teoria é sustentada por Robert Alexy, também na Alemanha, chamada de "teoria integradora".

2.4.6.1. Teoria de *Schwabe*

Jürgen Schwabe nega a relevância da discussão entre a aplicação da teoria da eficácia imediata ou mediata em relação a questões envolvendo direitos fundamentais e relações particulares. Para ele, o Estado sempre é o último responsável

---

(208) SARMENTO, Daniel. A vinculação dos particulares aos direitos fundamentais no direito comparado e no Brasil. In: DIDIER JR., Fredie (Org.). *Leituras complementares de processo civil*. 7. ed., rev. e ampl. Salvador: JusPodvim, 2009. p. 174.

(209) SARLET, Ingo Wolfgang. Direitos Fundamentais e Direito Privado: algumas considerações em torno da vinculação dos particulares aos direitos fundamentais. *Revista de Direito do Consumidor*, n. 36, p. 77, out./dez. 2000.

pelas lesões a direitos fundamentais que tem origem nas relações privadas, já que o exercício da autonomia privada é sempre oriundo de uma autorização estatal(210).

Em outras palavras, a atividade dos particulares é sempre imputável ao Estado, pois decorre de uma prévia autorização explícita da ordem jurídica estatal ou de uma não proibição desta conduta. Ora, se o Estado não proíbe uma certa conduta, seja por via administrativa, legal ou jurisdicional, é porque essa conduta é permitida. Caso essa conduta venha a lesar direito fundamental de outrem, a responsabilidade é estatal, haja vista que não houve proibição. O mesmo raciocínio pode ser feito em relação à autorização estatal explícita, já que, se o Estado confirma que uma certa conduta é lícita e esta veio a lesionar direito fundamental de alguém, a responsabilidade será a ele imputada.

Para Schwabe, na medida em que o Estado tutela e disciplina as relações privadas, ele se torna responsável por possíveis atentados ou lesões a direitos fundamentais provenientes destas relações entre particulares, já que não impediu, por meio do legislador, atividade administrativa ou pela prestação jurisdicional, a ocorrência daquele comportamento atentatório ou lesivo a direitos fundamentais(211).

Note-se, portanto, que Schwabe retira as condutas lesivas ou atentatórias do âmbito das relações privadas, transferindo-as para uma relação entre Estado e particular. Por isso, essa teoria é alvo de uma série de críticas. Primeiramente, não se pode atribuir ao Poder Público toda e qualquer conduta simplesmente pelo fato de que ele não a impediu, uma vez que isso significaria que toda ação não vedada por lei seria de responsabilidade do Poder Público.(212)

Afora isso, a teoria da convergência estatista não percebe que seria impossível que o Poder Público pudesse prever todas as condutas que resultassem em violação a direitos fundamentais. Ainda mais, Schwabe não previu que muitas condutas normalmente consideradas lícitas poderiam resultar em violação a direitos fundamentais, a depender do caso concreto, bem como condutas postas como violadoras de direitos fundamentais poderiam não ter efeito algum. Dessa maneira, seria impossível que o Estado pudesse autorizar ou não certa atividade, pois esta poderia, resultar ou não em uma ameaça ou violação a direitos fundamentais a depender do caso concreto.

O legislador, em verdade, para escapar de uma responsabilização, atribuiria o caráter de proibição às mais variadas condutas, resultando em uma overdose de normas proibitivas no tocante aos direitos fundamentais e entes privados.

---

(210) SARMENTO, Daniel. A vinculação dos particulares aos direitos fundamentais no direito comparado e no Brasil. In: DIDIER JR., Fredie (Org.). *Leituras complementares de processo civil*. 7. ed., rev. e ampl. Salvador: JusPodvim, 2009. p. 174.
(211) STEINMETZ, Wilson. *A vinculação dos particulares a direitos fundamentais*. São Paulo: Malheiros, 2004. p. 176.
(212) *Op. cit.*, p. 175.

Critica-se ainda essa teoria em razão de uma possível irresponsabilidade do ente privado pela violação a direitos fundamentais. Nas hipóteses não subsumíveis a mandamento de proibição, os particulares, se praticassem intervenção no direito fundamental de outrem, não poderiam ser responsabilizados juridicamente. A responsabilização recairia sobre o Estado somente[(213)].

2.4.6.2. Teoria integradora de Alexy

A teoria de Robert Alexy é chamada de teoria integradora em razão da reunião de três correntes aparentemente divergentes: teoria da eficácia indireta ou mediata dos direitos fundamentais nas relações privadas, teoria da eficácia direta e imediata e a teoria dos deveres de proteção estatais. Para Alexy, as três teorias podem conduzir a resultados equivalentes, pois conduziriam a uma imagem correta dos efeitos dos direitos fundamentais, embora possuam premissas diferentes[(214)].

Para ele, essas correntes possuem em comum o fato de que, diferentemente do que ocorre na relação entre Estado-particular, nas relações entre particulares ambos são titulares de direitos fundamentais. Afora isso, as três teorias reconhecem que a gradação da eficácia de um direito fundamental em uma relação privada decorre de uma ponderação de interesses[(215)].

Em razão disso, Alexy conjuga essas três teorias, dividindo-as em três níveis de efeito: o nível de deveres do Estado, o nível dos direitos frente ao Estado e o nível da relação entre sujeitos privados[(216)].

A teoria da eficácia mediata está situada no primeiro nível. Segundo Alexy, "el hecho de que las normas jusfundamentales, en tanto principios objetivos (orden objetivo de los valores), valgan para todos los ambitos del derecho implica que el Estado esta obligado a tenerlas en cuenta tanto en la legislacion civil como en la jurisprudencia civil".[(217)] Dessa maneira, estaria o Judiciário e o Legislativo obrigados a levar em consideração os direitos fundamentais

---

(213) STEINMETZ, Wilson. *A vinculação dos particulares a direitos fundamentais*. São Paulo: Malheiros, 2004. p. 177.
(214) ALEXY, Robert. *Teoria de los derechos fundamentales*. Madrid: Centro de Estudos Constitucionales, 1993. p. 515.
(215) Segundo Paula Quintas, a teoria da concordância prática de Alexy não toma propriamente posição a vinculação a direitos fundamentais, mas sim propõe um critério de otimização. A concordância prática, assim, ponderará os interesses das partes, não sacrificando um em benefício expulsivo e dominante do outro.QUINTAS, Paula. *Os direitos da personalidade consagrados no Código do Trabalho na perspectiva exclusiva do trabalhador subordinado* — Direitos (Des)Figurados. Coimbra: Almedina, 2013, p. 130 e 131.
(216) *Ibidem*, p. 516.
(217) ALEXY, Robert. *Teoria de los derechos fundamentales*. Madrid: Centro de Estudos Constitucionales, 1993. p. 516.

no processo jurisdicional e no processo legislativo, afinal a incidência destes decorre de uma ordem objetiva de valores.

No segundo nível, encontra-se a teoria dos deveres de proteção, em que se prega que o Judiciário, ao dirimir conflitos entre particulares, deve levar em consideração os direitos fundamentais. Se isto não é observado, o Judiciário viola um direito fundamental do cidadão em razão da não observância do dever de proteção que este exerce sobre os direitos fundamentais nas relações particulares.

Por fim, no terceiro nível, incide a teoria da eficácia direta ou imediata dos direitos fundamentais nas relações particulares. Aqui, Alexy reconhece que os direitos fundamentais incidem diretamente nas relações entre particulares, fazendo-se valer do caso *Blinkfüer*[(218)] para embasar seu posicionamento.

Alexy ainda rejeita o argumento de que a eficácia direta nas relações privadas exterminaria a autonomia privada, pois não se trata de desaparecer com esta do ordenamento jurídico, mas, sim, ponderá-la em face a um direito fundamental. O autor ainda critica o argumento de que o direito privado, com a eficácia imediata, tornar-se-ia inócuo. Para ele, as normas de direito fundamental trazem consigo diversas soluções para a resolução de conflitos particulares, de modo que o legislador, ao editar norma de direito privado, tem a opção por qualquer destas, sendo esta opção vinculativa para o juiz. Assim, o direito privado continuaria sendo necessário para a resolução de conflitos em razão de suas normas vincularem a atividade jurisdicional. Caso o legislador desejasse o afastamento de norma

---

(218) *Blinkfüer* era um semanário pró-comunista. Em 1961, a *Springer-Verlag*, distribuidora de publicações periódicas, pressionou outras empresas para instalar um boicote às publicações que versassem sobre os programas de radiodifusão das emissoras da República da Alemanha Oriental. O editor da *Blinkfüer* ajuizou ação contra o grupo *Springer*, alegando concorrência desleal e pedindo indenização, que foi rejeitada pelo Tribunal Superior Federal. *Blinkfüer* recorreu ao Tribunal Constitucional Federal, invocando o direito à liberdade de expressão, de modo a possibilitar uma não adesão ao boicote. Entendeu o Tribunal Constitucional que se deve proteger a instituição da livre imprensa e da independência dos seus órgãos em face às pressões econômicas. Para Alexy, esse caso revelaria seu modelo integrador na medida em que Tribunal Constitucional Federal "comienza con la constatación de que el orden objetivo de valores que subyace a la sección de derechos fundamentales influye en la cuestión de saber qué es contrario a derecho en el sentido del § 823 párrafo 1 BGB. Esto responde a la **teoría del efecto mediato en terceros**. La Corte de Justicia Federal había llegado a la conclusión de que el llamado a boycot de la Editorial Springer no era contrario a derecho. Esto significaba que el editor de "Blinkfüer" no tenía frente a la Editorial Springer ningún derecho a que ésta omitiera su llamado a boycot. Como se ha mostrado más arriba, este no-derecho del 'editor de "Blinkfüer" a la omisión es equivalente a una permisión de la Editorial Springer a llevar a cabo el llamado a boycot. De acuerdo con el Tribunal Constitucional Federal, los principios iusfundamentales exigen justamente el resultado opuesto." Alexy, então, reconhece que o Judiciário, ao solucionar conflitos entre particulares, deve levar em consideração os direitos fundamentais, sob pena de ofendê-los, como ocorrera com a decisão da Corte Federal de Justiça. Verificando a teoria da eficácia imediata dos direitos fundamentais nas relações privadas, diz Alexy "Por lo tanto, los principios iusfundamentales conducen a derechos y deberes en relaciones entre iguales que, debido a la vigencia de estos principios relativa a la Constitución, son necesarios pero que, sin su vigencia no lo serían. Este es un efecto inmediato en terceros. ALEXY, Robert. *Teoria de los derechos fundamentales*. Madrid: Centro de Estudos Constitucionales, 1993. p. 521-522.

de direito privado para a resolução de um caso, esta atitude seria possível, desde que fundamentada, pautando-se no fato de que a norma idealizada pelo legislador não respeitou devidamente a fundamentabilidade daquele direito(219).

Defende-se, por fim, que a teoria integradora de Robert Alexy pode ser enquadrada na teoria da eficácia imediata dos direitos fundamentais nas relações particulares, uma vez que cada nível de eficácia defendido pelo autor se refere a um aspecto da mesma coisa, conduzindo a um mesmo resultado, isto é, a eficácia imediata. Segundo Daniel Sarmento:

> O fato de ele não excluir a eficácia indireta dos direitos fundamentais na esfera privada, nem tampouco a existência de deveres de proteção do Estado, em relação às ameaças a tais direitos provenientes de terceiros, não nos parece, nesse sentido, de maior relevância. Com efeito, a teoria da eficácia direta e imediata, como já se destacou acima, não é incompatível com os efeitos decorrentes das outras duas teorias, mas apenas agrega àqueles efeitos um outro, de indiscutível valor prático: permite-se — seja-nos consentido repetir — a aplicação direta das normas constitucionais consagradoras de direitos fundamentais sobe as relações privadas, independentemente da mediação do legislador, ou da atividade de qualquer outro poder estatal(220).

Observe-se, portanto, que uma compatibilização entre essas teorias é possível, já que essas podem atuar nos diversos níveis da relação entre particulares. No entanto, repise-se, o efeito almejado será sempre o mesmo, consagrando o fato de que as normas de direito fundamental podem ser aplicadas diretamente nas relações privadas.

2.4.7. A eficácia horizontal nas relações trabalhistas

Pode-se, inicialmente, sustentar que os direitos fundamentais encontram-se presentes nas relações individuais e coletivas de trabalho. Tal assertiva é verificada em razão da previsão constitucional de inúmeros direitos relacionados ao trabalhador, muitos deles voltados à proteção destes frente ao particular empregador. Neste sentido, o art. 7º da Constituição Federal de 1988 enumera diversos direitos trabalhistas, buscando garantir uma melhoria na condição social destes trabalhadores.

---

(219) ALEXY, Robert. *Teoria de los derechos fundamentales*. Madrid: Centro de Estudos Constitucionales, 1993. p. 522-524.

(220) SARMENTO, Daniel. A vinculação dos particulares aos direitos fundamentais no direito comparado e no Brasil. In: DIDIER JR., Fredie (Org.). *Leituras complementares de processo civil*. 7. ed., rev. e ampl. Salvador: JusPodvim, 2009. p. 177.

Dessa maneira, é necessário que haja uma reflexão acerca da inserção dos direitos fundamentais nas relações de emprego, para que se possa compreender a vinculação dos particulares aos direitos fundamentais nessas relações.

Primeiramente, no tocante à aplicação dos direitos fundamentais nas relações de emprego, faz-se mister destacar que os direitos fundamentais funcionam como postulados que conformam a atuação do Estado e funcionam como vetores interpretativos da Constituição e da legislação ordinária, incluindo a legislação trabalhista(221). Ora, tal afirmativa não poderia ser diferente, uma vez que os direitos fundamentais impregnam todo o ordenamento jurídico por meio de sua dimensão objetiva, de modo a garantir a dignidade humana sempre que esta se encontrar em situação de perigo.

Em verdade, a própria estrutura brasileira demanda uma atuação efetiva na proteção dos direitos fundamentais, haja vista que o país ainda sofre com os problemas relacionados à desigualdade social. Fator importante no tocante a esta desigualdade é o trabalho. Não existe emprego para todos e estes, quando existentes, não são capazes de garantir o mínimo existencial para uma vida digna.

Sarmento salienta que as instituições brasileiras ainda preservam um ranço escravocrata(222), favorecendo ainda mais as desigualdades no âmbito das relações trabalhistas. O trabalhador, muitas vezes, não contesta tal postura por parte do empregador em razão da real necessidade que este possui de estar empregado, de possuir uma renda, ainda que mínima.

A própria estrutura do contrato de trabalho demonstra necessidade de atuação dos direitos fundamentais no âmbito deste tipo de pacto, haja vista que o trabalhador, ao celebrar esse contrato, cede ao empregador sua força de trabalho, de modo a gerar uma relação de "dependência" entre estes(223). O empregador depende da força laborativa do empregado para a realização de sua atividade enquanto o empregado depende daquele emprego para sua subsistência.

Evidentemente, essa relação encontra-se desequilibrada. No Brasil, faltam empregos e sobram pessoas que querem trabalhar. Para o empregador, a situação é bem conveniente, uma vez que este tem a opção de substituir o empregado. Já para o trabalhador, a situação é desesperadora. Este se submete a diversas ofensas aos seus direitos fundamentais em razão da necessidade do emprego.

---

(221) SILVA NETO, Manoel Jorge e. *Direitos fundamentais e o contrato de trabalho*. São Paulo: LTr, 2005. p. 15.

(222) SARMENTO, Daniel. A vinculação dos particulares aos direitos fundamentais no direito comparado e no Brasil. In: DIDIER JR., Fredie (Org.). *Leituras complementares de processo civil*. 7. ed., rev. e ampl. Salvador: JusPodvim, 2009. p. 179.

(223) AMARAL, Júlio Ricardo de Paula. *Eficácia dos direitos fundamentais nas relações trabalhistas*. São Paulo: LTr, 2007. p. 81.

Observa-se que, em decorrência dessa relação de "dependência", surgem diversas limitações à liberdade pessoal do trabalhador, bem como ofensas aos seus direitos fundamentais. Contudo, tais limitações e ofensas não podem ficar à mercê da vontade do empregador, devendo ser tuteladas pelo direito do trabalho. E é a partir desta constatação que surgem:

> derecho al trabajo con sus diferentes derechos especiales, tales como la libre elección de la profesión, los derechos a um puesto de trabajo, a un salario justo, a condiciones de trabajo adecuadas, a la protección para determinados grupos de personas (mujeres, adolescentes). al descanso, a un subsidio por desempleo, el derecho de coalición y de huelga, como así también el derecho de cogestión[224].

Verifica-se, portanto, que o trabalhador é titular de direitos fundamentais individuais na condição de trabalhador. Contudo, também se observa que o empregado é portador de direitos fundamentais na condição de cidadão[225], reconhecendo-se os direitos elencados na seara trabalhista (art. 7º da CF), bem como aqueles direitos inerentes aos demais cidadãos previstos no texto constitucional[226].

Dessa maneira, garante-se a dignidade do trabalhador enquanto cidadão, evitando-se que o sujeito seja tratado como mera mercadoria integrante do contrato de trabalho. O empregado é muito mais do que somente uma força laborativa, que pode ser substituída a qualquer tempo. É um ser humano e como ser humano integrante do ordenamento jurídico deve ser tratado como tal, de maneira a serem assegurados direitos inerentes à sua condição de cidadão, bem como os direitos trabalhistas.

Por conseguinte, a inserção dos direitos fundamentais nas relações de emprego funcionaria como meio de driblar as desigualdades promovidas no ordenamento brasileiro, principalmente no tocante às injustiças sociais cometidas contra o trabalhador. Este deve ser visto como sujeito de direitos trabalhistas, sem que seja esquecida sua condição de cidadão, ainda que no âmbito laboral.

Por isso, defende-se que o direito do trabalho deve ser visto como um direito fundamental num todo, permitindo que "qualquer posição jurídica, passível de ser

---

(224) ALEXY, Robert. *Teoria de los derechos fundamentales*. Madrid: Centro de Estudos Constitucionales, 1993, 429.

(225) "Ora, o reconhecimento destes direitos no domínio laboral tem implicações imediatas no contrato de trabalho: ele permite ao trabalhador invocá-los perante o empregador e determina a sua imposição genérica à autonomia privada, bem como a limitação ao mínimo de eventuais restrições que lhes sejam impostas por força do contrato, assegurando-se, designadamente, a salvaguarda do seu conteúdo essencial". RAMALHO, Maria do Rosário Palma. *Estudos de direito do trabalho*. Vol I. Coimbra: Almedina, 2003, p. 172.

(226) GOÉS, Maurício de Carvalho. Os direitos fundamentais nas relações de emprego: da compreensão às novas tendências. *Revista Magister de direito trabalhista e previdenciário*. Porto Alegre, n. 37, p. 53, nov./dez. 2008.

a ele reconduzida, adquira fundamentabilidade material necessária à sua proteção contra as maiorias eventuais"(227).

Essa afirmativa ganha maior força quando se trata de contrato de trabalho, pois os sujeitos da relação trabalhista estabelecem uma relação juridicamente igual, mas faticamente desigual, pois o empregador detém o poder econômico. Este pode ser traduzido em um poder social que advém de uma supremacia capaz de interferir na autodeterminação do empregado, tanto no momento de contratar, como durante a prestação do contrato de trabalho, já que o empregado é parte hipossuficiente(228), necessitado, a qualquer custo, daquele trabalho para seu sustento e de sua família(229).

Outra justificativa para a inserção dos direitos fundamentais nas relações trabalhistas é a existência de subordinação jurídica(230) como elemento da relação de emprego, de modo a conferir ao empregador certos poderes para alcançar os fins desejados no âmbito desta.(231)

O art. 2º da Consolidação das Leis do Trabalho — CLT — confere ao empregador poder diretivo, fiscalizador e sancionador. Estes poderes representam o conjunto de prerrogativas concentradas no empregador dirigidas à organização e estruturação empresarial, incluindo o processo de trabalho adotado na empresa,

---

(227) GOMES, Fábio Rodrigues. Direito fundamental ao trabalho: uma miragem discursiva ou uma norma efetiva? In: SARMENTO, Daniel; PEREIRA, Cláudio (Org.). *Direitos sociais fundamentais, judicialização e direitos sociais em espécie.* Rio de Janeiro: Lumen Juris, 2008. p. 929.

(228) É em razão da hipossuficiência do trabalhador que o princípio protetor surge no ordenamento jurídico brasileiro. Nas palavras de Plá Rodriguez, o "legislador não pôde mais manter a ficção de igualdade existente entre as partes do contrato de trabalho e inclinou-se para uma compensação dessa desigualdade econômica desfavorável ao trabalhador com uma proteção jurídica a ele favorável." Note-se que o autor reconhece existir uma desigualdade fática no contrato de trabalho, desigualdade esta capaz de ensejar uma proteção jurídica das normas de direito material favoráveis ao empregado, que é, repise-se, hipossuficiente na relação de emprego. (RODRIGUEZ, Américo Plá. *Princípios de direito do trabalho.* tradução de Wagner Giglio São Paulo: LTr, 1978. p. 16).

(229) AIRES, Mariella Carvalho de Farias. A eficácia horizontal dos direitos fundamentais no contrato de trabalho. *Revista de Direito do Trabalho 2007* — RDT 128, p. 125-154.

(230) Segundo informa Amadeu Guerra, em Portugal, doutrina e jurisprudência tem entendido que o contrato de trabalho supõe a existência de uma subordinação econômica, afinal o trabalhador recebe a retribuição do dador do labor, e de uma subordinação jurídica, uma vez que está sob o exercício da atividade sob as ordens, direção e fiscalização do dador do trabalho. Contudo, mesmo em Portugal, o autor afirma que o que distingue o contrato de trabalho de outros contratos afins é a subordinação jurídica. GUERRA, Amadeu. *A privacidade no local de trabalho: as novas tecnologias e o controlo dos trabalhadores através de sistemas automatizados. Uma abordagem ao Código do Trabalho.* Coimbra: Almedina. 2014, p. 21 e 22.

(231) Diante do aspecto ativo da subordinação jurídica, observa-se a existência do Poder Diretivo, isto é, Poder de Fiscalização e Poder de Punição. A atividade do empregado consiste em se deixar guiar e dirigir, de modo que suas energias convoladas no contrato sejam conduzidas segundo os fins desejados pelo empregador. GOMES, Orlando; GOTTSCHALK, Elson. *Curso de direito do trabalho.* 17. ed. Rio de Janeiro: Forense, 2005. p. 133.

com estabelecimento de regras e orientações no tocante às condutas dos empregados dentro do estabelecimento(232).

Em síntese, o poder diretivo é o poder que o empregador tem de dar ordem de serviço ao empregado. Contudo, essas ordens devem obedecer os limites morais, legais e contratuais. Estas ordens devem ser fiscalizadas, de maneira a ensejar o poder fiscalizador. O poder de punir, por fim, é conferido ao empregador para que este estabeleça sanções diante de determinadas condutas praticadas pelo empregado.

O exercício desses poderes, aparentemente, não traria malefício algum ao empregado. Contudo, as formas de controle e fiscalização, o modo como essas são exercidas e o estabelecimento de certas punições de caráter vexatório ou ilegal podem extrapolar a proporcionalidade esperada, de modo a atentar ou violar direitos fundamentais.

É pelas razões expostas que se verifica que os direitos fundamentais têm incidência nas relações trabalhistas. A grande celeuma, no entanto, consubstancia-se na eficácia que estes devem possuir em relação ao particular, o empregador. Seria o caso de vinculação do empregador aos direitos fundamentais?

Entende-se que esta é a melhor hipótese. Partindo-se da premissa de que o direito do trabalho é ramo do direito privado, o contrato de trabalho estaria respaldado pela autonomia privada. As partes deste contrato possuem ingerência nas normas a serem estabelecidas durante o vínculo empregatício. No entanto, estas normas não podem ficar à vontade do empregador, uma vez que a relação empregatícia é marcada pela hipossuficiência de uma das partes. Nas palavras de Ingo Sarlet:

> Há que se partir da premissa de que os direitos fundamentais geram efeitos tanto no plano verticalizado das relações entre particulares e o poder estatal, quanto no plano (igualmente verticalizado) das relações entre particulares que não são detentores de um efetivo poder social e outros que detêm parcelas expressivas de poder social, bem como das relações entre particulares em situação de tendencial igualdade fática, ainda que não se possa aplicar, de modo geral e de modo igual, as mesmas categorias dogmáticos-argumentativas, por conta de um maior impacto da autonomia privada(233).

Observa-se, portanto, que o contrato de trabalho é marcado por uma relação aparentemente horizontal, pois, em verdade, os sujeitos desta relação encontram-se em situação de desigualdade fática, em que o empregador é detentor do poder social. Essa afirmação justificaria, por si só, a vinculação do empregador aos direi-

---

(232) DELGADO, Maurício Godinho. *Curso de direito do trabalho*. 5. ed. São Paulo: LTr, 2006. p. 629.

(233) SARLET, Ingo Wolfgang. Direitos fundamentais sociais, "mínimo existencial" e direito privado: breves notas sobre alguns aspectos da possível eficácia dos direitos sociais nas relações entre particulares. In: SARMENTO, Daniel, GALDINO, Flávio (Org.). *Direitos fundamentais*: estudos em homenagem ao professor Ricardo Lobo Torres. Rio de Janeiro: Renovar, 2006. p. 580.

tos fundamentais, uma vez que a incidência destes promoveria um equilíbrio na relação contratual estabelecida.

Contudo, ainda que não se tratasse de uma relação desequilibrada, a vinculação dos particulares aos direitos fundamentais seria possível, uma vez que a autonomia privada não pode ser exercida em detrimento ou com desrespeito aos direitos e garantias fundamentais de terceiros.

O direito do trabalho não pode ignorar a existência dos poderes privados como detentores de poderes sociais em relação aos trabalhadores. Deve-se combater, portanto, o uso indiscriminado da autonomia privada como justificadora de condutas atentatórias ou ofensivas aos direitos fundamentais da parte hipossuficiente.

E, tratando-se de uma relação que nasce desigual, a melhor forma de combater tal desproporcionalidade seria pela eficácia direta dos direitos fundamentais nas relações de emprego.

O Supremo Tribunal Federal tem reconhecido, em alguns acórdãos, a eficácia imediata dos direitos fundamentais nas relações trabalhistas, ainda que não utilize o termo eficácia direta ou imediata.

No Recurso Extraordinário n. 160222-8- RJ, datado de 11 de abril de 1995, a questão foi abordada pela 1ª Turma do Supremo Tribunal Federal, de maneira indireta. O recurso foi proposto no bojo da ação penal que o Ministério Público propôs em face do Diretor da Empresa Millus S.A, fabricante de peças íntimas, por crime de constrangimento ilegal, ao submeter as operárias da empresa à revista íntima, sob ameaça de dispensa. O Tribunal de Alçada do Rio de Janeiro absolveu o acusado, sob o argumento de que as empregadas assinaram contrato de trabalho, sendo este lei entre as partes. Interposto Recurso Extraordinário, o STF não pode adentrar no mérito em razão da ocorrência de prescrição. Contudo, vale registrar passagem do voto do Ministro Sepúlveda Pertence sobre a questão:

> lamento que a irreversibilidade do tempo decorrido faça impossível enfrentar a relevante questão de direitos fundamentais da pessoa humana que o caso suscita, e que a radical contraposição de perspectivas entre a sentença e o recurso, de um lado e o exacerbado privalismo do acórdão, de outro, tornaria fascinante[(234)].

Logo depois o Supremo Tribunal Federal enfrentou nova questão relacionada à vinculação dos particulares a direitos fundamentais, no Recurso Extraordinário n. 161243-6, do Distrito Federal. O caso diz respeito a um funcionário brasileiro da *Air France*, ao qual não tinham sido estendidos alguns benefícios, que o plano de carreira da empresa previa, pois esse plano diferenciava franceses e não france-

---

(234) BRASIL. Supremo Tribunal Federal. Recurso Extraordinário RE 160222 / RJ — Rio de Janeiro, Relator(a): Min. SEPÚLVEDA PERTENCE Julgamento: 11.4.1995, Órgão Julgador: 1ª Turma.

ses. O STF decidiu que o princípio da igualdade deve ser respeitado em qualquer relação particular, como demonstra a ementa do julgado:

> EMENTA: CONSTITUCIONAL. TRABALHO. PRINCÍPIO DA IGUALDADE. TRABALHADOR BRASILEIRO EMPREGADO DE EMPRESA ESTRANGEIRA: ESTATUTOS DO PESSOAL DESTA: APLICABILIDADE AO TRABALHADOR ESTRANGEIRO E AO TRABALHADOR BRASILEIRO. C.F., 1967, art. 153, § 1º; C.F., 1988, art. 5º, *caput*. I — Ao recorrente, por não ser francês, não obstante trabalhar para a empresa francesa, no Brasil, não foi aplicado o Estatuto do Pessoal da Empresa, que concede vantagens aos empregados, cuja aplicabilidade seria restrita ao empregado de nacionalidade francesa. Ofensa ao princípio da igualdade: C.F., 1967, art. 153, § 1º; C.F., 1988, art. 5º, *caput*). II — A discriminação que se baseia em atributo, qualidade, nota intrínseca ou extrínseca do indivíduo, como o sexo, a raça, a nacionalidade, o credo religioso, etc., é inconstitucional. Precedente do STF: Ag 110.846(AgRg)-PR, Célio Borja, RTJ 119/465. III. — Fatores que autorizariam a desigualização não ocorrentes no caso. IV. — R.E. conhecido e provido[(235)].

Percebe-se, pela interpretação do julgado, que os direitos fundamentais estão presentes nas relações trabalhistas, inclusive no tocante à inserção de direitos dos cidadãos nesta relação, como é o caso do direito à igualdade.

Em razão de tais peculiaridades, entende-se que a melhor forma de proteção dos direitos fundamentais nas relações de emprego seria por meio da eficácia imediata, de modo que estes direitos devam incidir diretamente nestas relações.

Os direitos fundamentais trabalhistas e os direitos do cidadão devem sempre ser respeitados, de modo que a autonomia privada só incida se não caracterizar limitação ou ofensa a estes direitos.

Tratando-se de uma relação marcada pela desigualdade, as teorias da eficácia mediata e deveres de proteção estatal não seriam suficientes para coibir as condutas desenfreadas dos empregadores. Isto se dá pois uma atuação legislativa por parte do Poder Público não é suficientemente forte para impedir que o empregador aja em afronta aos direitos fundamentais. Deve-se sempre lembrar que ele é o detentor do poder social. É o empregador que decide se o empregado continua trabalhando para ele ou não. E o empregado, enquanto parte hipossuficiente, não pode abrir mão do emprego que garante o seu sustento e de sua família.

Na prática, mesmo com adoção de medidas legislativas e atuação judiciária na interpretação de conceitos jurídicos indeterminados e cláusulas abertas em favor do trabalhador, o empregador não deixaria de se utilizar deste poder social que possui. Somente uma eficácia direta, imediata conseguiria coibir práticas atentatórias a direitos fundamentais, pois não haveria ao empregador escusa na sua conduta, já que esta violaria o texto constitucional. Desta maneira, entende-se que a vinculação direta é a solução mais plausível diante da desigualdade marcante que ronda o contrato de trabalho.

---

(235) BRASIL. Supremo Tribunal Federal. Recurso Extraordinário RE 161243-6/ DF — Distrito Federal, Relator: Min. CARLOS VELLOSO Julgamento: 29.10.1996, Órgão Julgador: 2ª Turma.

2.5. O TRABALHO HUMANO: IMPORTÂNCIA

Cumpre destacar que a compreensão sobre o trabalho foi alterada no decorrer da história. Do sentido de penalização para o sentido de meio provedor das necessidades da sobrevivência, já foi possível notar uma mudança de norte substancial sobre a essência do trabalho humano.

Em seguida, grande mudança foi vista quando o trabalho passou a ser visto não mais apenas como um simples meio de subsistência, mas, sim, como um valor que envolve um caráter de realização do próprio homem que vive em uma sociedade(236).

Tanto que, cada vez mais, o trabalho humano está sendo associado à honra, à realização pessoal, ao valor e à dignidade, pois sendo o trabalho atividade que dignifica, não pode este servir de instrumento de desrespeito ao homem.

Afinal, somente com o trabalho humano, a sociedade enfrenta a escassez, numa postura que configura a solidariedade social, bem como a efetivação do princípio da liberdade(237), uma vez que, com a produção, o indivíduo consegue, além de colaborar com a coletividade, responder autonomamente por suas convicções(238), não ficando refém de medidas assistencialistas.

Neste sentido, pondera Fabio Rodrigues Gomes(239):

> Tendo conseguido, por sua conta, o mínimo essencial à sobrevivência digna (*e. g.*, alimentos, educação, saúde e moradia), estará livre de coerções materiais e, pois, de "ataques" assistencialistas (e populistas) que porventura venham a impedir (ou constranger) sua deliberação autô-

---

(236) Segundo Zeno Simm: "Elevada a dignidade da pessoa humana a uma posição de proeminência nos ordenamentos jurídicos contemporâneos, estes apresentam uma característica de antropocentrismo que é seguida de perto por outro fenômeno, o da centralidade do trabalho, posto que a atividade humana igualmente vem recebendo uma atenção especial do direito. O trabalho, que na Grécia antiga era sinônimo de indignidade, reservado apenas aos escravos ou pessoas de classe inferior, hoje, ao contrário, é elemento de dignificação do homem e se lhe reconhece um valor social". In: SIMM, Zeno. *Acosso psíquico no ambiente de trabalho*: manifestações, efeitos, prevenção e reparação. São Paulo: LTr, 2008. p. 28.

(237) Segundo Abrantes: "Assegurar o respeito da dignidade humana continua a ser o fim da sociedade política. Só que essa dignidade é vista, não como liberdade do indivíduo isolado, mas, sim, como desenvolvimento da personalidade de homens concretos". In: ABRANTES, José João. *Contrato de trabalho e direitos fundamentais*. Lisboa: Coimbra, 2005. p. 30.

(238) Segundo Antonio Baylos: "Trabalhar é a condição de exercício de importantes prerrogativas de cidadania e privação dessa qualidade, de maneira incorreta ou injustificada, não só implica a vulneração do direito ao trabalho, mas a dificuldade de exercício de outros importantes direitos fundamentais reconhecidos constitucionalmente ao trabalhador". In: BAYLOS, Antonio. Proteção de direitos fundamentais na ordem social: "o direito ao trabalho como direito constitucional". In: *Revista Trabalhista Direito e Processo*. Rio de Janeiro: Forense/Anamatra, v. X, p. 31, 2004.

(239) GOMES, Fábio Rodrigues. Direito Fundamental ao trabalho: uma miragem discursiva ou uma norma efetiva? In: SARMENTO, Daniel; PEREIRA, Cláudio (Org.). *Direitos sociais fundamentais, judicialização e direitos sociais em espécie*. Rio de Janeiro: Lumen Juris, 2008. p. 65.

noma e democrática sobre as prioridades e o destino da sociedade que (verdadeiramente) integra.

Tamanha a importância, portanto, do valor "trabalho humano" que, apesar das divergências doutrinárias, efetivamente é possível defender-se o direito ao trabalho como um direito fundamental. Neste caminho, complementa Fabio Rodrigues Gomes[(240)]:

> Em linhas gerais, estes são os argumentos de que lançamos mão para legitimar direito ao trabalho como um direito fundamental. Pois, enquanto juridicização do valor trabalho humano, traz consigo a força axiológica presente em todas as normas que visam tornar efetivo o valor (também juridicizado) da dignidade da pessoa humana.

Como direito fundamental, verifica-se a possibilidade deste valor expandir-se pelo ordenamento, irradiando sua eficácia, bem como impondo ao Estado a necessidade de proteger o trabalho humano.

Trabalho que, no entender deste estudo, não pode ser desvinculado da ideia da dignidade do trabalhador, pois é o homem, como visto linhas anteriores, o valor fundamental do ordenamento.

Tornou-se exemplo clássico a respeito da necessidade de proteção da dignidade do trabalhador[(241)] o célebre caso do "arremesso de anão", em que foi impedida a execução daquele contrato, a contragosto do empregado, que afirmava ser aquela uma legítima fonte de sua subsistência. Ocorre, entretanto, que, naquele caso, evidente era a situação indigna a que aquele trabalhador estava submetido, motivo pelo qual, em respeito ao princípio da dignidade, foi desconsiderada a anuência do indivíduo, pois esta não poderia prevalecer sobre a sua dignidade.

2.6. DA DIGNIDADE DO TRABALHADOR

A Constituição da República Federativa do Brasil, promulgada em 1988, elencou como seus fundamentos "a dignidade da pessoa humana" (inciso III) e os "valores sociais do trabalho" (inciso IV), dentre outros.

Nessa linha, importante asseverar que, dentro da ordem estabelecida, para que a dignidade seja efetivada, necessário se faz que outros direitos e garantias

---

(240) GOMES, Fábio Rodrigues. Direito Fundamental ao trabalho: uma miragem discursiva ou uma norma efetiva? In: SARMENTO, Daniel; PEREIRA, Cláudio (Org.). *Direitos sociais fundamentais, judicialização e direitos sociais em espécie*. Rio de Janeiro: Lumen Juris, 2008. p. 67.

(241) Sobre o assédio, diz PACHECO: "No domínio do Direito é fundamental, para a verificação de uma situação de assédio moral no trabalho, colocar totalmente de parte todos os danos psicológicos e psíquicos, importando apenas, para o preenchimento da figura, a violação da integridade moral do trabalhador enquanto pessoa humana". In: PACHECO. Mago Graciano de Rocha. *O assédio moral no trabalho*: o elo mais fraco. Coimbra: Edições Almedina, 2007. p. 62.

concretizem-se, a saber: os direitos sociais e os direitos fundamentais, bem como que seja protegido o meio ambiente, em especial, o do trabalho(242).

Assim, nessa sistemática, evidencia-se que o ser humano, enquanto trabalhador, merece proteção específica. Neste sentido, pondera Zeno Simm(243):

> Ao colocar como fundamentos da República a dignidade da pessoa humana e os valores sociais do trabalho (art. 1º), ao assegurar a saúde como direito fundamental social de todos (arts. 6º e 196) e ao estabelecer que a ordem social tem como base o primado do trabalho (art. 193), o constituinte de 1988 reconheceu a superioridade desses princípios e a proeminência do ser humano trabalhador (SIMM, 2008. p. 32).

Tanto é assim que, a Carta Social europeia, em sua reforma realizada em 1996, inseriu no seu corpo o art. 26, por meio do qual expressamente fez alusão à dignidade dos trabalhadores. Sobre este ponto, pondera Fernández(244):

> La Carta Social Europea em su reforma de 1996, firmada por 33 estados miembro del Consejo de Europa, entre ellos Espana, pero solamente retificada y em plena vigência para 17 estados, entre los cuales ya no se encuentra el nuestro, establece em su nuevo artículo 26 el derecho a la dignidade em el trabajo. Dice textualmente que com el propósito de asegurar el efectivo ejercicio del derecho de todos los trabajadores a su dignidad em el trabajo, las partes se comprometen, en consulta con las las organizaciones de empresários y trabajadores: 1. A promover la sensibilización, información y prevención del acoso sexual en el trabajo o em relación com el mismo y a tomar todas las medidas apropriadas para proteger a los trabajadores de tal conducta. 2. A promover la sensibilización, informácion y prevención de los actos condenables o explícitamente hostiles y ofensivos realizados de modo directo y repetido frente a um trabajador em el trabajo o em relación com el trabajo, y a adoptar cualquier medida apropriada para proteger a los trabajadores frente a tales comportamientos.

---

(242) Nesse sentido, diz PACHECO: "Atendendo ao conteúdo essencial assinalado ao direito à integridade moral como determinativo do respeito pela inviolabilidade da pessoa e, correlativamente, da proibição de tratar de modo degradante, humilhante ou vexatório, é este direito à integridade moral que permite legitimar uma intervenção jurídica reguladora deste fenômeno que representa o assédio moral no trabalho. Assim, o reconhecimento do direito fundamental à integridade moral como direito agredido pela prática de assédio moral supõe e garante uma efectiva proteção da dignidade humana no direito do trabalho". In: PACHECO. Mago Graciano de Rocha. *O assédio moral no trabalho*: o elo mais fraco. Coimbra: Edições Almedina, 2007. p. 59-60.

(243) SIMM, Zeno. *Acosso psíquico no ambiente de trabalho*: Manifestações, efeitos, prevenção e reparação. São Paulo: LTr, 2008. p. 32.

(244) FERNÁNDEZ, Manuel Velázquez. *Mobbing, violencia física y estrés en el trabajo:* aspectos jurídicos de los riesgos psicosociales. Barcelona: Gestión 2000, 2005. p. 112.

Em seguida, complementa Fernández[245]:

> Como vemos em el texto de este tratado se incluyen dentro del derecho a la dignidad em el trabajo los contenidos que ya prevê el artículo 4.2.e) del Estatuto de los trabajadores, el cual establece el derecho de los trabajadores a la consideración debida a sua dignidad, comprendida la protección frente a ofensas verbales y físicas de naturaleza sexual y frente al acoso por razón de origen racial o étnico, religión o convicciones, discapacidad, edad u orientación sexual, frase esta última añadida por la ley 62/2003 dentro del derecho a no sufrir trato discriminatório.

Ou seja, é importante destacar que, em nome do princípio da dignidade[246], tem o trabalhador o direito, dentre outros, a proteção frente às agressões verbais e físicas no ambiente de trabalho ou decorrente da atividade exercida, tendo o direito também de não sofrer qualquer trato discriminatório[247], seja por qual motivo for.

É interessante observar que a legislação espanhola reconhece o direito à dignidade do trabalhador, no art. 4.2 do Estatuto do Trabalho. Sobre esta disposição, comenta Rodenas[248]:

> A nivel de legalidad ordinaria el ET reconoce como derecho básico de los trabajadores el respecto "a la consideración debida a su dignidad, comprendida la protección frente a ofensas verbales o físicas de naturaleza sexual y frente al acoso por razón de origen radical o étnico, religión o convicciones, discapacidad, edad u orientación sexual" — art. 4.2.e) — ; existiendo todo un conjunto de referencias a la protección de la dignidad del trabajador a lo largo del citado texto legal, del que son ejemplo los siguientes preceptos:
>
> — Art. 18 ET, en el que se enuncia la dignidad como límite en relación con las facultades de control del empresario en materia de registros sobre la persona del trabajador, en sus taquillas y efectos particulares.
>
> — Art. 20.3 ET, en el que la dignidad del trabajador se erige como límite

---

(245) FERNÁNDEZ, Manuel Velázquez. *Mobbing, violencia física y estrés en el trabajo*: aspectos jurídicos de los riesgos psicosociales. Barcelona: Gestión 2000, 2005. p. 113.

(246) Neste sentido, pondera Callejo (2008. p. 68): "Em el âmbito del trabajo la consideracion debida a la dignidad del trabajador impregna todos los aspectos de la relación laboral como relación personal que es y por imperativo del principio general del respeto debido a la dignidad de todo ser humano (CALLEJO, 2008. p. 68)".

(247) Sobre o assédio moral, diz Pereira: "Entre os bens jurídicos potencialmente lesados encontram-se a dignidade e o direito ao livre desenvolvimento da pessoa humana, a integridade física e moral do trabalhador, o direito ao tratamento não discriminatório, não faltando quem, em uma perspectiva mais civilista, também refira o direito geral à personalidade". In: PEREIRA, Rita Garcia. *Mobbing ou assédio moral no trabalho*: contributo para a sua conceptualização. Coimbra: Coimbra Editora, 2009. p. 231.

(248) RODENAS, Maria José Romero Rodenas. *Protección frente al acoso moral en el trabajo*. 3. ed. Albacete: Editorial Bomarzo, 2005. p. 36.

a las facultades empresariales de vigilancia y control de las obligaciones y deberes laborales.

— Art. 39.3 ET, relativo a la movilidad funcional que deberá efectuarse, en su caso, sin menoscabo de la dignidad del trabajador.

— Art. 50.1.a) ET, que posibilita la resolución del contrato de trabajo con derecho a indemnización, cuando se lleven a cabo modificaciones sustanciales en las condiciones de trabajo que redunden en menoscabo de la dignidad del trabajador.

Por tanto, un premier bloque normativo vendría constituido, a nivel de legalidad constitucional y ordinaria, por los preceptos invocados, si bien debe señalarse que existe una aplicación restrictiva de dicha normativa por parte de los tribunales de justicia.

Exemplificadamente, pode-se trazer outras hipóteses de violação da dignidade do trabalhador, decorrentes do abuso do direito do empregador, tratadas pela doutrina pátria e elencadas por Meireles[(249)], a saber:

> — pode se ter, também, como abusiva a cláusula de prorrogação do contrato provisório quando estabelecidos parâmetros que atentem à dignidade do trabalhador ou demonstrem a má-fé da empresa nesta contratação (MEIRELES, 2004. p. 152).
>
> — O empregador que ao final da experiência simplesmente considera extinto o contrato de trabalho, sem motivo, ou seja, sem que o empregado tenha se mostrado inapto à respectiva função, viola a confiança depositada na contraparte, como também a própria dignidade do trabalhador em saber a razão pela qual seu trabalho não foi considerado apto para aquela determinada função (MEIRELES, 2004. p. 203).

2.7. DO DIREITO DO TRABALHO COMO INSTRUMENTO QUE VISA À PRESERVAÇÃO DA DIGNIDADE DIANTE DO CONFLITO DE INTERESSES ENTRE O EMPREGADO E O EMPREGADOR

Como se sabe, a relação estabelecida entre empregado e empregador é uma relação desigual, em que efetivamente se tem uma parte hipossuficiente que é carecedora de uma maior proteção jurídica.

Tanto que, nas relações trabalhistas, reconheceu-se a ausência de efetividade do princípio da isonomia, em caráter formal, pois de fato empregado e empregador não devem ser tratados igualmente perante a lei.

---

(249) MEIRELES, Edilton. *Abuso do direito na relação de emprego*. São Paulo: LTr, 2004.

Afinal, por serem desiguais, eles devem ser tratados desigualmente no intuito de que se traga um equilíbrio[250] na relação estabelecida entre ambos com a concessão de benefícios na salvaguarda do trabalhador.

Sobre o tema, pondera Maria Celina Bodin de Moraes[251]:

> Houve um tempo em que o princípio da igualdade correspondia à ideia de que "todos são iguais perante a lei". O Direito do Trabalho foi o primeiro grande ramo jurídico a subverter esta regra, atribuindo ao trabalhador benefícios que viriam a contrariar até mesmo o princípio da hierarquia das normas, com a difusão da noção de que, na relação de trabalho, a norma aplicável é a mais benéfica ao trabalhador.

Nesse caminhar, surge o direito do trabalho para regulamentar as relações trabalhistas, limitando o poder e os atos do empregador no intuito de que seja resguardado o interesse da parte hipossuficiente, qual seja, o empregado[252].

Afinal, a relação trabalhista apresenta particularidades, principalmente pelo fato de que o objeto do contrato de trabalho envolve essencialmente a pessoa do contratado, ao disponibilizar a sua força de trabalho, fato este que efetivamente põe em risco os seus direitos da personalidade e a sua dignidade[253] diante de eventuais abusos[254], que podem ser perpetrados pelo empregador.

Isso sem falar no motivo de que, diante da subordinação decorrente do contrato de trabalho, já se submete o empregado a uma limitação imediata de liberdade pessoal, direito este fundamental, em razão da ordem estabelecida na empresa contratante.

---

(250) Pondera Abrantes (2005. p. 57-58): "Tal é assim porque a disciplina contratual deve corresponder a um equilíbrio entre os poderes dos contraentes, o que, nas relações laborais, só pode ser conseguido pela conjugação entre a autonomia coletiva e a lei de caráter protecionista. Contrabalançar a desigualdade real existente entre as partes da relação de trabalho é o fundamento geral do direito de contratação coletiva, direito fundamental dos trabalhadores, que só preenche plenamente a sua função social e econômica se forem respeitados determinados princípios, como o do tratamento mais favorável do trabalhador".

(251) MORAES, Maria Celina Bodin de. *Danos à pessoa humana: uma leitura civil-constitucional dos danos morais*. Rio de Janeiro: Renovar, 2003. p. 118.

(252) Rui Assis defende que é difícil conseguir um equilíbrio nas relações entre empregado e empregador. Percebe o autor que a questão gravita em como conciliar, de um lado, a subordinação própria da execução do trabalho com as possíveis renúncias a algumas parcelas da liberdade do trabalhador enquanto trabalhador e pessoa humana. O trabalhador, mesmo quando se coloca numa posição voluntária de subordinação não abdica de certas prerrogativas fundamentais da sua própria pessoa. ASSIS, Ruy. *O poder de direcção do empregador: configuração geral e problemas actuais*. Coimbra: Coimbra Editora, 2005, p. 212 e 213.

(253) Segundo Zeno Simm (2008. p. 29): "O direito a esse tratamento digno não exclui pela circunstância de o trabalhador colocar-se sob as ordens do empregador por meio de um contrato de trabalho, posto que a dignidade é qualidade e valor que o empregado conserva mesmo transpassando os portões da empresa, onde igualmente — talvez até com maior razão, dada a relação de poder e sujeição que se forma entre as partes — continua a merecer o devido respeito à sua pessoa".

(254) Segundo Abrantes (2005. p. 174): "A dignidade humana e os direitos fundamentais constituem barreiras inultrapassáveis ao poder de direção do empregador e à correlativa subordinação jurídica do trabalhador, que não podem limitar arbitrariamente esses direitos, constitucionalmente garantidos".

Somente a título de exemplo desta limitação, pode-se citar o poder disciplinar do empregador, que é inerente a estrutura hierarquizada das empresas. Sobre este poder, destaca Abrantes(255):

> O poder disciplinar é um verdadeiro poder de julgar e de punir, sem paralelo no domínio privado, que constitui um instrumento de maior importância para o funcionamento da organização produtiva, enquanto estrutura hierarquizada e finalizada à realização de interesses. Este perfil "político" da empresa e a estrutura jurídica da relação de trabalho conjugam-se, pois, no sentido da limitação da liberdade pessoal do trabalhador.

É inquestionável o fato de que os direitos fundamentais do trabalhador são plenamente eficazes no curso do contrato de trabalho, salvo nas hipóteses de colisão com outros direitos relevantes existentes na organização, situação em que, para haver a menor restrição possível dos interesses em jogo, recorre-se às regras de ponderação(256), em especial a proporcionalidade.

Nesse sentido, sustenta Callejo(257):

> En este sentido há insistido hasta la saciedad la jurisprudencia del tribunal constitucional al señalar reiteradamente la plena efectividad de los derechos fundamentales del trabajador en el marco de la relación laboral, ya que ésta no puede implicar em modo alguno la privación de tales derechos para quienes prestan servicio em las organizaciones productivas, que no son ajenas a los princípios y derechos constitucionales que informan el sistema de relaciones de trabajo.
>
> El ejercicio de tales derechos únicamente admite limitaciones o sacrificios en la medida en que se desenvuelve en el seno de una organización que refleja otros derechos reconocidos constitucionalmente en los artículos 33 y 38 de la Constitución, y que impone, según los supuestos, la necesaria adaptabilidad para el ejercicio de todos ellos, perspectiva esta desde la que deben valorarse las específicas limitaciones que a los derechos fundamentales les pueda imponer el próprio desarrollo de la relacción laboral.

Isso porque, como os interesses do empregado e do empregador são autônomos, tem-se necessidade de haver limitação para ambas as partes, com especial atenção para o fato da subordinação jurídica e hipossuficiência do trabalhador.

---

(255) ABRANTES, José João. *Contrato de trabalho e direitos fundamentais*. Lisboa: Coimbra Editora, 2005. p. 49.

(256) Segundo Abrantes (2005. p. 173): "O desafio ao qual o aplicador do direito deve responder é o da optimização de todos os direitos e de todos os valores constitucionais em conflito, nomeadamente a mais ampla liberdade civil do trabalhador e (igualmente) a mais ampla autonomia contratual, a levar a cabo por meio da atuação de um princípio de proporcionalidade, na sua tripla dimensão: necessidade, adequação e proibição do excesso".

(257) CALLEJO, Jose María Garcia. *Protección jurídica contra el acoso moral en el trabajo o la tutela de la dignidad del trabajador*. Madrid: Federacion de Servicios Públicos de Madrid, 2004. p. 47.

Nessa linha, o que se está em jogo, diante dos possíveis abusos cometidos pelo empregador, é justamente os limites da subordinação jurídica[(258)] do trabalhador que, mesmo celebrando o contrato, não renuncia (e nem mesmo poderia) a sua liberdade e seus outros direitos fundamentais.

Assim, o trabalhador é livre, para tudo que não diga respeito à execução do contrato, somente podendo sofrer algumas limitações no caso de serem merecedoras de uma tutela superior àquela liberdade.

Ademais, não se pode esquecer que, como relação contratual, as partes devem agir de boa-fé e com lealdade, na fase de execução do contrato, bem como nas fases pré e pós-contratual, abstendo-se de adotar qualquer conduta que possa causar prejuízos a outra parte.

Nesse sentido, foca-se este estudo em analisar detalhadamente o processo de assédio moral no ambiente de trabalho empresarial, fenômeno social abusivo e que efetivamente atinge os direitos fundamentais do trabalhador[(259)], causando-lhe dor e sofrimento.

2.8. A RELAÇÃO DE EMPREGO, OS DIREITOS FUNDAMENTAIS E O ASSÉDIO MORAL

O mundo contemporâneo, marcado pela desvirtuação de valores éticos e morais, é palco de diversos tipos de violência. Seria ingenuidade acreditar que há pouco tempo essa violência não existia. Pelo contrário, a sociedade humana sempre foi marcada pela violência.

Contudo, vive-se hoje numa era, na qual os valores éticos e morais não são importantes para a sociedade. Nos dias atuais, muitos buscam sucesso e dinheiro sem observar os direitos fundamentais dos outros, que participam desta relação. Abusa-se do poder que muitos, aparentemente, possuem em detrimento da con-

---

(258) Segundo Abrantes (2005. p. 185): "O contrato é uma fonte legítima de limitações aos direitos fundamentais. A questão está em saber até onde pode ir a subordinação do trabalhador, que obviamente não pode deixar de ser protegido quando as limitações aos seus direitos são injustificadas ou desarrazoáveis. A sua liberdade deve ser respeitada".

(259) Segundo Callejo (2008. p. 64): "Desde nuestra perspectiva, y conforme ya han apuntado algunas resoluciones judiciales, el acoso moral es, ante todo, um atentado contra los derechos fundamentales del trabajador, porque afecta a su derecho a la integridad moral (art. 15 de la Constitución), su dignidad (artículo 10 C.E.) y al derecho a no sufrir discriminación (art. 14) y puede afectar en determinados a otros derechos fundamentales, como la libertad de expresión y opinión — art. 16 —, o la intimidad — art. 18". E, adiante, reforça Callejo (2008. p. 71): "El acoso es um atentado a la dignidad, puesto que no en vano los derechos fundamentales dimanan del mismo reconocimiento de la dignidad de la persona, a quien por serlo, le son inherentes una serie de derechos fundamentales que la própria ley de leyes reconoce, siendo proyección de este general derecho a la dignidad los demás derechos fundamentales, sobre todo el derecho a no sufrir discriminación".

dição humana do outro que lhe rodeia, na busca desenfreada por uma situação econômica melhor, aumento de riqueza e, obviamente, por mais poder.

Por isso, hoje, a relação de emprego é palco de diversos abusos no seu desenrolar. Quando se aborda direitos fundamentais na relação de emprego, não se estar a falar do trabalho altamente sofisticado, mas, como assevera Maurício Godinho Delgado, do trabalho das grandes massas de população que "ingressam na vida econômico-social por meio da oferta subordinada, pessoal, não eventual e onerosa de seus serviços"(260). Fala-se do trabalhador hipossuficiente, que se mantém no emprego com o mínimo necessário à sua sobrevivência.

E é justamente em razão da fragilidade do trabalhador nas relações de emprego que se verificam esses abusos, por assim dizer, no conteúdo destas. O assédio moral representa claramente isto na medida em que consubstancia uma violação notória aos direitos fundamentais do trabalhador enquanto trabalhador e cidadão.

Em verdade, a prática de assédio moral é tão antiga quanto o trabalho humano, mas esta permaneceu obscura por muito tempo. Tal clandestinidade deu-se, em primeiro plano, pela inexistência de consciência do trabalhador de que tal atitude configurava o assédio moral e, em um segundo momento, pelo temor das vítimas em proceder com a denúncia desta violência.

Os maus-tratos nos locais de trabalho são recorrentes na história brasileira. Primeiramente, o Brasil adotou a mão de obra escrava, tratando o ser humano como coisa a ser explorada em prol da alta produtividade agrícola. Posteriormente, vieram ao país os imigrantes que, embora não fossem escravos em razão da privação da liberdade, também eram coisificados na medida em que trabalhavam em excesso por uma quantia ínfima que somente servia para pagar o aluguel ao patrão e a comida.

No período de industrialização, o Brasil repetiu o padrão de comportamento na medida em que não garantia direitos fundamentais aos trabalhadores. Estes, agora, embora livres, ainda eram mero instrumento de produção, sendo vítimas de maus-tratos no local de trabalho. Hoje vive-se em um período em que a violência no local de trabalho ainda é latente, posto que consagrados os direitos fundamentais do trabalhador.

É evidente que o assédio moral nas relações trabalhistas é consequência do modelo de produção instaurado, na qual há relações extremamente hierarquizadas, com o empregador sendo detentor do poder social existente naquela relação, ainda que aparentemente igualitária.

Afora isso, observa-se ainda que o modelo de produção atual exige ritmos intensos de trabalho com salários muitas vezes não condizentes com o tanto

---

(260) DELGADO, Maurício Godinho. Direitos fundamentais na relação de trabalho. *Revista LTr*. São Paulo, v. 70, p. 657-667, p. 663, junho de 2006.

desempenhado, o que facilita o aparecimento de problemas psicológicos, condutas hostis e desrespeitosas e tentativas de dominação sobre o empregado por pessoas hierarquicamente superiores, pelos próprios colegas que se encontram no mesmo nível ou até mesmo a união de vários empregados contra o superior hierárquico.

Surgem, a partir de tais constatações, conflitos dentro da empresa que podem vir a resultar na prática de assédio moral, acarretando danos psicológicos de natureza grave àqueles que foram vítimas dessas condutas. Mas afinal, o que é assédio moral?

Capítulo III

ASPECTOS CONFIGURATIVOS DO ASSÉDIO MORAL

3.1. NOÇÕES PRELIMINARES

O assédio moral é um tema que tem despertado grande interesse social em razão das graves repercussões resultantes de sua ocorrência.

Inúmeros são os trabalhos e as pesquisas que vêm surgindo sobre a presente temática, bem como reportagens e denúncias veiculadas na imprensa. Entretanto, o assédio moral é pouco compreendido e discutido nas organizações brasileiras, sendo bastante comum a confusão em relação ao assédio sexual.

Neste caminho, a importância e o mérito de se estudar um fenômeno como o assédio moral, nas palavras de Nascimento[261], é justamente:

> O alcance de uma definição que pode agrupar uma série de comportamentos que suas vítimas, principalmente aquelas que trabalham em empresas de médio e grande porte, notavam como sendo "algo errado", porém pela falta de categoria específica deste mal, muitas vezes submetiam-se e tornavam-se cúmplices de tais práticas perversas.

É inquestionável o fato de que as práticas, hoje, reconhecidas como integrantes do processo de assédio moral, já são adotadas, há muito tempo, contra os trabalhadores. Pode-se dizer, até mesmo, que as humilhações, nas relações de trabalho, estão presentes desde a antiguidade, passando pela escravidão e chegando até os dias atuais.

Entretanto, o mérito de se estudar este fenômeno, como enunciado, é justamente que, antes, por não serem reconhecidas sequer suas condutas configuradoras, este fenômeno não poderia ser compreendido e combatido.

Isso porque, somente, foi possível a compreensão desta conduta assediadora quando a linguagem esteve apta a enquadrá-la.

---

(261) NASCIMENTO, Sônia A. C. Mascaro. Assédio moral no ambiente do trabalho. *Revista LTr*, São Paulo, v. 68, n. 08, p. 922.

Afinal, como se sabe, existe uma relação estrita entre a compreensão e a linguisticidade. Neste sentido, anuncia Gadamer[(262)]:

> Se, se reconhece essa relação fundamental entre linguisticidade e compreensão, já não se poderá confirmar que o caminho que vai da inconsciência linguística à desvalorização linguística, passando pela consciência linguística, represente um processo histórico unívoco.

Nessa ótica, evidenciou o aludido autor que a assertiva da palavra que revela a coisa — que, neste estudo, é a conduta assediadora — é marcada pelo fato de que efetivamente revela a essência do "ser". Neste sentido, Gadamer[(263)]:

> A palavra é correta quando representa a coisa, isto é, quando é uma representação. Não se trata, naturalmente, de uma representação imitadora, no sentido de uma cópia direta, de modo que se reproduzisse o fenômeno audível e visível, mas é o ser, aquilo que se honra com a designação de "ser", que tem de ser revelado pela palavra.

Nesse caminho, uma vez captado o fenômeno pela linguagem, o assédio moral passou a ser reconhecido como um fenômeno destruidor do trabalho, redutor da produtividade, que favorece a rotatividade e a demissão de funcionários[(264)] por desgaste psicológico e debilidade física.

No Brasil, marcado por fortes características patriarcais, o assédio moral torna-se crítico por estar, na maioria das vezes, correlacionado às disputas de poder e competitividade.

3.2. CONCEITO DE ASSÉDIO MORAL

O assédio moral é conhecido como: *mobbing*[(265)] (Itália, Alemanha e países escandinavos); *bullying* (Inglaterra); *harassment* (Estados Unidos); *harcèlement*

---

(262) GADAMER, Hans Georg. *Verdade e método*. Tradução: Flávio Paulo Meurer. Rio de Janeiro: Vozes, 1997. p. 589.

(263) GADAMER, Hans Georg. *Verdade e método*. Tradução: Flávio Paulo Meurer. Rio de Janeiro: Vozes, 1997. p. 596.

(264) Segundo Rodenas: "Aun cuando cualquier trabajador puede ser víctima de acoso moral, es lo cierto que existen determinados colectivos que presentan factores de riesgo más débil en el mercado de trabajo y en la propia empresa. Se trata de colectivos muy vulnerables, cuyas dificultades para acceder a un empleo o para promocionar en el trabajo son superiores a las del resto de los trabajadores. Nos referiremos en este apartado a las mujeres, a los trabajadores extranjeros, a los contratados temporales y los trabajadores con algún grado de discapacidad, si bien tales colectivos no agotan los que grupalmente pueden ser objeto de acoso laboral". In: RODENAS, Maria José Romero Rodenas. *Protección frente al acoso moral en el trabajo*. 3. ed. Albacete: Editorial Bomarzo, 2005. p. 18.

(265) Vocábulo derivado do verbo *to mob*, que significa cercar, assediar, agredir, atacar. "Collana" *Mobbing* é uma experiência dirigida pelo pequisador alemão *Herald Ege* que reúne obras de estudiosos do assédio moral e argumentos conexos ao fenômeno.

moral (França); *ijime* (Japão); *psicoterror laboral ou acoso moral* (em países de língua espanhola); terror psicológico, tortura psicológica ou humilhações no trabalho (em países de língua portuguesa).

A vitimóloga[(266)] francesa Marie-France Hirigoyen[(267)] entende o assédio moral como sendo:

> Toda e qualquer conduta abusiva manifestando-se sobretudo por comportamentos, palavras, atos, gestos, escritos que possam trazer dano à personalidade, à dignidade ou à integridade física ou psíquica de uma pessoa, por em perigo seu emprego ou degradar o ambiente de trabalho.

De semelhante conteúdo e clareza foi o conceito elaborado por Sônia A. C. Mascaro Nascimento[(268)] quando diz que:

> O assédio moral se caracteriza por ser uma conduta abusiva, de natureza psicológica, que atenta contra a dignidade psíquica, de forma repetitiva e prolongada, e que expõe o trabalhador a situações humilhantes e constrangedoras, capazes de causar ofensa à personalidade, à dignidade ou à integridade psíquica, e que tenha por efeito excluir a posição do empregado no emprego ou deteriorar o ambiente de trabalho, durante a jornada de trabalho e no exercício de suas funções.

Complementando os conceitos[(269)] acima elencados, contribui valorosamente Guedes[(270)] ao evidenciar que "o assédio moral, na verdade, decorre de atitude deliberada de um perverso cujo objetivo é destruir a vítima e afastá-la do mundo do trabalho".

Pertinente e apropriado mostra-se, também, o conceito elaborado por Pamplona Filho[(271)], que diz:

---

(266) Guedes ensina que o objetivo da ciência denominada "vitimologia" consiste em analisar as razões que levam um indivíduo a tornar-se vítima, os processos de vitimação, as consequências a que induzem e os direitos que podem pretender. In: GUEDES, Márcia Novaes. *Terror psicológico no trabalho*. São Paulo: LTr, 2003. p. 28.

(267) HIRIGOYEN, Marie France. *A violência perversa do cotidiano*. Tradução de Maria Helen Huhner. Rio de Janeiro: Bertrand Brasil, 2001. p. 65.

(268) NASCIMENTO, Sônia A. C. Mascaro. Assédio moral no ambiente do trabalho. *Revista LTr*, São Paulo, v. 68, n. 08, p. 922-930, ago. 2004.

(269) Sobre o assédio, afirma Prata: "O assédio moral no trabalho se caracteriza por qualquer tipo de atitude hostil, individual ou coletiva, dirigida contra o trabalhador por seu superior hierárquico (ou cliente do qual dependa economicamente), por colega do mesmo nível, subalterno ou por terceiro relacionado com a empregadora, que provoque uma degradação da atmosfera de trabalho, capaz de ofender a sua dignidade ou de causar-lhe danos físicos ou psicológicos, bem como de induzi-lo à prática de atitudes contrárias à própria ética, que possam excluí-lo ou prejudicá-lo no progresso em sua carreira". In: PRATA. Marcelo Rodrigues. *Anatomia do assédio moral no trabalho*: uma abordagem transdisciplinar. São Paulo: LTr, 2008. p. 57.

(270) GUEDES, Márcia Novaes. *Terror psicológico no trabalho*. São Paulo: LTr, 2003. p. 32.

(271) PAMPLONA FILHO, Rodolfo. Noções conceituais sobre o assédio moral na relação de emprego. *Jus Navigandi*, Teresina, ano 10, n. 1149, 24 ago. 2006. Disponível em: <http://jus2.uol.com.br/doutrina/texto.asp?id=8838>. Acesso em: 13 maio 2009.

O assédio moral pode ser conceituado como uma conduta abusiva, de natureza psicológica, que atenta contra a dignidade psíquica do indivíduo, de forma reiterada, tendo por efeito a sensação de exclusão do ambiente e do convívio social.

Em nível jurisprudencial, tem entendido o E. Tribunal Regional do Trabalho da 5ª Região[(272)] o assédio moral como sendo:

> um conjunto de posturas, assumidas pelo Empregador ou superior hierárquico, perpetrados de forma habitual, não esporádica, cuja intensidade acarreta uma violência psicológica no ofendido capaz de marginalizá-lo no ambiente de trabalho, de tal forma que lhe acarrete dificuldade de relacionar-se, além de sintomas físicos e psíquicos (TRT 5ª, RO 00749-2007-641-05-00-9, Relator: Des. Elisa Amado, 1ª Turma).

No ordenamento normativo nacional, recentemente, foi publicada a lei de n. 13.185 de 2015, que instituiu o Programa de Combate à Intimidação Sistemática (Bullying). Apesar de não ter enfoque na área das relações laborais, este diploma normativo traz importantes conceitos. Em especial, destaca-se a previsão contida no art. 1º desta lei:

> Art. 1º Fica instituído o Programa de Combate à Intimidação Sistemá-tica (Bullying) em todo o território nacional.
>
> § 1º No contexto e para os fins desta Lei, considera-se intimidação sistemática (bullying) todo ato de violência física ou psicológica, inten-cional e repetitivo que ocorre sem motivação evidente, praticado por in-divíduo ou grupo, contra uma ou mais pessoas, com o objetivo de inti-midá-la ou agredi-la, causando dor e angústia à vítima, em uma relação de desequilíbrio de poder entre as partes envolvidas.

Sintetizando tais entendimentos, para este estudo, o assédio moral será considerado um conjunto de condutas abusivas e intencionais, reiteradas e prolongadas no tempo, que visam a exclusão de um empregado específico, ou de um grupo determinado destes, do ambiente de trabalho por meio do ataque à sua dignidade, podendo ser comprometidos, em decorrência de seu caráter multiofensivo, outros direitos fundamentais, a saber: o direito à integridade física e moral, o direito à intimidade, o direito ao tratamento não discriminatório, dentre outros.

Procura-se, desde já, extrair de tal definição elementos caracterizadores que servirão em análises subsequentes, haja vista o corte epistemológico do presente estudo. Dentre eles, destacam-se: (a) abusividade da conduta intencional; (b) repetição e prolongamento; e (c) ataque à dignidade do trabalhador. Cada um destes elementos serão aprofundados no tópico seguinte.

---

(272) Em outro julgado, entendeu o Tribunal Regional do Trabalho da 5ª Região: "ASSÉDIO MORAL. CONFIGURAÇÃO. Configura-se o assédio moral em "toda conduta abusiva manifestando-se sobretudo por comportamentos, palavras, atos, gestos, escritos que possam trazer dano à personalidade, à dignidade ou à integridade física ou psíquica de uma pessoa, pôr em perigo seu emprego ou degradar o ambiente de trabalho" (Marie-France Hirigoyen)" (Processo 00817-2007-132-05-00-8 RO, ac. n. 007724/2009, Relatora Juiza Convocada MARGARETH RODRIGUES COSTA, 3ª TURMA, DJ 29.4.2009).

3.3. ELEMENTOS CARACTERIZADORES

Inicialmente, cabe dizer que, nesse estudo, considerar-se-á apenas assédio moral aquilo que preencher a totalidade dos elementos caracterizadores já evidenciados(273).

O rigor apresentado anteriormente é posto em consonância com o entendimento de Marie-France Hirigoyen(274) quando diz que "a vitimação excessiva termina por prejudicar a causa que se quer defender". E complementa: "se, com ou sem razão, enxergamos o assédio moral a todo o instante, o conceito corre o risco de perder a credibilidade"(275).

Diante da proposta de configurar o assédio moral, bem como do entendimento de que existem peculiaridades em sua reparação, como será visto adiante, o rigor empreendido é utilizado a todo o momento neste estudo.

Analisem-se, pois, os três elementos configurativos.

3.3.1. Abusividade da conduta intencional

Por abusividade de conduta intencional(276), entende-se como sendo aquela que extrapola os poderes de chefia, visando exclusivamente denegrir o trabalhador

(273) Nesse sentido, diz Pereira: "Paralelamente, a globalização dos mercados acarretou que o incremento da rapidez e do baixo custo de produção fossem eleitos como critérios fundamentais, gerando-se, em especial nos países ditos desenvolvidos, a dispensabilidade da mão de obra. (...) Não obstante se poder considerar que este fenômeno existe desde o início da vida em sociedade, o assédio moral só começou a ser objecto de atenção e estudo depois da sua recente mediatização. O interesse que suscitou, fruto de uma publicidade à escala mundial, não foi imediatamente acompanhado de um sólido desenvolvimento dogmático e conceptual, o que tem acarretado uma profunda confusão terminológica e a tendência de se procurar abranger toda a sorte de condutas, correndo-se o risco de banalizar o assédio moral" (In PEREIRA, Rita Garcia. *Mobbing ou assédio moral no trabalho*: contributo para a sua conceptualização. Coimbra: Coimbra Editora, 2009. p. 229).

(274) HIRIGOYEN, Marie-France. *Mal estar no trabalho*: redefinindo o assédio moral. Tradução de Rejane Janowitzer. Rio de Janeiro: Bertrand Brasil, 2002.

(275) Sobre o risco deste descrédito, esclarece Rodenas que: "La indefinición jurídica del concepto de de mobbing y las distintas acepciones del término son la causa de que los distintos informes elaborados acerca de su incidencia social presenten resultados harto dispares, hasta el punto de que como acertadamente se ha señalado puede existir el peligro de que un fenómeno que es a todas luces real se trivialice de tal manera que acabe por resultar irrelevante, bien por saturación o abuso, bien incredulidad o subestimación de su alcance efectivo, bien por incomprensión del mismo ante el cariz moralista y personalista — intimista — que adquiere en los trabajos dominantes (...); este desencuentro o falta de convergencia en cuestiones fundamentales, está llevando a una decantación judicial del comportamiento prohibido que puede generar una frustración extrema, y de nuevo peligroso en las personas afectadas, con pérdida irreparable para miles de ciudadanas y ciudadanos" (in RODENAS, Maria José Romero Rodenas. *Protección frente al acoso moral en el trabajo*. 3. ed. Albacete: Editorial Bomarzo, 2005. p. 10).

(276) Nesse sentido, diz Stadler: "O abuso da conduta também é um dos requisitos para configuração da prática de assédio moral, ao lado da natureza psicológica da conduta que atente contra a dignidade psíquica do indivíduo, da reiteração da conduta e da intenção de excluir a vítima do ambiente de trabalho. É desnecessária a comprovação de efetivo dano psíquico para a condenação por prática de assédio moral, pois este deve ser entendido como consequência natural da violação dos direitos da personalidade da vítima". In: STADLER, Denise de Fátima. *Assédio moral*: uma análise da teoria do abuso de direito aplicada ao poder do empregador. São Paulo: LTr, 2008. p. 92.

na sua esfera pessoal. São condutas que violam o dever legal de tratamento urbano e respeitoso na relação entre a chefia e o trabalhador.

Sobre o tema, entende o E. Tribunal Superior do Trabalho:

RECURSO DE REVISTA DO RECLAMADO. ASSÉDIO MORAL. CARACTERIZAÇÃO. 1. A reavaliação das provas que conduziram à caracterização de assédio moral não é possível em via extraordinária, incidindo o óbice da Súmula 126/TST. 2. Não bastasse, tratamento urbano e respeitoso é dever legal e contratual das partes no âmbito trabalhista. Excessos ao razoável, por parte do empregador, atentam contra a dignidade da pessoa humana, princípio assegurado no art. 1º, III, da Carta Magna e um dos pilares da República Federativa do Brasil. Recurso de revista não conhecido. (...). (RR - 453400-46.2008.5.09.0020, Relator Ministro: Alberto Luiz Bresciani de Fontan Pereira, Data de Julgamento: 30.03.11, 3ª Turma, Data de Publicação: DEJT 08.04.11)

Tem-se muito discutido a respeito deste elemento, tendo a doutrina dividido-se, basicamente, em duas correntes: (a) a subjetiva, que considera a intenção como elemento constitutivo do assédio moral; (b) a objetiva, que considera a intenção como um elemento acessório, não sendo este indispensável para configuração de sua existência[(277)].

Nesse sentido, esclarece Rodenas[(278)]:

> En la actualidad se aprecian claramente dos concepciones diferenciadas del concepto de acoso moral en el trabajo, una subjetiva y otra objetiva en función a considerar la internacionalidad como elemento constitutivo del acoso moral en el trabajo, o a entender que la intencionalidad supone en realidad un elemento accesorio del concepto de acoso moral en el trabajo, cuya concurrencia no resulta imprescindible para apreciar su existencia.

Filia-se, entretanto, este estudo à corrente subjetiva[(279)], entendendo ser o assédio moral uma conduta intencional[(280)], logo dolosa, sendo capaz de constranger a vítima, ao explicitar sentimentos de humilhação e inferiorização.

---

(277) Acerca do tema aborda Pereira: "De um ponto de vista por nós designado como subjectivas, para além do elemento material (as condutas) e do elemento temporal (o lapso de tempo exigido para a qualificação), enuncia-se ainda o elemento teleológico, ou seja, a intenção de expulsão da organização ou de obter a estigmatização do sujeito passivo, pelo que se exige a prova do *animus nocendi* ou da existência de um ambiente humilhante ou intimidatório e da existência de danos". In: PEREIRA, Rita Garcia. *Mobbing ou assédio moral no trabalho*: contributo para a sua conceptualização. Coimbra: Coimbra Editora, 2009. p. 230.

(278) RODENAS, Maria José Romero Rodenas. *Protección frente al acoso moral en el trabajo*. 3. ed. Albacete: Editorial Bomarzo, 2005. p. 14.

(279) Esclarece Rodenas que, pela corrente objetiva, o assédio moral é definido como: "un comportamiento atentatorio a la dignidad de la persona, ejercido de forma reiterada, potencialmente lesivo y no deseado, dirigido contra uno o más trabajadores, en el lugar de trabajo o por consecuencia del mismo". In: RODENAS, Maria José Romero Rodenas. *Protección frente al acoso moral en el trabajo*. 3. ed. Albacete: Editorial Bomarzo, 2005. p. 15.

(280) Segundo Piñuel: "El mobbing es un proceso de destrucción deliberado e intencional contra una persona, la víctima, que es seleccionada y resulta el objetivo de todas las agresiones psicológicas mencionadas. Por lo tanto el acoso psicológico no es aleatorio o casual sino plenamente intencional o causal. Se puede verificar esto último en los rasgos de selección de la víctima que atraen a los acosadores". In: PINUEL, Inaki. *Mobbing* — Manual de Autoayuda para superar el acoso psicológico en el trabajo. Buenos Aires: Aguilar, 2003. p. 72.

Destaca, com propriedade, Guedes[281], acerca dessa conduta dolosa, que:

> Com efeito, estamos tratando daquelas atitudes humilhantes, repetidas, que vão desde o isolamento, passam pela desqualificação profissional e terminam na fase do terror, em que se verifica a destruição psicológica da vítima. As razões de natureza pessoal podem ser a inveja que um colega desperta em outro ou podem revelar uma forma de o chefe esconder sua limitação intelectual ou profissional. Mas existe ainda aquela espécie de assédio moral desencadeada pela própria empresa que acredita nesse tipo de perversão, seja para aumentar a produção, seja para se livrar daqueles empregados incômodos.

Sobre esse elemento, o jurista Luiz de Pinho Pedreira da Silva[282] destaca a relevância jurídica representada pela conduta em razão da "ilícita finalidade de discriminar, marginalizar ou, de qualquer outro modo, prejudicar o trabalhador".

Assim, o assédio moral pode ser entendido como um conjunto de atos que, intencionalmente, pressionam o trabalhador a abandonar o seu trabalho[283], em razão de ver-se denegrido no ambiente laboral.

Nesse sentido, pontua Callejo[284]:

> A mi modo de ver, la esencia del mobbing, la tendenciosidad de este comportamiento abyecto, es la denigración laboral que busca provocar la autoeliminación del trabajador (abandono laboral o en su defecto la baja médica). Este elemento teleológico, me parece fundamental tener-lo siempre presente em toda definición de mobbing, pues si algo caracteriza a éste es el objetivo: que la persona se elimine laboralmente, mediante su ataque psicológico. De aqui se extrae, que el repudio por parte de la conciencia social laboral, deriva de dos vias, tanto por buscar la denigración laboral, como por buscar la autoeliminación.

De grande relevância mostra-se, pois, este primeiro elemento.

---

(281) GUEDES, Márcia Novaes. *Terror psicológico no trabalho*. São Paulo: LTr, 2003. p. 33.

(282) SILVA, Luiz de Pinho Pedreira da. *A reparação do dano moral no direito do trabalho*. São Paulo: LTr, 2004. p. 102.

(283) Adiante, sobre a extensão da intencionalidade, posiciona-se Rodenas: "Por ello, sea cual fuere la intencionalidad, aun siendo evidente que siempre habrá alguna, hay que estimar la existencia de acoso moral en el trabajo siempre que se produzcan conductas atentatorias a la dignidad de la persona, susceptibles de causar un daño y ejercidas de forma reiterada, y ello con independencia de cual sea la finalidad que persiga el acosador, de forma que el concepto de acoso moral habrá de ser ampliado a otros supuestos de violencia psíquica que tengan una finalidad distinta a la destrucción de la víctima, siempre que se trate de comportamientos atentatorios a la dignidad del trabajador y que concurran el resto de los elementos definidos anteriormente como constitutivos de acoso moral" (in RODENAS, Maria José Romero Rodenas. *Protección frente al acoso moral en el trabajo*. 3. ed. Albacete: Editorial Bomarzo, 2005. p. 27).

(284) CALLEJO, Jose María Garcia. *Protección jurídica contra el acoso moral en el trabajo o la tutela de la dignidad del trabajador*. Madrid: Federacion de Servicios Públicos de Madrid, 2004. p. 81.

3.3.2. *Repetição e prolongamento dessa conduta*

Há, ainda, a necessidade de que a conduta seja prolongada e reiterada(285) no tempo, afinal, por ser um fenômeno de natureza psicológica, não há de ser um ato isolado ou esporádico capaz de trazer lesões psíquicas decorrentes do assédio moral à vítima(286).

Para o jurista Luiz de Pinho Pedreira da Silva(287), esse seria o principal elemento característico da ilicitude do *mobbing*, "devendo a perseguição ter uma frequência quase que diária".

Sobre o tema Guedes(288) destaca que:

> No começo de 1984 Heinz Leymann publica, num pequeno ensaio científico, o resultado de uma longa pesquisa pela National Board of Occupational Safety and Health in Stokolm, no qual demonstra as consequências do mobbing, sobretudo na esfera neuropsíquica, sobre a pessoa que é exposta a um comportamento humilhante no trabalho durante certo lapso de tempo, seja por parte dos superiores, seja pelos colegas de trabalho. Os estudos de Leymann se desenvolveram, sobretudo na Suécia, para onde se transferira em meados dos anos cinquenta, e evidenciam que em um ano 3,5% dos trabalhadores, de uma população economicamente ativa de 4,4 milhões de pessoas, sofreram perseguição moral por um período superior a 15 meses. Leymann estabeleceu que, para caracterizar a ação como de mobbing, era necessário que as humilhações se repetissem pelo menos uma vez na semana e tivessem a duração mínima de seis meses. A esse tipo de violência ele denominou de psicoterror.

Em seguida, pontua ainda Guedes(289) que:

> É fundamental, segundo os especialistas, para que se possa falar de assédio moral, o requisito da duração do tempo. A violência psicológica

---

(285) Sobre o tema, trata Pereira: "Outro dos elementos objectivos usualmente apontados como constitutivos da noção de assédio moral no trabalho é o da necessária reiteração das condutas. Existe uma quase unanimidade na doutrina e na jurisprudência que aponta para a exclusão dos fenômenos em que não se possa constatar uma continuidade ao longo do tempo ou que, analisados conjuntamente, não permitam inferir acerca da sua inserção em um plano premeditado com algum fim concreto que seja lesivo dos direitos da vítima". In: PEREIRA, Rita Garcia. *Mobbing ou assédio moral no trabalho*: contributo para a sua conceptualização. Coimbra: Coimbra Editora, 2009. p. 109.

(286) Reformando uma sentença, pela inexistência do assédio moral, fundamentou o E. Tribunal Regional do Trabalho da 5ª Região que: No caso em questão, não vislumbra este Juízo *ad quem* qualquer comprovação acerca da intensa violência psicológica sobre a Obreira, nem tampouco um conjunto de práticas perpetradas pela Recorrente que tenham se prolongado no tempo, e que fossem hábeis a acarretar dano psíquico à Recorrida ou sua marginalização no ambiente de trabalho (TRT 5ª, RO 00749-2007-641-05-00-9, Relator: Des. Elisa Amado, 1ª Turma).

(287) SILVA, Luiz de Pinho Pedreira da. *A reparação do dano moral no direito do trabalho*. São Paulo: LTr, 2004. p. 102.

(288) GUEDES, Márcia Novaes. *Terror psicológico no trabalho*. São Paulo: LTr, 2003. p. 27.

(289) GUEDES, Márcia Novaes. *Terror psicológico no trabalho*. São Paulo: LTr, 2003. p. 34.

> deve ser regular, sistêmica e durar no tempo. Segundo os suecos, pioneiros no tratamento deste fenômeno, é necessário que os ataques se verifiquem pelo menos uma vez na semana e a perseguição dure pelo menos 6 meses.

Nesse sentido, foi decidido pelo Tribunal Regional do Trabalho da 6ª Região:

DANOS MORAIS. ASSÉDIO MORAL. NÃO CONFIGURADO. INDEVIDA INDENIZAÇÃO REPARATÓRIA. O assédio moral decorre de tortura psicológica atual e continuada consubstanciada no terror de ordem pessoal, moral e psicológico, praticado contra o empregado, no âmbito da empresa, podendo ser exercitado pelo superior hierárquico, por grupo de empregados do mesmo nível e pelos subordinados contra o chefe, isto é, pode ocorrer no sentido vertical, horizontal e ascendente, tem como fito tornar insuportável o ambiente de trabalho, obrigando-o a tomar a iniciativa, por qualquer meio, do desfazimento do contrato de trabalho. (...). Tratamento grosseiro, autoritário, de caráter impessoal e descontinuado, em período inferior a três meses, hipótese *sub judice,* não autoriza condenação em danos morais lastreado em terror psicológico (Processo n. TRT:00067-2003-002-06-00-5; ÓRGÃO JULGADOR: 1ª TURMA; JUIZ RELATOR: VALDIR JOSÉ SILVA DE CARVALHO; RECORRENTE: BANCO SANTANDER BRASIL S/A; RECORRIDA: RENEIDE PATRÍCIA SIMÕES DE LIMA; Publ. DOE/PE: 30.10.03).

Fundamentando a sua decisão, após fazer referência a obra *Terror Psicológico no Trabalho* de Márcia Novaes Guedes, o referido juiz relator dispôs que:

> Por outro lado, o tempo em que a recorrida trabalhou com o Sr. Sérgio Vilar, aproximadamente dois meses e meio, não autoriza o deferimento de indenização por danos morais decorrentes de assédio moral, porquanto, conforme entendimento doutrinário, necessário um prazo mínimo de 06(seis) meses para a sua configuração.

Muito embora os argumentos trazidos pela aludida decisão, filia-se o presente trabalho a posição adotada por Hirigoyen(290), que entende não ser necessária esta regularidade e este prazo para que o fenômeno seja reconhecido, sendo evidentemente indispensável o prolongamento no tempo por meio de mais de um ato.

Afinal, exigir-se um prazo determinado, com uma frequência mínima semanal de ocorrências, mostra-se desarrazoável, pois desconsidera as peculiaridades do caso concreto.

E, sobre o prolongamento no tempo da conduta assediante, dispõe Callejo(291) que:

> Dicho plan requiere de uma permanencia em el tiempo: para que pueda hablar de um comportamiento "tendente a", es necessário que tales manifestaciones de voluntad se repitan a lo largo de um período, pues de lo contrario estaríamos ante um hecho pontual y no ante uma situación de mobbing. En este punto me parece importante rechazar de forma

(290) HIRIGOYEN, Marie France. *A violência perversa do cotidiano*. Tradução de Maria Helen Huhner. Rio de Janeiro: Bertrand Brasil, 2001.
(291) CALLEJO, Jose María Garcia. *Protección jurídica contra el acoso moral en el trabajo o la tutela de la dignidad del trabajador*. Madrid: Federacion de Servicios Públicos de Madrid, 2004. p. 80.

franca la exigencia de um concreto plazo temporal para poder hablar de mobbing, pues una cosa es que se lleguen a apreciar casos especialmente graves o finales, y otra cosa es decir que hasta que no se llega a esse punto, no estamos ante uma situación de mobbing. La presión laboral tendenciosa se produce trás um cierto tiempo que requiere todo plan, pero sin necesidad de un tiempo concreto, el cual por cierto, estará en funcion entre otros motivos, de la intensidad del concreto hostigamiento.

Isso não quer dizer, todavia, que o dano decorrente de um único ato não venha a ser ressarcido, afinal é sabido que o trauma psicológico decorrente de uma violência não precisa de repetição para se efetivar, entretanto essa conduta danosa não pode ser tida como assédio moral.

O assédio moral caracteriza-se por ser um processo(292), no qual há um verdadeiro massacre psíquico ao trabalhador, que, na maioria das vezes, reflete na sua auto estima.

Pode-se dizer, portanto, que é propriamente um conjunto de atos, interdependentes entre si, para persecução de sua finalidade destrutiva do trabalhador, alvo deste desumano processo.

Essa repetida humilhação interfere na vida do assediado de modo direto e ocasiona graves danos à sua saúde mental e física, que podem evoluir para a incapacidade laborativa, o desemprego, ou mesmo a morte por doença ou suicídio.

Nas palavras de Hirigoyen(293), "cada ataque tomado de forma isolada não é verdadeiramente grave; o efeito cumulativo dos microtraumatismos frequentes e repetidos é que constitui a agressão"(294).

---

(292) Segundo Guedes (2003. p. 51-52), o assédio moral é um processo articulado no qual é possível distinguir situações e acontecimentos sucessivos. Diante disto, tanto *Leyman* quanto *Harald Ege* estabeleceram fases distintas; destaca-se, dentre estas, a proposta de *Harald Ege*, pois foi aplicada à situação italiana que, frise-se, tem semelhança cultural com os demais povos de origem latina. Previu este especialista as seguintes fases: (1) condição zero: presença de condições favoráveis ao desenvolvimento do *mobbing*; (2) fase um: individuação da vítima; (3) fase dois: vontade consciente já evidente, entretanto a vítima ainda não apresenta sintomas da doença de tipo psicossomático; (4) fase três: surgem os primeiros sintomas — insegurança, ânsia, insônia, distúrbios digestivos; (5) fase quatro: objetividade e publicidade do fenômeno; (6) fase cinco: séria piora das condições da vítima, que começa a sofrer depressão com mais ou menos gravidade e a fazer uso de psicotrópicos e terapias com escasso ou quase nenhum resultado; (7) há exclusão da vítima do ambiente do trabalho, seja por demissão "voluntária", dispensa, afastamento, para tratamento de saúde ou mesmo com o ato extremo do suicídio (GUEDES, Márcia Novaes. *Terror psicológico no trabalho*. São Paulo: LTr, 2003. p. 51).

(293) HIRIGOYEN, Marie-France. *Mal estar no trabalho*: redefinindo o assédio moral. Tradução de Rejane Janowitzer. Rio de Janeiro: Bertrand Brasil, 2002. p. 17.

(294) Reflete PEREIRA: "Conforme se teve a oportunidade de referir, o assédio moral tem como característica principal materializar-se em um feixe de condutas ou comportamentos diversificados que nem sempre têm pela base o incumprimento de deveres emergentes da relação laboral e que, encarados isoladamente, podem até parecer inofensivos". In: PEREIRA, Rita Garcia. *Mobbing ou assédio moral no trabalho*: contributo para a sua conceptualização. Coimbra: Coimbra Editora, 2009. p. 159.

Conclui-se que, o arco temporal deverá ser tal que cause um impacto real de verdadeira perseguição pelo assediador.

3.3.3. Ataque à dignidade do trabalhador

Pouco resta a se tratar sobre a dignidade do trabalhador diante do quanto já sustentado no capítulo anterior desse estudo.

Pode-se dizer, sinteticamente, que esta decorre do princípio constitucional que tutela os valores pessoais dos trabalhadores, sejam eles religiosos, morais, dentre outros.

Como já tratado, tal arcabouço protetivo é denominado de direitos e garantias fundamentais que, nas palavras de Alexandre de Moraes(295), "são, em regra, de eficácia e aplicabilidade imediata".

Destaca-se que o art. 5º, incisos V e X, da Constituição Federal prevê o direito à indenização por dano material e moral decorrente da violação da imagem, bem como da intimidade, da vida privada e da honra, consagrando ao ofendido a total reparabilidade em virtude dos prejuízos sofridos.

A título exemplificativo, tem-se que uma conduta muito comum, em processo de assédio moral, é a discriminação. Discriminação que, no entender do ministro Joaquim B. Barbosa Gomes(296) seria:

> qualquer distinção, exclusão, restrição ou preferência baseada em raça, cor, descendência ou origem nacional ou étnica que tenha o propósito ou o efeito de anular ou prejudicar o reconhecimento, gozo ou exercício em pé de igualdade de direitos humanos e liberdades fundamentais nos campos político, econômico, social, cultural ou em qualquer outro campo da vida pública.

Nesse sentido, aliada à finalidade de exclusão do trabalhador do ambiente de trabalho, torna-se evidente que a discriminação(297) atinge diretamente a dignidade

(295) MORAES, Alexandre. *Direito constitucional*. São Paulo: Atlas, 2002. p. 60.

(296) GOMES, Joaquim B. Barbosa. *Ação afirmativa & princípio constitucional da igualdade*. Rio de Janeiro: Renovar, 2001. p. 19.

(297) Segundo Rodenas: "El artículo 37. cinco de la Ley n. 62/2003 incluye como nueva causa de despido disciplinario el acoso por razón del origen racial o étnico, religión o convicciones, discapacidad, edad u orientación sexual al empresario o a las personas que trabajan en la empresa [art. 54.2 g)ET], de forma que tipifica como causa de despido lo que hemos venido calificando como acoso moral discriminatorio, es decir, el que aparece vinculado a los comportamientos discriminatorios expresamente recogidos en la nueva causa de despido, más habida cuenta que dichos comportamientos hostigadores no agotan los supuestos de discriminación, habrá de admitirse que los restantes supuestos de acoso moral en el trabajo, mediando o no discriminación, deberán ser sancionados por el empresario acudiendo a lo establecido en los apartados c) y d) del art. 54.2. ET, como venía ocurriendo con anterioridad a la entrada en vigor de la Ley n. 62/2003". RODENAS, Maria José Romero Rodenas. *Protección frente al acoso moral en el trabajo*. 3. ed. Albacete: Editorial Bomarzo, 2005. p. 62.

do trabalhador, principalmente no que concerne ao desrespeito em relação ao direito ao tratamento igualitário, conduta esta que certamente trará danos ao empregado.

A reparabilidade decorrente do ato em análise no presente trabalho será tratada mais adiante, entretanto se faz necessário evidenciar, de imediato, a sua obrigatoriedade. Alexandre de Moraes[(298)] lembra que "como decidiu o Superior Tribunal de Justiça, sobrevindo, em razão de ato ilícito, perturbações nas relações psíquicas, na tranquilidade, nos sentimentos e nos afetos de uma pessoa, configura-se o dano moral, passível de indenização".

3.3.4. Questão controvertida: Do dano psíquico-emocional?

Muito tem-se discutido acerca do enquadramento do "dano" como elemento constitutivo do assédio moral. Basicamente, a doutrina divide-se em duas correntes: a) a primeira entende que, para configurar o assédio moral, é necessária a ocorrência de dano à integridade moral; b) a segunda, por sua vez, entende que, para configurar a ocorrência do assédio moral, basta que exista uma violência psicológica que atente contra a dignidade do trabalhador[(299)].

Neste sentido, sustenta Callejo[(300)]:

> El desacuredo em la doctrina y em la jurisprudencia se contrae a la controvérsia que anteriormente hemos analizado a la hora de definir los perfiles juridicos del acoso: si para que pueda considerarse la existência de este fenômeno es precisa la existencia de daño a la integridad moral, entendido como dano psíquico em la salud mental del trabajador, o si, por el contrario, basta com que exista una violencia psicológica grave y

---

(298) MORAES, Alexandre. *Direito constitucional*. São Paulo: Atlas, 2002. p. 77.

(299) Sobre esta divergência doutrinária e jurisprudencial, dispõem Cervera e Rojo: "Para algunas sentencias es elemento necesario para que exista una situación de mobbing que la víctima haya padecido daño a consecuencia — con la debida relación causa-efecto — de dicho acoso. En sentido estrictamente jurídico se asimila así el mobbing a los delitos que lo son "por resultado"; es decir: el resultado como integrante necesario de los elementos que tipifican el concepto juridico del acoso: no hay daño psíquico, no hay mobbing — aunque bien pudiera existir cualquier otra conducta antijuridica sancionable. (...). Por el contrario, la contrapuesta línea jurisprudencial (y ambas posiciones podemos encontrar doctrina), determina que tal elemento no es necesario para incurrir en el supuesto del mobbing, es decir: el trabajador no tiene por qué haber acusado el daño psicológico a causa del hostigamiento, basta que el acoso — en la forma y según los conceptos establecidos y reproducidos en estas páginas — exista; tal argumentación estaria representada, siguiendo a dicho autor, por la sentencia del Tribunal Superior de Justicia de la Comunidad Valenciana, sala de lo Contencioso-Administrativo, de 25 de septiembre de 2001, o por la del Juzgado de lo Social n. 2 de Girona, de 17 de septiembre de 2002". In: CERVERA, Ana Maria; ROJO, Jose Vicente. *Mobbing o acoso moral*. Madrid: Editorial Tébar, 2005. p. 60-61.

(300) CALLEJO, Jose María Garcia. *Protección jurídica contra el acoso moral en el trabajo o la tutela de la dignidad del trabajador*. Madrid: Federacion de Servicios Públicos de Madrid, 2004. p. 66.

> prolongada em el tiempo que atente severamente contra la dignidad del trabajador y le cause dano moral, entendido no como dano a la salude mental, sino em la acepción de dolor o sufrimiento moral o espiritual.

Ademais, visando demonstrar a divergência jurisprudencial vigente, traz Callejo[301] reflexões acerca de decisões proferidas na Espanha a respeito desta temática. A saber:

> Em sentido expresamente favorable a la primera tesis se pronuncia la sentencia del Juzgado de lo Social 33 de Madrid de 18 de junio de 2001; en el sentido contrario las del TSJ de Valencia de 25.9.2001, del TSJ Caraluña de 28.11.2001, la del Juzgado Contencioso-administrativo n.2 de Santa Cruz de Tenerife y la del Juzgado de lo Social 2 de Gerona de 17 de septiembre de 2002. Mientras que el Juzgado 33 de Madrid, siguiendo los criterios marcados por un sector de la doctrina, como el ya citado D. Manuel Velázquez, considera el dano psíquico como elemento esencial para que pueda hablarse de mobbing, la posición contrapuesta entiende que para considerar vulnerada la integridad moral no es requisito que se hayan producido daños psíquicos al trabajador, que normalmente se traducen em un proceso de baja o incapacidad laboral temporal por síndrome de ansiedad o depresión. Según esta segunda teoria, queda definida y completa la agresión de acoso moral por la conducta continuada de hostigamiento y violación de la dignidad del trabajador; polémica a la que ya hemos aludido em los apartados precedentes, mostrándonos claramente a favor de la noción que concibe el acoso moral como atentado continuado y grave contra la dignidad del trabajador, idea está que desarrollamos más detalladamente em el apartado siguiente al tratar de los derechos fundamentales afectos por el acoso moral.

Filia-se esse estudo à segunda corrente doutrinária com base nas reflexões já tecidas em linhas anteriores.

Isso porque, como se tem tentado demonstrar, a agressão moral decorrente do processo de assédio resta completada pela conduta continuada e violadora da dignidade do trabalhador[302], ensejadora, por si, de lesão moral ao assediado.

---

(301) CALLEJO, Jose María Garcia. *Protección jurídica contra el acoso moral en el trabajo o la tutela de la dignidad del trabajador*. Madrid: Federacion de Servicios Públicos de Madrid, 2004. p. 66.

(302) Segundo Fernández, a dignidade no trabalho — nas legislações francesa, belga e irlandesa — é o bem jurídico tutelado nos processos de assédio moral. Em suas palavras: "el derecho a la dignidad em el trabajo es considerado en la legislación francesa y belga el bien jurídico tutelado em las conductas o comportamientos de acoso moral; y esta misma consideracion, aun com mayor énfasis, es la que se establece em los códigos de práticas irlandeses, em los que se daba con claridad a este derecho um âmbito de aplicación que no solo abarcaba al acoso sino tambien a toda conducta ofensiva de suficiente entidad que no hubiera tenido um caráter recurrente o repetitivo, concepto este que a mi juicio sería perfectamente trasladable a nuestro ordenamiento jurídico" (FERNÁNDEZ, Manuel

Ou seja, para esse estudo, o dano psíquico-emocional não é elemento constitutivo do assédio moral, sendo, portanto, prescindível para a sua configuração[(303)].

Afinal, a essência do assédio é a agressão contínua da dignidade do trabalhador, e não propriamente eventual dano psíquico dele decorrente.

Nesta linha, sustenta Rodenas[(304)]:

> Como ya hemos adelantado, junto a los requisitos que necesariamente han de concurrir, de forma conjunta, para apreciar la existencia de acoso moral en el trabajo, existen otros elementos que calificamos de accesorios, cuya presencia será habitual pero que no resultan imprescindibles para calificar determinadas conductas como constitutivas de mobbing refiriéndonos en concreto a la intencionalidad del sujeto activo y a la producción del daño a las víctimas de acoso moral.

Até porque, se assim não fosse, dever-se-ia esperar a ocorrência do dano[(305)] para que fosse possível identificar a ocorrência do assédio, uma vez que assim estariam reunidos os seus elementos, o que — de fato — impediria a adoção de medidas preventivas da ocorrência destes danos[(306)].

Velázquez. *Mobbing, violencia física y estrés en el trabajo:* aspectos jurídicos de los riesgos psicosociales. Barcelona: Gestión 2000, 2005. p. 114).

(303) Em sentido contrário, decidiu a 1ª Turma do TRT da 5ª Região: "ASSÉDIO MORAL. DA INDENIZAÇÃO POR DANOS MORAIS. A indenização por danos morais, em decorrência da alegação de assédio moral, somente deverá ser fixada diante da efetiva comprovação de um conjunto de posturas assumidas pelo empregador que acarrete, de forma clarividente, um efetivo dano psíquico ao empregado, seja no ambiente de trabalho, seja na sua vida pessoal. A inexistência de comprovação robusta acerca da conduta ou acerca do efetivo dano impõe o não reconhecimento à indenização pleiteada (TRT 5ª Região, RO 00249-2008-191-05-00-3, Rel. Des. Elisa Amado, 1ª Turma)".

(304) RODENAS, Maria José Romero Rodenas. *Protección frente al acoso moral en el trabajo*. 3. ed. Albacete: Editorial Bomarzo, 2005. p. 25.

(305) Sobre os danos psíquicos, diz Martins: "Os danos psíquicos podem ocorrer no assediado, mas também podem não ocorrer, pois o assediado é uma pessoa forte, que absorve os ataques do assediador. Entender de forma contrária seria — o assediado mais forte ao assédio — continuar a ser molestado e o fato ser desconsiderado, só porque não causa danos ao trabalhador. Dano psíquico não é, portanto, elemento para a caracterização do assédio moral". In: MARTINS. Sérgio Pinto. *Assédio moral no emprego*. São Paulo: Atlas, 2012. p. 21.

(306) Nesse sentido, diz Silva: "Muito embora o enfoque no dano oriundo do assédio moral seja a tônica da problemática, é certo que o processo de psicoterror, por si só, apresenta significativa importância no campo jurídico, uma vez que funciona como o canalizador do conjunto de ocorrências que irão caracterizar os danos descritos no presente capítulo. Iniciado o processo de agressões, mesmo que ainda não tenha precipitado nenhuma espécie de dano à vítima, é de suma importância a consolidação da oportunidade de fazer cessar tal processo. Assim, a criação de um sistema de proteção direcionado, especificamente, contra o assédio moral, que contemple ingerências de mediações ou mesmo de determinações judiciais a respeito, que interrompam o processo antes dos danos emergirem, faz-se imprescindível dentro de uma política preventiva e/ou repressiva em relação ao fenômeno". In: SILVA, Jorge Luiz de Oliveira. *Assédio moral no ambiente de trabalho*. Rio de Janeiro: Editora e Livraria Jurídica do Rio de Janeiro, 2005. p. 70.

Da mesma forma, mais uma vez, esclarece Rodenas(307) que:

> Ahora bien, el daño como tal tampoco resulta ser un elemento constitutivo del acoso moral en el trabajo, sino que erige en elemento resarcitorio, de forma que la entidad del mismo permitirá calcular el importe de la indemnización de los daños y perjuicios que se irrogan a la víctima con tal comportamiento, pero en modo alguno resultará exigible el daño para apreciar la existencia del acoso moral en el trabajo, ya que de ser así habría que esperar a la producción del mismo para calificar el hostigamiento psicológico como constitutivo de acoso, impidiendo el ejercicio de acciones legales que tuvieran por objeto precisamente la evitación del daño.

Nesse sentido, pontua Pamplona Filho(308) que:

> Sendo o assédio moral a conduta lesiva; o dano psíquico-emocional deve ser entendido como a consequência natural da violação aos direitos da personalidade da vítima. Note-se, portanto, que a necessidade do dano não é um elemento da caracterização do assédio moral, mas, sim, da responsabilidade civil decorrente de tal conduta.

E, em seguida, conclui:

> De fato, a doença psíquico-emocional, como patologia, pode advir do assédio, mas não necessariamente ocorrerá, nem é elemento indispensável, pois o que é relevante, na caracterização do *mobbing*, é a violação do direito da personalidade, cuja materialização ou prova dependerá do caso concreto.

Por essas razões, sustenta-se que o dano psíquico, advindo do processo de assédio moral, muito embora seja frequente, não pode ser considerado elemento configurativo, sendo um elemento da responsabilidade civil decorrente desta conduta.

3.4. MODALIDADES

Vistos os elementos caracterizadores, adentra-se no campo das modalidades(309). Pode-se dizer que o assédio moral está dividido em vertical, horizontal e misto, cujas especificidades serão tratadas nos tópicos seguintes.

---

(307) RODENAS, Maria José Romero Rodenas. *Protección frente al acoso moral en el trabajo*. 3. ed. Albacete: Editorial Bomarzo, 2005. p. 28

(308) PAMPLONA FILHO, Rodolfo. Noções conceituais sobre o assédio moral na relação de emprego. *Jus Navigandi*, Teresina, ano 10, n. 1149, 24 ago. 2006. Disponível em: <http://jus2.uol.com.br/doutrina/texto.asp?id=8838>. Acesso em: 13 maio 2009.

(309) Para Rodenas (2005, p. 28), em relação ao bem jurídico afetado, existiriam 03 (três) modalidades de assédio moral. Diz a Autora: "Dado que el mobbing constituye habitualmente una conducta pluriofensiva que puede lesionar, junto a la dignidad del trabajador, un conjunto de derechos fundamentales del trabajador, es posible hablar de distintas modalidades de acoso moral en el trabajo en función del bien jurídico afectado, y así tras las reformas legales introducidas por las leyes 51/2003 y 62/2003, pueden diferenciarse las siguientes modalidades de acoso: Acoso laboral discriminatorio vinculado a circunstancias raciales o étnicas, religión o convicciones, discapacidad, edad u orientación sexual; Acoso laboral simple, no vinculado a ninguna de las causas anteriores pero también de carácter discriminatorio; Acoso laboral no vinculado a causa discriminatoria, con lesión distinta o conjunta del derecho a la dignidad, la integridad moral, al honor, a la intimidad personal y a la propia imagen".

3.4.1. *Vertical*

O assédio vertical é aquele praticado entre sujeitos de diferentes níveis hierárquicos.

Quando exercido pelo hierarquicamente superior, com o intuito de atingir o seu subordinado, denomina-se vertical descendente, em razão do sentido adotado pelo assediante.

Por sua vez, vertical ascendente será quando o hierarquicamente inferior agir com o intuito de assediar o seu superior. Essa violência "de baixo para cima" é comum nos casos de promoção de um colega sem a consulta dos demais, ou quando se duvida da competência do colega para assumir o novo cargo[(310)].

Nesse mesmo sentido, resta evidenciar que será denominado de "estratégico" o assédio vertical praticado diretamente pelo empresário contra seu empregado.

Sobre esse aspecto, pondera Guedes[(311)]:

> O termo *bossing* foi introduzido na Psicologia por *Brinkmann*, em 1955, e significa uma ação executada pela direção de pessoal da empresa para com aqueles empregados considerados incômodos. Trata-se de uma estratégia da empresa para reduzir o número de pessoal ou, buscando conter custos, substituir o quadro por pessoas mais jovens e, consequentemente, pagar salários mais baixos. A empresa organiza a sua estratégia de modo tal a levar o empregado a demitir-se. É o que os italianos denominam de *mobbing strategico*.

3.4.2. *Horizontal*

Por sua vez, o assédio moral horizontal é aquele ocorrido entre sujeitos do mesmo nível hierárquico.

Vale destacar, por oportuno que, assim como no vertical, a prática do assédio moral pode ser dirigida a um trabalhador ou mais trabalhadores, tendo que ser, no entanto, um grupo determinável. Isto porque, diante de seu perfil excludente, o "alvo" desta perseguição, oriunda do assédio, deverá ser sempre específico.

---

(310) Esclarece Rodenas (2005. p. 17-18) que: "con carácter notoriamente excepcional el sujeto activo del acoso puede ocupar una posición jerárquica inferior a la de la víctima. Se trata del acoso ascendente, practicado casi siempre por un colectivo de subordinados que articulan un conjunto de actividades con la finalidad de hacer insoportable la presencia en la empresa de un determinado superior jerárquico".

(311) GUEDES, Marcia Novaes. Assédio moral e responsabilidade das organizações com os direitos fundamentais dos trabalhadores. *Revista da Anamatra II*. São Paulo, p. 36, dez. 2003.

Nesse sentido, pontua Pamplona[(312)]:

> Frise-se que, assim como no vertical, a conduta assediadora pode ser exercida por uma ou mais pessoas contra um trabalhador ou um grupo destes, desde que, seja este grupo determinado ou determinável, não se admitindo a indeterminabilidade subjetiva (exemplo: toda a coletividade). Afinal, a conduta hostil e excludente do assédio moral, diante de sua característica danosa, será sempre dirigida a um funcionário específico ou a um grupo determinado para atingir sua finalidade.

Assim, pode mais de um trabalhador ser reconhecido como vítima do mesmo processo de assédio moral, simultaneamente, desde que tal grupo seja determinado, sendo, normalmente, identificados por alguma similitude em suas condições pessoais e/ou profissionais.

3.4.3. Misto

O assédio moral misto exige a presença de pelo menos três sujeitos: o assediador[(313)] vertical, o assediador horizontal[(314)] e a vítima. Pode-se dizer que o

---

(312) PAMPLONA FILHO, Rodolfo. Noções conceituais sobre o assédio moral na relação de emprego. *Jus Navigandi*, Teresina, ano 10, n. 1149, 24 ago. 2006. Disponível em: <http://jus2.uol.com.br/doutrina/texto.asp?id=8838>. Acesso em: 13 maio 2009.

(313) Para Guedes, as classes de assediadores seriam: (1) *O instigador*: é o perverso clássico, que aterroriza sua vítima sempre buscando novas formas de ataque e surpreendendo-a com sua perversidade; (2) *O casual*: surge a partir de um conflito sem sentido, escolhendo prosseguir no conflito, destruindo o adversário que se torna vítima; (3) *O colérico*: abusa moralmente dos outros porque não consegue conter sua raiva dentro de si e enfrentar sozinho seus problemas; (4) *O megalómano*: tem um senso grandioso da sua própria importância; (5) *O frustado*: está sempre perguntando porque os outros estão felizes e ele não; sua inveja pode tornar-se perigosamente destrutiva; (6) *O crítico*: ele critica muitíssimo, mas não propõe uma solução; na realidade, ele rejeita quem a propõe, porque não está interessado em qualquer coisa senão a crítica em si mesma; (7) *O sádico*: este sente prazer e, na realidade, a pressão exercida sobre a vítima é para ele um estímulo para continuar sua ação; (8) *O puxa-saco*: sua ambição faz com que se comporte como um tirano diante de seus pares, mas como um escravo diante de seus superiores; (9) *O tirano*: geralmente sofre de falta de confiança em si mesmo e, para não demonstrar sua fraqueza, mantem distância dos outros pelo autoritarismo; (10) *O aterrorizado*: ele entra em pânico ante o simples pensamento de que alguém possa demonstrar-se melhor do que ele, "roubar-lhe" o cargo ou substituí-lo; seu comportamento se caracteriza pela defesa do seu "território" contra adversários reais ou presumidos; (11) *O invejoso crônico*: este não aceita que o outro seja melhor ou mais afortunado do que ele; tende, pois, a destruí-lo; (12) *O carrerista*: trata-se do tipo que busca todos os meios, inclusive os não legais, de fazer carreira, sem qualquer escrúpulo de fechar o caminho da vítima; (13) *O pusilâmine*: não age de modo independente ou diretamente, pois é medroso; geralmente age como cúmplice do assediador. In: GUEDES, Márcia Novaes. *Terror psicológico no trabalho*. São Paulo: LTr, 2003. p. 59.

(314) Como será visto mais adiante, nem todos os doutrinadores trabalham com a ideia do assédio moral misto. Para os que não defendem essa classificação, dentre os quais se destaca Guedes, em uma empresa o número de pessoas envolvidas indiretamente com o assédio moral é grande. Dentre esses espectadores, distinguem-se os conformistas passivos e os conformistas ativos. Os conformistas são espectadores não envolvidos diretamente na ação perversa, mas têm sua responsabilidade porque nada fazem para

assediado é atingido por "todos os lados"[(315)], situação esta que normalmente se torna insustentável em tempo reduzido.

Percebe-se que, existe um grupo de doutrinadores que, apesar de reconhecer a ocorrência desse fenômeno, não se ateve em particularizá-lo. Veja-se o que diz Guedes[(316)] ao tratar do assédio vertical:

> Verifica-se o assédio moral de tipo vertical quando a violência psicológica é perpetrada por um superior hierárquico. Neste caso, a ação necessariamente não precisa ser deflagrada e realizada pelo superior, mas pode este contar com a cumplicidade dos colegas do trabalho da vítima e por meio destes a violência pode ser desencadeada.

Nesse estudo, entretanto, entende-se ser essencial a particularização dessa modalidade, em razão dos aspectos e peculiaridades incidentes sobre a responsabilidade civil, como será visto em ponto específico deste trabalho.

3.5. MÉTODOS PARA IMOBILIZAR A VÍTIMA

Não é apenas o medo de perder o emprego que atinge a pessoa assediada. Como bem lembra Guedes[(317)]:

> O sujeito perverso emprega diversos e variados métodos para imobilizar a vítima, razão pela qual *Heinz Leymann*, baseando-se em estudos, pesquisas e sua própria experiência como médico na cura de muitas pessoas vitimadas pelo psicoterror, criou o elenco de quarenta e cinco comportamentos, divididos em cinco categorias, num trabalho denominado de *Leymann Inventory of Psicological Terrorism* — LIPT.

Tais comportamentos, complementados pela listagem de dois estudiosos alemães, *Carmen Knorze* e *Dieter Zapf*, foram resumidos por Márcia Novaes Guedes[(318)] em cinco categorias. Veja-se.

---

frear a violência psicológica desencadeada pelo sujeito perverso, ou, muitas vezes, atuam ativamente, favorecendo claramente a ação do agressor. *Herald Ege* denominou o espectador conformista ativo de *side-mobber*. Tais espectadores são aqueles que praticam o *mobbing*, mas não são os adversários diretos da vítima. In: GUEDES, Márcia Novaes. *Terror psicológico no trabalho*. São Paulo: LTr, 2003. p. 62.

(315) Segundo Freitas, Heloani e Barreto: "Em 6% dos casos de assédio, as ocorrências resultam de uma ação combinada e conjunta de chefes e subordinados contra um trabalhador; somente entre colegas de trabalho, encontramos 2,5% dos casos. Em relação ao ascendente, ou seja, do subordinado para o superior, são mais raros e aparecem em 1,5% dos casos". In: BARRETO, Margarida Maria Silveira; FREITAS, Maria Ester; HELOANI, Roberto. *Assédio moral no trabalho*. São Paulo: Cengage Learning, 2008. p. 55.

(316) GUEDES, Márcia Novaes. *Terror psicológico no trabalho*. São Paulo: LTr, 2003. p. 36.

(317) GUEDES, Márcia Novaes. *Terror psicológico no trabalho*. São Paulo: LTr, 2003. p. 47.

(318) GUEDES, Márcia Novaes. *Terror psicológico no trabalho*. São Paulo: LTr, 2003. p. 47-51.

3.5.1. *Recusar a comunicação*

O agressor recusa-se a dar qualquer explicação do seu comportamento, o que impede a busca racional de uma solução para o problema.

Diante dessa situação, a vítima sente-se confusa, chegando até mesmo a se culpar por algo em relação a que efetivamente não tem qualquer parcela de responsabilidade.

Ademais, cabe dizer que a tendência dos colegas, por medo do agressor ou solidariedade a ele, é tornarem-se reticentes, recusando a comunicação com a vítima.

Em casos extremos, o agressor chega a ponto de proibir que a vítima trate de problemas pessoais com os colegas.

3.5.2. *Desqualificar*

A agressão não é direta, e sim sub-reptícia. Pode ser apenas um simples olhar, carregado de ódio e de desprezo. Suspiros, dar de ombros demonstrando a indiferença para com aquilo que a vítima diz ou faz também podem configurar a agressão. Outro exemplo é o questionamento acerca da sua capacidade e competência profissional.

É possível a visualização de tal método, em caso concreto, por meio da transcrição de depoimento publicado em reportagem feita por Edward[319] para a Revista Veja:

> Quando voltei ao trabalho, em 2001, me vi diante de uma perseguição patrocinada pela juíza titular da Vara do Trabalho onde eu trabalhava e pelo diretor da secretaria do Fórum. *Todo o meu trabalho era questionado de forma arbitrária.* O processo começou com uma representação na corregedoria, na qual alegavam atraso de serviço. Mas eu cumpria os prazos legais. Sofri várias penalidades da extinção de uma gratificação até a remoção para outra cidade e o afastamento do trabalho. Tudo isso, apesar das médias altas que eu obtinha nas avaliações de desempenho. Minha vida privada foi levada para dentro do trabalho. A juíza utilizava meus problemas familiares como álibi para me perseguir. Chegou a tentar me afastar do meu filho. Depois de dois anos, o Tribunal Superior do Trabalho reconheceu que eu tinha sido vítima de abuso de autoridade por parte de alguém que devia ser uma guardiã da Justiça. Fui reintegrado ao trabalho, mas nesse processo me tornei um homem doente, portador da Síndrome de Burnout uma doença causada pelo estresse extremo no trabalho. Continuo afastado e faço tratamento psiquiátrico (Wagner Pereira Prado Silva, 46 anos, oficial de Justiça na cidade mineira de Pouso Alegre-MG, venceu a causa no TST por unanimidade).

---

(319) EDWARD, José. Assédio Moral: O lado sombrio do trabalho. *Revista Veja*, Editora Abril, ano 38, n. 28, 104-108, verão, p. 105, jul. 2005.

Em razão desse ato de desqualificação, é comum que a vítima se revolte ou, até mesmo, cometa algum erro por falta de concentração, fato este que servirá como argumento para intensificar o massacre psíquico por parte do agressor.

3.5.3. *Destruir a autoestima*

Tudo pode começar com brincadeiras de mau-gosto, pequenas insinuações malévolas, evoluindo para a difusão do mal-entendido. Fala-se mal do outro "pelas costas".

A vítima pode ser humilhada por meio de um apelido ridículo, caçoada em função de uma limitação física, do seu modo de andar, de falar, de vestir-se etc.

Observa-se tal hipótese em trecho de outro depoimento publicado na mesma Revista Veja:

> Eu era chamada de *javali* — porque não valia mais nada. Até hoje tenho problemas físicos e psicológicos decorrentes daquela época. (Maria Aparecida Berci Luiz, 50 anos, ex-gerente de uma empresa).

Diante de uma provocação humilhante, a vítima pode reagir de modo impensado; e a provocação tem precisamente esse objetivo: induzir a pessoa a ter reações agressivas, de tal modo que se possa depois acusá-la de seu comportamento.

3.5.4. *Cortar as relações sociais*

Quando o sujeito perverso decide destruir psicologicamente um subordinado ou um colega de trabalho, a primeira atitude a ser adotada, muitas vezes, é isolá-lo do grupo.

Destaca Guedes[(320)] que:

> A vítima não é convidada para participar das reuniões ou recebe a informação errada sobre o horário do evento; assim, ao chegar atrasada, é responsabilizada pelo atraso e pelo tumulto gerado com a sua presença repentina no meio de uma importante reunião. Toma conhecimento do serviço a ser prestado através de notas. É colocada em quarentena, é arquivada. Subtraem-lhe o trabalho, mesmo que os demais colegas estejam sobrecarregados de serviço; deixam-na "vagal" para que se sinta inútil e ainda mais humilhada. Os diretores da empresa sabem disso. Daí que fazem largo uso desse expediente a fim de levar à demissão aquele empregado incômodo. Entre os executivos, essa espécie de violência pode levar ao suicídio. Segundo dados mais recentes, hoje, na Europa, o *mobbing* responde por cerca de 10% a 15% dos casos de suicídio.

---

(320) GUEDES, Márcia Novaes. *Terror psicológico no trabalho*. São Paulo: LTr, 2003. p. 49.

Tal hipótese também é visível em depoimento publicado na reportagem feita por Edward(321):

> Cheguei a ser colocada numa salinha, sem nada para fazer. Nesse processo estressante, adoeci e voltei a sofrer convulsões depois de 24 anos sem ter esse problema. Também perdi mais da metade da minha renda. (Denise Gomes, 50 anos, professora em Belo Horizonte, obteve, na Justiça, em primeira instância, a rescisão do contrato de trabalho e o direito a indenização de R$ 25.000,00).

3.5.5. *Vexar e constranger*

Trata-se de método para imobilizar a vítima, no qual são confiadas às vítimas, por exemplo, tarefas inúteis ou degradantes, ou fixadas metas impossíveis de serem atingidas, obrigando a pessoa a ficar até tarde da noite trabalhando, a voltar nos fins de semana, para depois ver esse trabalho tão urgente dormindo dentro de uma gaveta ou atirado na lata de lixo. Isto sem falar, é claro, de hipóteses em que o empregador deixa o trabalhador sem labor.

Observa-se tal método sendo aplicado a uma vítima por meio de outro trecho do depoimento, já transcrito neste estudo:

> Depois de um período de afastamento, encontrei um ambiente hostil. Deram-me um horário irracional. Em um dia, tinha de trabalhar doze horas ininterruptas. Quase todos os dias, recebia ofícios de advertência, sem que nada tivesse feito de errado. Elegi-me para uma comissão de prevenção de acidentes e passei a ser ainda mais humilhada. Deram-me atividades de orientação de estagiários, com a justificativa de que eu não tinha qualificação para dar aulas. Numa reunião, o coordenador agrediu-me aos berros na frente de colegas e funcionários (Denise Gomes, 50 anos, professora em Belo Horizonte, obteve, na Justiça, em primeira instância, a rescisão do contrato de trabalho e o direito a indenização de 25.000 reais).

Em outra situação, apreciada pelo E. Tribunal Regional do Trabalho da 5ª Região, é possível ver o reconhecimento do assédio moral em razão da falta do labor. Veja.

> INDENIZAÇÃO POR DANOS MORAIS. ACIDENTE COM VEÍCULO MAL MANUTENIDO PELA EMPRESA. EXISTÊNCIA DE VÍTIMA. ASSÉDIO MORAL. CONFIGURAÇÃO DO DANO. Estando provados os elementos caracterizadores do dano moral, quais sejam, a demonstração do fato alegado e suas circunstâncias, a existência do dano, o nexo de causalidade entre a situação fática e o dano ocorrido, bem como o elemento subjetivo do causador do dano, afigura-se devida a indenização correspondente como forma de minorar a dor sofrida pela vítima, o Obreiro.
>
> (...)

---

(321) EDWARD, José. Assédio Moral: O lado sombrio do trabalho. *Revista Veja*, Editora Abril, ano 38, n. 28, 104-108, verão, jul. 2005, p. 105.

Compulsando os autos, verifica-se que ficaram, sim, provados o acidente com vítimas em razão da ausência de freio no carro-forte e o assédio moral a que foi submetido o Autor/recorrido, uma vez que, após o acidente referido, a empresa Recorrente o deixou sem labor por pelo menos 3 (três) meses (TRT 5ª Região, RO 01318-2007-008-05-00-6, Relator: Dês. Débora Machado, 2ª Turma).

3.6. ATITUDES QUE NÃO CONFIGURAM O ASSÉDIO MORAL

Por ser um fenômeno complexo, em razão da conjugação do *animus* lesivo do agressor e do dano psíquico-emocional do agredido, muitas vezes, acontecem pequenas confusões decorrentes da imputação a outros fenômenos do *status* de assédio moral.

Veja-se, no entanto, que não haverá mais confusão caso seja perquirida, nesses fenômenos, a presença dos elementos caracterizadores de assédio moral.

3.6.1. *Assédio sexual*

O conceito do assédio moral dispõe que a finalidade maior de tais condutas é a exclusão das pessoas do meio de trabalho, de modo que expõe imotivadamente as vítimas a situações de desigualdades propositadamente.

O mesmo ocorre no assédio sexual, em que o assediador escolhe o indivíduo que vai constranger, tratando-o diferentemente dos demais. Muito embora haja tal semelhança[(322)], o assédio moral configura instituto jurídico diverso do assédio sexual. Veja-se.

Assédio é a terminologia adotada para designar toda a conduta que cause constrangimento psicológico ou físico à pessoa.

---

(322) Segundo Rodenas: "Junto a las mayores dificultades de acceso y promoción en el trabajo, y de trato desigual en las condiciones laborales, el colectivo de mujeres se haya sometido a riesgos específicos, de género, uno de los cuales, el acosos sexual, presenta notoria relación con el mobbing, hasta el punto de que en ocasiones se confunde con él, desde el momento en que el acoso sexual puede producir estrés con daños emocionales y físicos, afectar el rendimiento de trabajo, al absentismo por enfermedad, e incluso a dejar el trabajo para buscar otro (...); También puede afectar el entorno en el trabajo creando un ambiente humillante, hostil e intimidatorio(...)". E complementa (2005. p. 32): "El acoso sexual en el trabajo guarda notorio paralelismo con el acoso moral, compartiendo buena parte de sus elementos, hasta el punto que la construcción jurídica del acoso moral está íntimamente relacionada con la del acoso sexual. Presentan como rasgos comunes el que se trata de comportamientos personales en el lugar de trabajo que lesionan el derecho a la dignidad de la persona y a su integridad física y moral. En ambos os casos se pueden producir daños emocionales y físicos, afectar al rendimiento en el trabajo, propiciar el absentismo laboral e incluso el abandono del puesto de trabajo. Generan un ambiente humillante, hostil e intimidatorio, que en el acoso sexual es resultado de una cultura de trabajo predominantemente masculina, caracterizada por la prepotencia y menosprecio hacia la mujer". In: RODENAS, Maria José Romero Rodenas. *Protección frente al acoso moral en el trabajo*. 3. ed. Albacete: Editorial Bomarzo, 2005. p. 18.

Nas palavras de Marie France Hirigoyen[(323)] assediar é "submeter sem trégua a pequenos ataques repetitivos".

Acerca da diferenciação do assédio sexual em relação ao assédio moral, diz Peduzzi (2012):

> O assédio sexual tem como finalidade obter vantagem, mas o objetivo no assédio moral é desestabilizar a pessoa, fragilizando e levando-a a pedir demissão, ou aderir ao PDV, ou requerer aposentadoria ou uma transferência. O objetivo é desestabilizar para pôr fim ao vínculo. Isso é a construção, porque ainda não existe a tipificação, mas essas foram as características que a doutrina e a jurisprudência desenvolveram. Foi muito comum o empregado que não queria aderir ao PDV e colocar fim ao contrato, sendo mais fácil desprezá-lo do que lhe dizer que havia perdido o emprego. Ou seja, se a pessoa não é instruída, ela diz, deixa para lá, até que se canse e peça para ir embora, arrume outro emprego. Isso ocorre muito, um representante qualquer, principalmente em grandes organizações.

Diferentemente do assédio moral, o assédio sexual caracteriza-se pela conduta de natureza sexual, a qual deve ser considerada repetitiva, sempre repelida pela vítima e que tenha por fim constranger a pessoa em sua intimidade e privacidade.

Rodolfo Pamplona Filho[(324)] definiu assédio sexual como sendo "toda conduta de natureza sexual não desejada que, embora repelida pelo destinatário, é continuadamente reiterada, cerceando-lhe a liberdade sexual".

Analisa ainda o aludido jurista que, por força "de constituir em uma violação do princípio da livre disposição do próprio corpo, esta conduta estabelece uma situação de profundo constrangimento e, quando praticada no âmbito das relações de trabalho, pode gerar consequências ainda mais danosas".

Já Diniz[(325)] conceitua assédio sexual como sendo "o ato de constranger alguém com gestos, palavras ou com o emprego de violência, prevalecendo-se de relações de confiança, de autoridade ou empregatícia, com o escopo de obter vantagem sexual".

Exige-se, pois, para configuração do assédio sexual, a perseguição sem trégua, sob a forma de pressão direta ou psicológica, com o uso do poder, objetivando obter do assediado, os favores íntimos, que ele efetivamente não quer conceder.

Em tópico anterior, tratou-se dos conceitos, bem como dos elementos caracterizadores do assédio moral. Deste modo, a despeito de inexistirem dúvidas

---

(323) HIRIGOYEN, Marie-France. *Mal estar no trabalho*: redefinindo o assédio moral. Tradução de Rejane Janowitzer. Rio de Janeiro: Bertrand Brasil, 2002. p. 15.
(324) PAMPLONA FILHO, Rodolfo. *O assédio sexual na relação de emprego*. São Paulo: LTr, 2001. p. 36.
(325) DINIZ, Maria Helena. *Dicionário jurídico*. São Paulo: Saraiva, 1998. p. 25.

acerca da diferenciação dos institutos, perante o caso concreto a distinção entre assédio sexual e moral nem sempre é clara, pois muitas vezes tais práticas aparecem imbricadas(326).

A psicanalista e vitimóloga francesa Marie-Francie Hirigoyen(327) analisa, como exemplo, o filme *Assédio Sexual*, de Barry Levinson. Diz a autora:

> No filme *Assédio Sexual*, de Barry Levinson, vemos como uma empresa torna possível uma tentativa de destruição de um indivíduo por outro. A história desenrola-se em uma empresa de Seattle, especializada na fabricação de material eletrônico. Quando se dá a fusão com outra firma que trabalha com programas, é preciso nomear um responsável. Meredith (que tem no papel de Demi Moore) obtém essa inesperada promoção, em detrimento de Tom (representado por Michael Douglas), que tinha, no entanto, mais experiência, profissionalismo e competência no caso. Poderíamos pensar que ela saborearia tranquilamente a sua vitória... Nada disso: ela quer também a cabeça de seu rival, pois acima de tudo ela tem inveja da felicidade dos outros. Tom é homem saudável, feliz junto a uma mulher meiga e dois filhos encantadores. Meredith, que já havia sido sua amante, não pode tomar esta simples felicidade e resolve destruí-lo. Para isso, ela se serve do sexo como uma arma. Faz-lhe propostas, que *ele rejeita*. Ela se vinga acusando-o de assédio sexual. A agressão sexual não passa de um modo de humilhar o outro, de tratá-lo como objeto, para finalmente destruí-lo. Se a humilhação sexual não se mostra suficiente, ela encontra outros meios de "demolir" a sua vítima.

Pertinente a esse caso é a ponderação feita por Guedes(328) ao dizer que "o assédio sexual pode muito bem constituir a premissa para desencadear uma ação de abuso moral, transformando-se na vingança do agressor rejeitado".

Sobre esta questão esclarece, com propriedade, Pamplona Filho(329) que:

> Todavia, a diferença essencial entre as duas modalidades reside na esfera de interesses tutelados, uma vez que o assédio sexual atenta contra a liberdade sexual do indivíduo, enquanto o assédio moral fere a dignidade

---

(326) Neste particular, ARAUJO sustenta: "A literatura especializada refere-se à proximidade de situações ocorridas no assédio moral e aquelas advindas de discriminação ou assédio sexual, uma vez que o assédio moral pode ser causado por um preconceito qualquer ou ser fruto de uma investida sexual frustrada, quando não resulta ao final em assédio sexual". In: ARAÚJO. Adriane Reis de. *O assédio moral organizacional*. São Paulo: LTr, 2012. p. 86.

(327) HIRIGOYEN, Marie France. *A violência perversa do cotidiano*. Tradução de Maria Helen Huhner. Rio de Janeiro: Bertrand Brasil, 2001. p. 101.

(328) GUEDES, Márcia Novaes. *Terror psicológico no trabalho*. São Paulo: LTr, 2003. p. 41.

(329) PAMPLONA FILHO, Rodolfo; GIACOMO, Fernanda Salinas di. A aplicabilidade da denunciação da lide no processo do trabalho. *Jus Navigandi*, Teresina, ano 11, n. 1500, 10 ago. 2007. Disponível em: <http://jus2.uol.com.br/doutrina/texto.asp?id=10268>. Acesso em: 09 dez. 2008.

psíquica do ser humano. Embora ambos os interesses violados sejam direitos da personalidade, não há que se confundir as duas condutas lesivas, embora seja possível visualizar, na conduta reiterada do assédio sexual, a prática de atos que também atentam contra a integridade psicológica da vítima.

Esta coexistência de processos de assédio sexual e assédio moral pode existir em todos os meios profissionais e em todos os escalões de hierarquia. É sempre difícil de provar, a menos que apareçam testemunhas, pois o agressor sempre nega.

Observa-se essa mistura, *in concreto*, em depoimento concedido à reportagem de Edward[330], publicada na Revista Veja:

> Durante cinco anos vivi uma situação de abuso diário. O gerente da empresa me submetia a situações humilhantes. Na frente de todos, me abraçava por trás, pressionando meus seios e fixando os olhos no meu decote. Dava tapinhas e beliscões nas minhas nádegas quando eu passava pelos corredores. Fazia o mesmo com outras moças. Mesmo nos dias mais quentes, usávamos gola alta e casacos, como forma de proteção. Como eu tinha dívidas e havia tomado um empréstimo da empresa, ele fazia questão de deixar claro que eu estava nas mãos dele. O pesadelo só chegou ao fim quando tomei coragem de deixar a empresa e denunciar o caso a Justiça. Ganhei a causa, mas não consegui me livrar do trauma. (Janaína Pereira Cardoso, 29 anos, ex-promotora de vendas numa financeira em Porto Alegre, ganhou direito à indenização de 50 000 reais).

3.6.2. O estresse

O estresse é um estado de tensão decorrente de fatores variados, dentre os quais destaca-se o receio diante de novos desafios profissionais. O indivíduo, frente a essa situação, sente-se pressionado, fato que faz com que se estabeleça uma ansiedade para resolução do objeto gerador dessa tensão.

O reflexo do estado de estresse normalmente extrapola o ambiente profissional, interferindo em toda a vida social do indivíduo.

Muito comum ao estado de estresse é a perda de paciência, situação esta que pode causar sérios transtornos ao indivíduo.

Além dessa hipótese, pode-se destacar também o estresse decorrente do trabalho excessivo, em ritmo estafante, que pode levar até mesmo a depressão por esgotamento.

---

(330) EDWARD, José. Assédio Moral: O lado sombrio do trabalho. *Revista Veja*, Editora Abril, ano 38, n. 28, 104-108, verão, p. 106, jul. 2005.

Por essas características, sinteticamente expostas, pode-se observar que o estresse por si só não configura assédio moral, afinal não há qualquer dos elementos caracterizadores evidenciados.

Entretanto, cabe dizer que, assim como no assédio sexual, o estresse pode vir acompanhado da intenção de assediar moralmente. Nesta situação, presente a intenção de humilhar e excluir, por meio de condutas hostis, reiteradas e prolongadas, que causem dano à integridade psíquica-emocional, restará evidenciado o assédio moral.

3.6.3. O conflito intersubjetivo no ambiente de trabalho

O conflito é ato bilateral e explícito. Neste há a discordância incontestável entre as partes que tentam convencer o outro de sua posição.

Pode-se dizer que é o campo favorável à dialética, em que tese e antítese se conformam com o intuito de chegar a uma síntese. Nesse sentido, expõe Guedes(331):

> O conflito foi sempre visto pelos seus aspectos negativos. Moldada pela disciplina militar que herdou do exército, a fábrica (e ainda hoje, a moderna organização produtiva) prima por evitar o conflito. Temido, o conflito é afugentado, abrindo espaço para a hipocrisia. Estamos de acordo com *Domenico De Masi*, que, apoiado em *Half Darendorf*, afirma que o conflito no interior de uma empresa não é um fator negativo, mas positivo, o conflito impulsiona, escancara as adversidades, dando oportunidade para todos se posicionarem. O conflito, quando bem administrado, favorece a criatividade e a mudança em sentido positivo. Ao contrário, o culto de relações pouco transparentes, ambíguas, dissimuladas, pode favorecer o desenvolvimento do assédio moral.

É evidente que dentro do conflito poderá haver atos hostis, entretanto, a evidência destes favorece o seu combate imediato, afinal, nessas situações, ambas as partes têm a oportunidade de se manifestar sobre tudo.

Ou seja, o simples desentendimento não ensejará o direito de pleitear indenização por danos morais. Neste sentido, já decidiu o Tribunal Regional do Trabalho da 5ª. Região:

> ASSÉDIO MORAL. INDENIZAÇÃO. NÃO CONCESSÃO. A existência de simples desentendimento ou discussão entre empregado e empregador, que gera ofensas mútuas, não pode dar causa ao pagamento de indenização por dano ou assédio moral. Compete ao julgador investigar se, de fato, ocorreu o dano alegado e se ele atingiu, através de atos sucessivos, a honra, a

---

(331) GUEDES, Márcia Novaes. Assédio moral e responsabilidade das organizações com os direitos fundamentais dos trabalhadores. *Revista da Anamatra II*, São Paulo, p. 34-50, p. 35, dez. 2003.

imagem ou a vida privada do ofendido, sob pena de fomentar a chamada "indústria do dano moral na Justiça do Trabalho", por meio de proposituras de reclamações, consideradas verdadeiras aventuras judiciais, nas quais se visa, em verdade, encobrir sob o manto da compensação pelo dano sofrido, o nítido propósito da parte de enriquecer-se ilicitamente (Processo 00262-2006-038-05-00-3 RO, ac. n. 031900/2006, Relatora Desembargadora LOURDES LINHARES, 3ª TURMA, DJ 6.12.2006).

Essa exposição das discordâncias, na realidade, estabelece a reorganização que, na maioria das vezes, é muito útil para a empresa, uma vez que é fruto de uma reflexão.

Já no assédio há o não falado, o escondido. Segundo Menezes(332), o assédio moral "de regra é sutil, pois a agressão aberta permite um revide, desmascara a estratégia insidiosa do agente provocador". São atitudes que visam exclusivamente humilhar e denegrir a imagem do ofendido. Não dá, de hipótese alguma, oportunidade de crescimento e aprendizado pessoal.

Por todo o exposto, constata-se que o conflito não deve ser totalmente evitado dentro de uma empresa, pois é instrumento de aperfeiçoamento. Ao contrário disto, o assédio moral, instrumento destrutivo, deve ser preventivamente extirpado das práticas de cultura de gestão.

3.6.4. Gestão por injúria x assédio moral no ambiente de trabalho

Nas palavras de Hirigoyen(333), a gestão por injúria "é o tipo de comportamento despótico de certos administradores, despreparados, que submetem os empregados a uma pressão terrível ou os tratam com violência, injuriando-os e insultando-os, com total falta de respeito".

A questão, nestes casos, incide no despreparo do gestor na busca por resultados satisfatórios.

A ânsia por crescimento positivo das organizações faz com que os dirigentes "suguem" todas as forças dos seus trabalhadores. Para tanto, muitas vezes, exacerbam seus poderes diretivos.

Nesses casos, a ofensa é explícita, diferentemente da ofensa que se verifica no assédio moral, que é velada. Além disso, toda a coletividade dos empregados é atacada na gestão por injúria, o que de fato não poderia caracterizar o *animus* doloso e excludente do assédio moral.

---

(332) MENEZES, Claudio Armando C. Assédio Moral e seus Efeitos Jurídicos. *Revista de direito trabalhista*. São Paulo, ano 8, n. 10, p. 12-14, out. 2002.
(333) HIRIGOYEN, Marie France. *Mal estar no trabalho*: redefinindo o assédio moral. Tradução de Rejane Janowitzer. Rio de Janeiro: Bertrand Brasil, 2002. p. 28.

Nesse sentido, já decidiu o E. Tribunal Regional do Trabalho da 2ª Região que:

> DANO MORAL. ASSÉDIO MORAL. PERTURBAÇÃO PSÍQUICA DO EMPREGADO. CONFIGURAÇÃO. ASSÉDIO MORAL. INDENIZAÇÃO. CARACTERIZAÇÃO. O assédio moral pressupõe agressão continuada e grave, a ponto de causar perturbação na esfera psíquica do trabalhador. Revela também discriminação, pois é especificamente dirigida e concentrada na pessoa daquele indivíduo determinado. Serve, ainda, a algum propósito eticamente reprovável. Hipótese em que, porém, a indicação é de encarregada que se dirigia a todos, indistintamente, de forma grosseira e inadequada. Ausência de propósito específico e de agressão grave e individualizada à dignidade da trabalhadora. Conduta que, embora reprovável, não serve, tecnicamente, à caracterização do assédio moral. Recurso da ré a que se dá provimento, nesse aspecto (TRT 2ª Região, RO 00030200604702002, Relator Juiz Eduardo de Azevedo Silva, julgamento publicado no DJSP de 6.3.2007.

Mesma linha seguiu o E. Tribunal Regional do Trabalho da 6ª Região ao dispor que:

> DANOS MORAIS. ASSÉDIO MORAL. NÃO CONFIGURADO. INDEVIDA INDENIZAÇÃO REPARATÓRIA. O assédio moral decorre de tortura psicológica atual e continuada consubstanciada no terror de ordem pessoal, moral e psicológico, praticado contra o empregado, no âmbito da empresa, podendo ser exercitado pelo superior hierárquico, por grupo de empregados do mesmo nível e pelos subordinados contra o chefe, isto é, pode ocorrer no sentido vertical, horizontal e ascendente, tem como fito tornar insuportável o ambiente de trabalho, obrigando-o a tomar a iniciativa, por qualquer meio, do desfazimento do contrato de trabalho. (...).
>
> No caso dos autos, as atitudes relatadas pela recorrida não eram de cunho pessoal, mas dirigida a todos os gerentes subordinados ao Sr. Sérgio Vilar, demonstrando a inexistência de perseguição a determinado funcionário. Não havia uma "vítima" escolhida e isolada do grupo sem explicações, passando a ser hostilizada, ridicularizada, inferiorizada, culpabilizada e desacreditada diante dos pares. Quanto muito, poderia se falar em uma administração autoritária, atingindo arbitrariamente os funcionários do corpo gerencial da instituição financeira (Processo n. TRT: 00067-2003-002-06-00-5; órgão julgador: 1ª turma; juiz relator: Valdir José Silva de Carvalho; recorrente: banco santander brasil s/a; recorrida: Reneide Patrícia Simões de Lima; publ. DOE/pe: 30.10.03).

Em contrapartida, a conduta assediadora é dirigida a um empregado ou a um grupo determinado deles, e nunca à sua coletividade indiscriminadamente.

Postas as diferenças, dois aspectos merecem ser pontuados.

Primeiro, nessa situação de ataque coletivo, um empregado é solidário ao outro, afinal ambos são vítimas, sendo que tal cooperação ajuda a reduzir as mazelas dessa ofensa. No assédio moral, só para relembrar, na maioria das vezes, o colega de trabalho não se aproxima do indivíduo atingido com medo de represálias por parte do assediador.

Segundo, o fato dessa conduta não configurar assédio moral não quer dizer que está aquém de eventuais ressarcimentos. Muito pelo contrário, nesses casos, vale destacar, nas palavras de Menezes(334), "o estímulo que deve ser dado à presen-

---

(334) MENEZES, Claudio Armando C. Assédio moral e seus efeitos jurídicos. *Revista de direito trabalhista*. São Paulo, ano 8, n. 10, p. 12-14, out. 2002.

ça do Ministério Público e das entidades sindicais por meio da ação civil pública e da tutela coletiva em substituição processual, sempre que presente o interesse coletivo ou individual homogêneo".

3.6.5. Agressões pontuais

Como já dito anteriormente, o assédio moral[335] caracteriza-se por ser uma série de condutas hostis, repetidas e prolongadas.

Deve-se entender que o processo de assédio tem como escopo desestabilizar a vítima. Nas palavras de Menezes[336], "consiste em um processo continuado, ou seja, um conjunto de atos e procedimentos destinados a expor a vítima a situações incômodas e humilhantes".

Em sentido contrário, admitindo a configuração de assédio moral em ato único do empregador, já entendeu o E. Tribunal Superior do Trabalho:

> AGRAVO DE INSTRUMENTO EM RECURSO DE REVISTA. DANO MORAL OCORRIDO NO CURSO DA RELAÇÃO DE EMPREGO. SUPOSTO ASSÉDIO MORAL PRATICADO POR ATO ÚNICO DO EMPREGADOR EM MARÇO/2003. PRESCRIÇÃO. ART. 7º, XXIX, DA CONSTITUIÇÃO FEDERAL. O entendimento desta Corte Superior tem se firmado no sentido de que o prazo prescricional para reclamar indenização decorrente de dano moral sofrido no curso da relação de emprego é o previsto no art. 7º, XXIX, da Constituição Federal. No caso dos autos, conquanto a extinção do contrato de trabalho tenha ocorrido em 25.3.2010 e que a presente Reclamatória Trabalhista tenha sido ajuizada em 6.6.2011, verifica-se que a pretensão alusiva à indenização por dano moral está fulminada pela prescrição quinquenal, pois conforme relatado pela própria Reclamante e registrado pelo Regional, o suposto assédio moral ocorreu por ato único do empregador em março de 2003. Agravo de Instrumento conhecido e não provido. (AIRR — 565-55.2011.5.15.0027 , Relatora Ministra: Maria de Assis Calsing, Data de Julgamento: 11.6.2014, 4ª Turma, Data de Publicação: DEJT 24.6.2014)

Entretanto, independentemente desta questão, é inquestionável o fato de que a agressão pontual possa trazer danos em si mesma ao agredido, os quais mereçam ressarcimento.

Sobre este aspecto, destaca Rodenas[337]:

> El concepto de acoso moral implica la existencia de una conducta reiterada por parte del sujeto agresor, hasta el punto de que sin reiteración no hay

---

(335) Segundo Callejo: "Dicho plan precisa de uma reiteración de comportamientos: ya se ha expresado que una de las diferencias entre el conflicto laboral simple y el mobbing, es que el primero es puntual y el seguno reiterado. La reiteración de comportamientos no es mas que la consecuencia lógica de um plan, de uma actitud tendente a un resultado, pero será em el caso concreto, y solo em él, donde se analizará esa reiteración de comportamientos como evidenciadores de dicho fin". In: *Protección jurídica contra el acoso moral en el trabajo o la tutela de la dignidad del trabajador*. Madrid: Federacion de Servicios Públicos de Madrid, 2004. p. 80.

(336) MENEZES, Claudio Armando C. Assédio moral e seus efeitos jurídicos. *Revista de direito trabalhista*. São Paulo, ano 8, n. 10, p. 12-14, p. 12, out. 2002.

(337) RODENAS, Maria José Romero Rodenas. *Protección frente al acoso moral en el trabajo*. 3. ed. Albacete: Editorial Bomarzo, 2005. p.24.

> acoso. La ausencia de repetición permite descartar como acoso aquellas agresiones al trabajador que se producen de forma aislada y cuya protección jurídica habrá de obtenerse mediante los mecanismos ordinarios que facilita el ordenamiento jurídico. La existencia de una agresión física, los insultos, las amenazas más o menos veladas, incumplimientos contractuales de cualquier naturaleza por parte del empresario, etc. si no son reiterados no pueden configurar el acoso moral y ello sin perjuicio de que buena parte de estas conductas tampoco reunirían otros elementos constitutivos de la figura de acoso moral en el trabajo.

Nesses casos, cabe ao agredido buscar a via judicial para receber o respectivo montante ressarcitório, bem como configurar justa causa do empregador para rescisão do contrato de trabalho (despedida indireta), dando ao trabalhador direito às verbas rescisórias.

3.6.6. *Más condições de trabalho*

É evidente que as condições de trabalho influenciam na qualidade de vida do empregado. O empregador, inclusive deve oferecer um ambiente salutar ao seu obreiro, para que este desempenhe o seu labor de forma digna(338).

A preocupação com um meio ambiente saudável, diante de sua relevância, tem sede constitucional, dispondo seu art. 225 que "todos têm direito a um meio ambiente ecologicamente equilibrado, bem como de uso do povo e essencial à qualidade de vida sadia, impondo-se ao Poder Público e à coletividade o dever de defendê-lo e preservá-lo para as presentes e futuras gerações".

O parágrafo primeiro do mesmo artigo, no seu inciso V, ainda diz que "para assegurar a efetividade desse direito, incumbe ao Poder Público controlar a produção, a comercialização e o emprego de técnicas, métodos e substâncias que comportem risco para a vida, a qualidade de vida e o meio ambiente".

---

(338) Sobre o ambiente do trabalho, em relação ao assédio moral, entende o TRT da 5ª Região que: "O assédio moral contra o empregado se configura justamente quando ele é vítima de reiterado abuso emocional no local de trabalho, pelo empregador ou seus prepostos, de forma maliciosa (sem conotação sexual ou racial), por meio de intimidações, humilhações, descrédito, ameaças ou mesmo isolamento, causando-lhe constrangimento físico ou psicológico. A empregadora tem por obrigação oferecer aos seus empregados um ambiente de trabalho isento de acontecimentos dessa natureza, em que impere o respeito mútuo e onde o trabalhador se sinta dignificado e não, como sói ocorrido, seja constrangido por não atender aos reclamos ilícitos de um seu preposto. Cabe-lhe, portanto, a fiscalização do meio ambiente de trabalho, a fim de reparar as possíveis distorções e excessos que possam resultar em dano. Com isso, previne doenças derivadas do mal-estar dos trabalhadores e também afasta a culpa derivada de sua negligência (TRT 5ª Região, RO 01244-2006-035-05-00-0, Relator: Des. Valtércio de Oliveira)".

Entretanto, nem sempre isso ocorre.

Principalmente, em atividades industriais, em razão da natureza da produção, o ambiente é insalubre e perigoso. E, em razão da submissão inevitável dos trabalhadores, é que surgem os adicionais de insalubridade (art. 192 da CLT[(339)]) e de periculosidade (art. 193, *caput* e § 1º, da CLT[(340)]) como instrumentos amenizadores das consequências maléficas aos trabalhadores.

Deslocando, um pouco, o foco da presente análise, há situações em que, muito embora a natureza da atividade não clame pela má condição, os empregados são submetidos a esta.

Nessa hipótese, poder-se-á, inclusive, configurar assédio moral caso essas condições destinem-se a uma pessoa-alvo, com intuito de desmerecê-la.

São exemplos dessa prática a retirada dos instrumentos de trabalho da vítima (tais como mesas, computadores, telefones e carros), ou, até mesmo, quando a pessoa é isolada do grupo, colocada em sala com péssimas instalações.

Nesse sentido, Callejo[(341)] traz decisão que retrata o assédio aplicado a determinado funcionário na Espanha:

> En la misma línea se mantiene la sentencia del Juzgado de lo Social n. 30 de Madrid de 18-3-02, que condena al Instituto Municipal de Deportes por acoso moral a Jefe Servicio Relaciones Exteriores del Organismo, a quien se privó de trabajo efectivo y recluyó em un cuarto que no reunia la mínimas condiciones, sin ventanas, sin telefono, sin ordenador ni armários, com una simple mesa y uma silla y sin nada que hacer. El IMD es condenado a idemnizar al trabajador com 18000 euros por daño moral. La sentencia ha sido confirmada em lo sustancial recientemente por el TSJ de Madrid, que há reducido la idemnización a 6000 euros.

Essa prática repugnante, aparentemente distante, foi bem noticiada por meio de depoimento colhido em reportagem publicada na *Revista Veja* de autoria de Edward[(342)]:

---

(339) Art. 192. O exercício de trabalho em condições insalubres, acima dos limites de tolerância estabelecidos pelo Ministério do Trabalho, assegura a percepção de adicional respectivamente de 40% (quarenta por cento), 20% (vinte por cento) e 10% (dez por cento) do salário mínimo da região, segundo se classifiquem nos graus máximo, médio e mínimo.

(340) Art. 193. São consideradas atividades ou operações perigosas, na forma da regulamentação aprovada pelo Ministério do Trabalho, aquelas que, por sua natureza ou métodos do trabalho, impliquem o contato permanente com inflamáveis ou explosivos em condições de risco acentuado.

§ 1º O trabalho em condições de periculosidade assegura ao empregado um adicional de 30% (trinta por cento) sobre o salário sem os acréscimos resultantes de gratificações, prêmios ou participações nos lucros da empresa.

§ 2º O empregado poderá optar pelo adicional de insalubridade que porventura lhe seja devido.

(341) CALLEJO, Jose María Garcia. *Protección jurídica contra el acoso moral en el trabajo o la tutela de la dignidad del trabajador*. Madrid: Federacion de Servicios Públicos de Madrid, 2004. p. 76.

(342) EDWARD, José. Assédio Moral: O lado sombrio do trabalho. *Revista Veja*, Editora Abril, ano 38, n. 28, 104-108, verão, p. 108, jul. 2005.

> A empresa em que eu trabalhava foi privatizada e passei a ser pressionada a aderir a um plano de demissão voluntária. Como resisti, fui passada de funções executivas para o preenchimento de formulários. Eu e outros colegas fomos abandonados num prédio antigo. Sem cadeiras, sentávamos em latões de lixo. No prédio novo, fomos postos em exposição numa sala de vidro (Maria Aparecida Berci Luiz, 50 anos, ex-gerente de uma empresa).

Entretanto, faz-se necessária uma análise precisa do caso concreto, pois, exemplificadamente, caso tenha sido adotada alguma conduta legítima para redução de gastos, esta não pode ser entendida como uma conduta assediadora. Neste sentido, já entendeu o Tribunal Regional do Trabalho da 5ª Região:

> ASSÉDIO MORAL. INOCORRÊNCIA. Se a prova oral revela que o desligamento das luzes e do ar-condicionado atingia a todos os empregados, pois tinham como objetivo a redução de gastos, não resta caracterizado o assédio moral alegado pelo empregado (Processo 00689-2007-342-05-00-6; Rec. Ord, ac. n. 005295/2009; Relator Desembargador Valtércio de Oliveira; 4ª Turma; DJ 2.4.2009).

Ademais, é necessária também esta análise, pois, muito embora se possa alegar uma situação desumana de trabalho, esta deverá ser demonstrada diante da subjetividade desta condição. Neste sentido, mais uma vez, decidiu o TRT da 5ª Região:

> DO DANO MORAL. ASSÉDIO MORAL. Não restou demonstrado nos autos a prática de ilícito por parte da empresa de modo a ficar caracterizado o dano ao empregado, no tocante às condições desumanas de trabalho, nem quanto ao rigor excessivo no tratamento dado pelo seu superior hierárquico (Processo 00658-2008-033-05-00-0; Rec Ord, ac. n. 004683/2009; Relatora Juiza Convocada MARIA ELISA COSTA GONÇALVES; 2ª TURMA; DJ 18.3.2009).

É uma diretriz que não se pode negar.

3.6.7. As imposições profissionais e o poder disciplinar

Diz Hirigoyen(343):

> O assédio moral é um abuso e não pode ser confundido com decisões legítimas, que dizem respeito à organização do trabalho, como transferência e mudanças de função, no caso de estarem de acordo com o contrato de trabalho. Da mesma maneira, críticas construtivas e avaliações sobre o trabalho executado, contanto que sejam explicitadas, e não utilizadas com um propósito de represália, não constituem assédio. É natural que todo o trabalho apresente um grau de imposição e dependência.

---

(343) HIRIGOYEN, Marie France. *Mal estar no trabalho*: redefinindo o assédio moral. Tradução de Rejane Janowitzer. Rio de Janeiro: Bertrand Brasil, 2002. p. 34-35.

Tratam-se de situações legítimas. Tanto que, exemplificamente, se reconhece previsível, até mesmo, o desgaste emocional decorrente da destituição da função de confiança, fruto de uma opção do empregador. Neste sentido, já decidiu o Tribunal Regional do Trabalho da 5ª Região:

> DANO MORAL. A reversão ao cargo efetivo, implicando em perda de poder, diminuição de atribuições, consequentemente, o desempenho de funções menos relevantes e a retirada de poderes ao trabalhador, em função da destituição de função de confiança, haveria de produzir desgaste emocional ou o sentimento de frustração, perfeitamente previsíveis, eis que vinculados ao sentimento de perda gerado pela destituição do cargo de confiança, não se reconhecendo daí assédio moral se inexistentes provas cabais e consistentes à sua configuração (Processo 01606-2003-531-05-00-5 RO, ac. n. 013304/2005, Relatora Desembargadora ILMA AGUIAR, 1ª TURMA, DJ 19.12.2006).

Acerca da cobrança por produtividade, já decidiu também o Tribunal Regional do Trabalho da 5ª Região que:

> ASSÉDIO MORAL. INOCORRÊNCIA. Não se reconhece a existência de assédio moral capaz de gerar efeito reparatório, quando a alegada pressão do empregador por metas e objetivos, além de genérica, não vai além de cobrança por padrões mínimos de produtividade (TRT 5ª Região, RO14.2007.101.14.00-6, Rel. Des. Ivana Mercia Nilo de Magaldi).

Ademais, sobre o legítimo interesse do empregador em exigir a produtividade de seus funcionários, decidiu o E. Tribunal Regional do Trabalho da 10ª Região que:

> DANO MORAL. ASSÉDIO MORAL. ELEMENTOS CARACTERIZADORES. EXEGESE. ASSÉDIO MORAL. ELEMENTOS CARACTERIZADORES. O assédio moral está ligado às condições hierárquica e de autoridade do empregador, mais especificamente aos desvios no uso destas faculdades, não se confundindo com a 'pressão' psicológica resultante do recrudescimento do mercado de trabalho no qual se insere a atividade do empregado, tampouco com o simples 'receio de perder o emprego'. O empregador detém legítimo direito de exigir produtividade dos seus empregados, porque assume os riscos da atividade econômica (CLT, art. 2º). Inexistem nos autos elementos que apontem no sentido de a empregada ter sido exposta a situação humilhante ou constrangedora, ou mesmo sofrimento psicológico, por ter sido afastada do local de trabalho ou por ter sido remanejada para outro departamento. Simples desconforto não caracteriza assédio moral e não justifica indenização pretendida (TRT 10ª Região, RO 00378-2005-801-10-00-3, Relatora Juíza Elaine Machado Vasconcelos, julgamento publicado no DJDF de 7.12.2005).

É fato que, em vários contratos de trabalho, existem cláusulas, na qual constam objetivos a serem atingidos, que terminam por pressionar os empregados. Seria um "assédio clausular", como evidencia Hirigoyen[(344)], que, de fato, implicaria a sujeição permanente do obreiro.

Em outras situações, deve-se ponderar acerca da motivação praticada pelos gerentes e mal recebida pelos funcionários — ou seja, ponderar sobre a comunicação entre os níveis hierárquicos.

Nesses casos, o que se vê é que o dirigente, buscando incentivar, é visto como assediador. Em alguns casos, o equívoco está na forma de se comunicar com os obreiros, porém, outras vezes, o problema está na forma como ele é interpretado.

---

(344) HIRIGOYEN, Marie France. *Mal estar no trabalho*: redefinindo o assédio moral. Tradução de Rejane Janowitzer. Rio de Janeiro: Bertrand Brasil, 2002. p. 35.

Hirigoyen[345], sobre o tema, conclui seu pensamento ao dizer que:

> Estamos convictos de que podem contestar que a diferença entre a pressão legítima de um superior hierárquico para fazer seus empregados trabalharem e um comportamento abusivo não aparece sempre de maneira evidente. A resposta que se pode dar é que os executivos devem aprender a transmitir suas mensagens de um modo respeitoso e levando em conta a personalidade do empregado.

Enfrentando situação dentro desta temática, posiciou-se o E. Tribunal Superior do Trabalho:

> AGRAVO DE INSTRUMENTO. RECURSO DE REVISTA. HORAS EXTRAS. COMISSIONISTA MISTO. Provável contrariedade à Súmula 340/TST. Agravo de instrumento provido para determinar o processamento do recurso de revista. RECURSO DE REVISTA. HORAS EXTRAS. TRABALHO EXTERNO. PRÉ-VENDEDOR. CONTROLE DE JORNADA. SÚMULA 126/TST. Decidida a controvérsia a respeito da existência do controle de jornada do reclamante com base no exame do conjunto probatório, apenas mediante reexame de fatos e provas poder-se-ia chegar a conclusão diversa. HORAS EXTRAS. COMISSIONISTA MISTO. LIMITAÇÃO DA CONDENAÇÃO AO ADICIONAL, NO QUE TANGE À PARTE VARIÁVEL DA REMUNERAÇÃO. Esta e. Corte já firmou entendimento no sentido de que, sendo o empregado comissionista misto, suas horas extras são pagas, no que tange à parte variável da remuneração, mediante aplicação da Súmula n. 340 do TST. Precedentes. ASSÉDIO MORAL. INDENIZAÇÃO POR DANOS MORAIS. Comprovado que o reclamante, ao descumprir as metas de vendas estabelecidas, era submetido a constrangimentos perante outros empregados, uma vez que as chefias obrigavam-no a dar voltas pela sala de reuniões, fazer flexões, receber apelidos e ouvir expressões de baixo calão, patente a existência de assédio moral que enseja a devida reparação por danos morais. Recurso de revista parcialmente conhecido e provido. (RR — 88440-91.2006.5.08.0008 , Relator Ministro: Horácio Raymundo de Senna Pires, Data de Julgamento: 6.10.2010, 3ª Turma, Data de Publicação: DEJT 15.10.2010).

Outro ponto que merece destaque é acerca do poder disciplinar do empregador, que é inerente a estrutura hierarquizada das empresas.

Trata-se, na realidade, de um verdadeiro poder de punir o empregado, após uma análise unilateral das condutas adotadas por este.

É evidente que, diante da natureza desse instituto, abusos podem efetivamente acontecer. Entretanto, é lógico que a empresa que atua dentro dos limites do poder disciplinar, apenas punindo aqueles que desrespeitam as normas estabelecidas, não podem ser responsabilizada pela prática de um suposto ato ilícito. Neste sentido, mais uma vez, decidiu o Tribunal Regional do Trabalho da 5ª Região:

> ASSÉDIO MORAL. DANO. PUNIÇÕES POR PARTE DA EMPRESA. A empresa que age dentro dos limites do seu poder de direção e mando ao aplicar punições ao empregado que não se atém às normas internas exaradas, nem às tarefas inerentes à sua função, não pratica assédio

(345) HIRIGOYEN, Marie France. *Mal estar no trabalho*: redefinindo o assédio moral. Tradução de Rejane Janowitzer. Rio de Janeiro: Bertrand Brasil, 2002. p. 36.

moral, não havendo ilícito nem consequente dano a ser reparado, com base na prova colhida (Processo 01278-2005-004-05-00-5 RO; ac. n. 016186/2006; Relatora Desembargadora Nélia Neves; 4ª TURMA; DJ 13.7.2006).

E a mais a ponderar.

3.6.7.1. A tendência ao desvirtuamento das imposições profissionais em época de crise econômica

Em períodos de crise econômica, como a vivida em 2008 e a iniciada em 2015, existe uma tendência de incremento do aumento da pressão, dentro das organizações, principalmente, diante dos riscos das dispensas coletivas, em razão das perdas econômicas.

Com a intensificação da competição e consequentemente da tensão existente no mercado, o assédio moral tende a crescer, principalmente, em empresas que tiveram uma redução significativa de seu patrimônio diante da crise.

Assim, a pressão é dirigida, inclusive, aos altos gestores das empresas no intuito de que sejam alcançados os resultados pretendidos.

Nesse caminho, cumpre destacar, como visto no tópico anterior, que a cobrança de metas faz parte do cotidiano de qualquer empresa. Entretanto, a questão é que, muitas vezes, a forma de cobrança atinge efetivamente a dignidade do trabalhador, como nos casos do assédio moral.

Sobre o tema, pondera Lopes[346] que: "a imposição de metas para alcançar maior produtividade não implica qualquer violação aos direitos do empregado. Ao contrário, já que podem servir como motivação para alcançar bônus ou prêmios".

Como se sabe, na realidade, nem sempre esta cobrança dá-se por políticas motivacionais, com gratificações para aqueles que atinjam as metas estabelecidas.

É fato que, as condutas abusivas, diante do quadro trazido em momento de crise, tendem a ser adotadas por parte das empresas, como bem trazido por Fernandes e Rolli[347], em matéria produzida no jornal Folha de S. Paulo:

> A.S., ex-diretor de recursos humanos de uma indústria de motocicletas, diz que não apoiou a demissão de centenas de funcionários que poderiam ser lesados em seus direitos. Perdeu o poder na empresa, foi ameaçado veladamente e acabou demitido no mês passado. O executivo decidiu cobrar na Justiça do Trabalho o assédio moral que acredita ter

---

(346) LOPES, Otávio Brito. Casos de assédio moral crescem na crise. *Folha de S. Paulo*, São Paulo, 23 março de 2009. Caderno dinheiro, p. B1. Entrevista concedida a Fátima Fernandes e Claudia Rolli.

(347) FERNADES, Fátima; ROLLI, Cláudia. Casos de assédio moral crescem na crise. *Folha de S. Paulo*, São Paulo, 23 março de 2009. Caderno dinheiro, p. B1.

sofrido após as medidas que a companhia adotou para enfrentar os efeitos da crise mundial.

Nesse sentido, acerca da pressão existente nestes momentos de crise, ponderou Heloani[(348)] que:

> Existe uma crise real e uma imaginária, que torna os funcionários mais inseguros e angustiados. Com esta tensão coletiva, o clima é de maior disputa. Quem está fora de mercado quer entrar, e quem está dentro não quer sair. Os gestores são mais pressionados, pressionam os empregados da produção, e as situações de assédio moral vão se alastrando.

Em período de crise econômica, como o ora em curso, inúmeras são as propostas para tentativa de resolução dos problemas, sendo as medidas de flexibilização sempre lembradas. Entretanto, tais medidas não agradam a unanimidade dos interessados, sendo peremptoriamente rejeitadas por muitos, como, por exemplo, Ruschel[(349)] que diz:

> A diminuição da proteção do trabalhador, por incentivo a essas novas regras, implicam no aumento das desigualdades sociais existentes e, dentre essas, as práticas de assédio certamente estarão ampliadas antes mesmo de promover a inserção dos trabalhadores no mundo competitivo.
>
> Ao invés de ganharmos em cidadania e solidariedade, tornaremos definitivas — como é o costume no Brasil — novas formas de deterioração dos direitos sociais.
>
> Finalmente, quando são buscadas novas regulamentações, há que afastar o frágil argumento de que as leis e regulamentações devem acompanhar as mudanças sociais, vemos crescer no mundo contemporâneo, cada dia mais, casos e estudos sobre práticas de assédio, doenças ocupacionais, suicídios relacionados com as pressões do trabalho e o discurso falacioso de crescimento econômico. Na prática, o que se pode observar é um desenvolvimento incompatível com as necessidades dos homens ou de seus países.

Ou seja, na prática, em momentos de crise, se faz necessário o aumento da fiscalização nas organizações, pois, como visto linhas acima, esta situação tende a incrementar a adoção de práticas danosas aos trabalhadores.

---

(348) HELOANI, Roberto. Casos de assédio moral crescem na crise. *Folha de S. Paulo*, São Paulo, 23 março de 2009. Caderno dinheiro, p. B1. Entrevista concedida a Fátima Fernandes e Claudia Rolli.

(349) RUSCHEL, Ingrid. *Assédio moral no contexto da atual crise mundial*. Disponível em: <http://www.unafisco-poa.org.br/noticia_ler.php?id=9704>. Acesso em: 20 maio 2009, p.1.

Afinal, como pontua Ruschel[(350)]:

> Ora, afirmam os estudiosos que a economia busca minimizar suas perdas, a partir de práticas de redução de custos, essas cada vez menos humanizadoras, na mesma lógica a perspectiva é de que o trabalho tende a ser tratado, cada vez mais, como mero objeto e o sujeito que o presta transformar-se em mercadoria.

Definitivamente, é algo a refletir.

3.6.8. As posições vitimárias e as falsas alegações de assédio moral

Algumas pessoas acomodam-se na posição de vítimas. Com isto, perseguem continuamente seu suposto agressor, a fim de obter uma reparação.

Essa posição assumida permite que as pessoas furtem-se de sua responsabilidade quando cometem eventuais erros.

Hirigoyen[(351)] bem adverte que "é preciso tomar cuidado para que alguns casos de falsas alegações de assédio moral, que estão aparecendo atualmente não venham a fazer cair no descrédito da realidade do que sofrem as verdadeiras vítimas". Sobre o risco deste descrédito, destacam Fiorelli, Fiorelli e Malhadas Jr.[(352)]: "alegações desprovidas de fundamento comprometem o instituto do assédio moral e lhe imprimem a alcunha de depositário de mágoas e objeto de vingança contra meras oscilações ocasionais e inconsequentes de humor (...)".

Nesse sentido, evidenciam-se os riscos oriundos dos paranóicos. Na maior parte dos casos, seu comportamento denuncia a falsidade das alegações, principalmente pelo meio espalhafatoso como normalmente descrevem a ocorrência do evento danoso.

Diferentemente das verdadeiras vítimas, o paranóico não busca a solução amigável e, sim, o caminho até as últimas consequências.

Nesse sentido, destaca Rodenas[(353)]:

> La persona esquizofrénica percibe alucinaciones auditivas, visuales y mentales. Debido a las percepción alterada y al deterioro de la función

(350) RUSCHEL, Ingrid. *Assédio moral no contexto da atual crise mundial*. Disponível em: <http://www.unafisco-poa.org.br/noticia_ler.php?id=9704>. Acesso em: 20 maio 2009, p.1.

(351) HIRIGOYEN, Marie France. *Mal estar no trabalho*: redefinindo o assédio moral. Tradução de Rejane Janowitzer. Rio de Janeiro: Bertrand Brasil, 2002. p.71.

(352) FIORELLI, José Osmir; FIORELLI, Maria Rosa; JUNIOR, Marcos Julio Olivé Malhadas. *Assédio moral*: uma visão multidisciplinar. São Paulo: LTr, 2007. p. 180.

(353) RODENAS, Maria José Romero Rodenas. *Protección frente al acoso moral en el trabajo*. 3. ed. Albacete: Editorial Bomarzo, 2005. p.30-31.

> cerebral llega a creerse perseguida en el trabajo (paranoia) o que es la figura central de lo que ocurre a su alrededor (ideas de referencia). Estas "falsas" convicciones son debidas a un deterioro de la función cerebral y, generalmente, no se cambian mediante hechos o razonamientos, sino sólo con un tratamiento médico y farmacológico. El individuo es incapaz de comprender que sus ideas carecen de fundamento y que está enfermo, albergando frecuentemente la idea de que existe un complot en su contra para expulsarlo del trabajo, creyéndose así víctima de un acoso laboral que sólo existe en su imaginación. En estos casos y aún cuando el trabajador pudiera insistir en la idea de acoso en el trabajo, es evidente que su deterioro psíquico es ajeno a las relaciones interpersonales mantenidas en la empresa e incluso al propio trabajo, por lo que ninguna relación guarda con el mobbing.

Além disso, Hirigoyen[354] assevera bem que:

> As verdadeiras vítimas de assédio moral se sentem em dúvida, interrogam-se sobre as próprias falhas e procuram soluções para acabar com o seu tormento. É, aliás, por esta razão que deixam a situação se arrastar e não reagem suficientemente cedo. Querem antes de tudo encontrar uma saída que restabeleça sua dignidade. Os paranóicos, ao contrário, não têm dúvida. Afirmam e acusam. Outro problema que merece certa atenção é quando há deturpação da perversidade humana. Nestes casos, o indivíduo não é paranóico, mas sim perverso. Tenta desmoralizar alguém, por motivos injustificáveis, denunciando-o de forma espalhafatosa, atraindo a simpatia do grupo para vingar e destruir o outro.

Hirigoyen[355] trata de uma forma bem objetiva este tópico ao discorrer:

> De um modo geral, as 'falsas vítimas perversas' são claramente mais identificáveis e mesmo teatrais do que as verdadeiras pessoas assediadas moralmente, pois elas não hesitam em apelar para a mídia. Não têm a mínima intenção de fazer um acordo, pois estão interessadas antes de tudo nas vantagens pecuniárias que podem resultar da situação.

Ademais, não se deve deixar de mencionar que pode também o indivíduo, a depender de suas circunstâncias de vida, fazer uma denúncia de assédio moral com intuito de locupletar-se de vantagem indevida.

---

(354) HIRIGOYEN, Marie France. *Mal estar no trabalho*: redefinindo o assédio moral. Tradução de Rejane Janowitzer. Rio de Janeiro: Bertrand Brasil, 2002. p.73.
(355) HIRIGOYEN, Marie France. *Mal estar no trabalho*: redefinindo o assédio moral. Tradução de Rejane Janowitzer. Rio de Janeiro: Bertrand Brasil, 2002. p.75.

Nesse sentido, pontuam Rolli e Fernandes(356): "não há legislação federal específica para o assédio moral no Brasil. Por isso, parte dos advogados crê que, em épocas de crise, o assédio pode ser "usado" pelos trabalhadores para pleitearem indenizações".

Nesse caminho, pondera Gantus(357) que:

> Há pedidos absurdos relativos a assédio moral e com valores desproporcionais. Essa situação é fruto da angústia e de desespero dos trabalhadores quando são demitidos. Com isso, demandas verdadeiras de assédio moral ficam sujeitas à ideia de também serem despropositadas.

Diante desses fatos, inúmeras cautelas devem ser adotadas, perante o caso concreto, no intuito de que não haja locupletamento de vantagem indevida por meio de um processo.

3.6.9. Síndrome de desgaste pessoal ou *burn out*

A expressão *burn out* é atribuída a H. Freudenthal, que a definiu como uma síndrome de desgaste físico e mental intenso, produzindo verdadeiro esgotamento, decorrente de um estresse laboral crônico.

Como se pode ver, não há como confundi-la com o assédio moral, embora possa fazer parte do conjunto de consequências por ele desencadeadas.

Sobre o tema, observam José Vicente Rojo e Ana Maria Cervera:

> Lo que ahora importa dejar claro es que, de manera general, se entiende que el 'síndrome de desgaste personal' no proviene de ningún ataque o acoso intencionado, sino de una mala política de gestión empresarial en la que no hay intención alguna de provocar el apartamiento de uno de los componentes de la organización(358).

Vale destacar, inclusive, que, é sintomático que, na Espanha, a expressão é traduzida como "síndrome del quemado", termo muito ilustrativo da dramática situação que acarreta.

---

(356) FERNADES, Fátima; ROLLI, Cláudia. Casos de assédio moral crescem na crise. *Folha de S. Paulo*, São Paulo, 23 março de 2009. Caderno dinheiro, p. B1.

(357) GANTUS, Guilherme Miguel. Casos de assédio moral crescem na crise. *Folha de S. Paulo*, São Paulo, 23 março de 2009. Caderno dinheiro, p. B1. Entrevista concedida a Fátima Fernandes e Claudia Rolli.

(358) ROJO, José Vicente; CERVERA, Ana Maria. *Mobbing o acoso laboral*. Madrid: Editorial Tébar, S. L., 2005. p. 44-45.

3.6.10. Outras formas

A casuística traz (e ainda trará) inúmeras outras hipóteses de condutas que não configuram assédio moral.

Entretanto, é interessante visualizar algumas já elencadas por Hirigoyen(359) com muita propriedade, quais sejam:

> — A violência externa, oriunda de incivilidades, quer de uma agressão de mão armada ou uma agressão de cliente, não é em si assédio moral. Contudo, pode acontecer que o comportamento de certos clientes seja semelhante a ele. Nesse caso, por ter a agressão procedência externa, é do dever da empresa tomar medidas para proteger seus funcionários;
>
> — A violência física não é um assédio em si, mesmo que situações de assédio possam degenerar e que as pessoas cheguem às vias de fato. É importante, neste caso, fazer a denúncia. Segundo a Organização Mundial do Trabalho (OMT), é no setor de serviços que a violência física é mais elevada (6% nas administrações públicas e 5% no comércio);

No próximo capítulo, serão abordados os efeitos do assédio moral e a legislação de referência sobre a matéria.

---

(359) HIRIGOYEN, Marie France. *Mal estar no trabalho*: redefinindo o assédio moral. Tradução de Rejane Janowitzer. Rio de Janeiro: Bertrand Brasil, 2002. p. 33.

Capítulo IV

EFEITOS DO ASSÉDIO MORAL E LEGISLAÇÃO DE REFERÊNCIA

4.1. ASPECTOS INICIAIS

A prática do assédio moral só traz malefícios, tanto para o empregado assediado e para o assediador, quanto para o empregador, e para toda a sociedade.

Os efeitos negativos[360] decorrentes dessa prática não têm qualquer proteção jurídica específica, entretanto deve-se ponderar que essa prática implica a violação dos deveres contratuais[361] (arts. 483 e 482 da CLT), bem como a violação do dever de proteção da dignidade da pessoa do trabalhador.

4.2. SOB A ÓTICA DO EMPREGADO ASSEDIADO

Os reflexos, nesse sujeito, normalmente são devastadores. O trabalhador é o hipossuficiente da relação subordinativa trabalhista, submetendo-se ao poder diretivo e disciplinador do seu patrão.

---

(360) Nesse caminho, pontua Rodenas que: "las consecuencias de los conflictos interpersonales qe se presentan en el interior de la empresa, se trasladan al conjunto de la sociedad que ha de asumir los altos costos que representa la atención a las personas que han sufrido daños psíquicos como consecuencia de la violencia ejercida frente a las mismas. Es por ello que el acoso moral en los lugares de trabajo no es sólo un problema de empresa, que afecta exclusivamente a las relaciones personales en el seno de una organización productiva, sino que transciende al conjunto de la sociedad por las graves consecuencias que el hostigamiento psicológico acarrea a las víctimas, que frecuentemente han de recibir asistencia de los sistemas públicos de protección social". *In* RODENAS, Maria José Romero Rodenas. *Protección frente al acoso moral en el trabajo*. 3. ed. Albacete: Editorial Bomarzo, 2005. p. 9.

(361) Diz José Luis Ugarte Cataldo: "En Chile, como en toda la tradición jurídica laboral continental, se ha sostenido que uno de los efectos fundamentales de la celebración de un contrato de trabajo corresponde a un conjunto de deberes denominados éticos-jurídicos, los que serían una muestra del humanismo que debe presidir las relaciones laborales". In: CATALDO, José Luis Ugarte. *El nuevo derecho del trabajo*. Santiago de Chile: Editorial Universitaria, 2004. p.124.

4.2.1. *Ataque à integridade físico-psíquica e a reparação por danos morais*

Quando o assédio moral se instala, tal processo destrutivo vai minando o bem estar do indivíduo em todas as suas esferas. Tanto no lado profissional, quanto no lado pessoal(362), o trabalhador se vê acuado(363) diante desta prática injusta e desumana.

Prontamente, sua integridade físico-psíquica(364) é afetada, como também sua autoestima e produtividade. Sobre esses efeitos nefastos, traz Guedes(365) que:

> O tratamento clínico dos pacientes vitimados pelo *mobbing* avançou de modo decisivo quando *Leymann* descobriu que a "Desordem Pós-traumática por Estresse" (PTSD) era o diagnóstico psiquiátrico e psicologicamente correto para aproximadamente 95% de um gupo de 64 pacientes vítimas do psicoterror no trabalho. O *mobbing* é definido como forma extrema de estresse social no local do trabalho. Nesse tipo de conflito a vítima é submetida a um sistemático processo de estigmatização e abuso dos direitos civis, por meio de hostilidades e comportamentos aéticos. A estatística de 64 diagnósticos efetuados por *Leymann* mostrou um severo grau de PTSD (Desordem Pós-traumática por Estresse) comparável com o PTSD oriundo de uma guerra ou prisão nos campos de concentração.

---

(362) Segundo Aguiar: "O trabalhador moralmente assediado internaliza sua culpa e acredita que tem uma efetiva participação na doença. Esta etapa, difícil de ser rompida, coincide com as radicais tentativas de solucionar o problema". In: AGUIAR, André Luiz Souza. *Assédio moral*: o direito à indenização pelos maus-tratos e humilhações sofridos no ambiente do trabalho. São Paulo: LTr, 2005. p. 52.

(363) Segundo Rodenas: "El temor a la pérdida del empleo, al establecimiento de condiciones laborales menos favorables, a ser discriminado en la empresa, etc, son circunstancias que influyen en un cierto aquietamiento de las víctimas de acoso. El superior utiliza su posición dominante en el organigrama empresarial para quebrar la resistencia del acosado, que cada vez siente más aislado e impedido de dar respuesta a las conductas que padece, ya que uno de los objetivos que se persigue con la intimidación del trabajador es la de hacerle sentir que se encuentra si apoyo o respaldo por parte de otros compañeros de trabajo, a la vez que con tal proceder se existente el temor entre el resto de la plantilla, que se desvincula y aparta del trabajador acosado por miedo a sufrir el mismo trato". In: RODENAS, Maria José Romero Rodenas. *Protección frente al acoso moral en el trabajo*. 3. ed. Albacete: Editorial Bomarzo, 2005. p.16.

(364) Os efeitos para o organismo não se limitam ao aspecto psíquico, mas adentram no aspecto físico, fazendo com que todo o organismo se ressinta das agressões. Os distúrbios podem atingir o aparelho digestivo ocasionando bulimia, problemas gástricos diversos e úlcera. Sobre o aparelho respiratório, a queixa mais frequente é a falta de ar. Sobre as articulações, podem ocorrer dores musculares, sensação de fraqueza nas pernas, sudoração, tremores, como também dores nas costas e problemas na coluna. Sobre o cérebro, verificam-se ânsias, ataques de pânico, depressão, dificuldade de concentração, insônia, perda de memória e vertigens. Sobre o coração, os problemas podem evoluir de simples palpitações e taquicardias para o infarto do miocárdio. E o enfraquecimento do sistema imunológico reduz as defesas, abrindo as portas para diversos tipos de infecções e viroses. Todas estas consequências nefastas também são tratadas por Guedes. *In* GUEDES, Márcia Novaes. *Terror psicológico no trabalho*. São Paulo: LTr, 2003. p. 94.

(365) GUEDES, Márcia Novaes. Assédio moral e responsabilidade das organizações com os direitos fundamentais dos trabalhadores. *Revista da Anamatra II*, São Paulo, p. 34-50, p. 44, dez. 2003 b, p. 44.

No ambiente de trabalho, o indivíduo sofre com o mal-estar e com a humilhação perante os colegas, fato que faz com que ele possa entrar em quadro de depressão, com risco de suicídio.

Além disso, havendo pressão no ambiente de trabalho, cai sua produtividade, não só pelo fato de a produtividade estar diretamente ligada ao grau de satisfação do empregado em relação ao seu emprego, como também pelo fato de que reduzirá sua produção em razão das eventuais faltas para seu tratamento. Daí a necessidade de imediata identificação dos sintomas evidenciados pelo assediado[(366)], para que seja possível o resgate de sua auto-estima e saúde com o fim desse processo depreciativo.

Afinal, como detalha Piñuel[(367)]:

> La víctima de las agresiones va perdiendo gradualmente la fe y la confianza en sí misma, a consecuencia de lo cual se ven afectados diferentes aspectos de su vida. Entra en un tipo de estrés creciente que va minándola físicamente y que termia haciéndose crónico e inespecífico, dando lugar a multitud de afecciones o enfermedades somáticas crónicas, que suelen conducir a baja laboral, incapacidad temporal o incluso incapacitación permanente. La calidad del trabajo y la eficacia del trabajador se ven alteradas a la baja, proporcionándo-se de este modo nuevos argumentos al acosador para seguir justificando su agresión a la víctima e incrementando perversamente la percepción pública de que se trata de un castigo merecido por parte de ésta.

No ambiente familiar e social[(368)], os reflexos são indiretos. O indivíduo, massacrado mesmo que, silenciosamente, no ambiente de trabalho, vê-se amargurado com sua própria pessoa. O sentimento de fracasso interfere em seu bem-estar e, por via de consequência, em suas relações interpessoais.

---

(366) Sobre os efeitos, diz Thome: "O assédio moral no ambiente de trabalho pode gerar graves danos à saúde física e mental do trabalhador, podendo evoluir para uma doença do trabalho como estresse, síndrome do *burn-out*, depressão, distúrbios cardíacos, endócrinos e digestivos, alcoolismo, dependência de drogas, tentativa de suicídio ou, ainda, sua consumação. Se a vítima de assédio moral ficar exposta aos atos agressores durante muito tempo, poderá desenvolver estresse pós-traumático, podendo acarretar os seguintes sintomas: lembranças obsessivas, pesadelos, nervosismo, depressão, bem como casos de estados de esquizofrenia e paranoia. A vítima de assédio moral acaba por ter que escolher entre a saúde de seu corpo e mente e o direito ao emprego, única fonte de sobrevivência". In: THOME, Candy Florencio. *O assédio moral nas relações de emprego*. São Paulo: LTr, 2008. p. 84-85.

(367) PINUEL, Inaki. *Mobbing* — manual de autoayuda para superar el acoso psicológico en el trabajo. Buenos Aires: Aguilar, 2003. p. 42.

(368) Para Guedes, os danos na esfera emocional atingem em cheio a vida familiar e social da vítima, desencadeando crise existencial, crise de relacionamento e crise econômica. Sabe-se que o trabalho é a principal fonte de reconhecimento social e realização pessoal. O homem identifica-se pelo trabalho. Na medida que a vítima sente que está perdendo o seu papel e sua identidade social, que está perdendo sua capacidade de projetar-se no futuro, verifica-se uma queda da auto-estima e surge o sentimento da culpa; a vítima é tomada por grave crise existencial. A crise de relacionamento ocorre tanto na família quanto na esfera social. In: GUEDES, Márcia Novaes. GUEDES, Márcia Novaes. *Terror psicológico no trabalho*. São Paulo: LTr, 2003. p. 94.

Em reportagem elaborada por Edward[369], publicada na *Revista Veja*, demonstrou a interferência do fenômeno, no âmbito familiar, em consequência das humilhações sofridas no trabalho. Veja-se:

> Durante um ano e quatro meses vivi num inferno, como vendedor de uma companhia de bebidas. A ordem da gerência era ridicularizar quem não cumpria as metas. Nas reuniões que precediam as nossas saídas para a rua, cada vendedor relatava os resultados do dia anterior. Quando eu era um dos que não tinham alcançado a meta, me via obrigado a pagar prendas, como subir na mesa e fazer flexões. Ao mesmo tempo, meus colegas eram instigados pelos gerentes a passar as mãos nas minhas nádegas. Às vezes, era obrigado a desfilar de saias ou passar por um corredor polonês formado pelos colegas, ouvindo palavrões e ofensas, como 'burro' e 'imprestável'. Em seguida, eu ia para o banheiro e chorava escondido. Um dia de trabalho depois disso era o maior sacrifício. *Em casa, vivia estressado, brigava com a minha mulher. Vivia a ponto de explodir.* (Ronaldo Nunes Carvalho, 37 anos, vendedor em Porto Alegre, conquistou o direito a uma indenização de 21 600 reais em virtude das humilhações sofridas como vendedor de uma cervejaria).

Pode-se dizer que as relações familiares são atingidas, principalmente, quando o indivíduo, por vergonha, não revela sua angústia aos seus parentes. Com isto, termina por ficar isolado, bem como tende a brigar mais facilmente com seus familiares. Sobre esse aspecto, pondera Guedes[370]:

> Normalmente a vítima do *mobbing* tende a desafogar as frustações e a raiva acumuladas no trabalho no ambiente familiar e amigável; parentes e amigos tornam-se o ponto de desafogo natural da vítima. A capacidade da família e dos amigos de suportarem esta situação é limitada, e a intolerância destes debilitam ainda mais o equilíbrio da vítima, que acaba se isolando. Verifica-se, assim, o *doppio mobbing*, identificado e estudado por *Harald Ege*. Se a situação persiste por certo tempo, pode conduzir também à ruptura das relações familiares (separação ou divórcio na maioria dos casos). Trata-se, segundo o autor, de uma situação particularmente evidente na Itália, onde o papel social da família é ainda muito forte, diversamente do que acontece nos países nórdicos, onde o liame do indivíduo com a família, sobretudo aquela de origem, tende a esfriar muito cedo facilitado e perseguido pelo sistema educacional.

Assim, inquestionável é que este ataque ao trabalhador atinge a sua esfera extra patrimonial, qual seja, seus direitos da personalidade.

---

(369) EDWARD, José. Assédio moral: o lado sombrio do trabalho. *Revista Veja*, Editora Abril, ano 38, n. 28, 104-108, p.107, verão, jul. 2005.

(370) GUEDES, Márcia Novaes. *Terror psicológico no trabalho*. São Paulo: LTr, 2003. p. 53.

E, como se verá nesse estudo, linhas adiante, caberá efetivamente reparação aos danos(371) sofridos pelos empregados submetidos ao processo de assédio moral.

Nesse sentido, sustenta Pamplona(372):

> A fórmula encontrada pelo ordenamento jurídico para reparar tal dano foi a possibilidade jurídica de estipulação de uma compensação, não necessariamente pecuniária (apesar de ser, frequentemente, a mais adotada), para tentar amenizar a dor sofrida pela vítima. Esta sanção pelo dano moral poderá, inclusive, consistir em uma retratação ou desagravo público, o que, de certa forma, também compensa a dor sentida pela vítima.

No caso de suicídio em virtude de assédio moral, pode-se ainda discutir acerca da possibilidade de reconhecimento da ocorrência de acidente de trabalho nesta hipótese.

Sobre tal tema, importante observação é feita por Pereira:

> Consequentemente, se o motivo determinante para a decisão de cometer suicídio está relacionado com o processo de assédio moral a que a

---

(371) Quanto aos danos morais, entende o E. Tribunal Superior do Trabalho: RECURSO DE REVISTA. 1. PRELIMINAR DE NULIDADE POR NEGATIVA DE PRESTAÇÃO JURISDICIONAL. Quando a decisão se mostra bem lançada, com estrita observância das disposições dos arts. 93, IX, da Constituição Federal, 458 do CPC e 832 da CLT, não se cogita de nulidade por negativa de prestação jurisdicional. Recurso de revista não conhecido. 2. DOENÇA PROFISSIONAL. CARACTERIZAÇÃO. RESPONSABILIDADE DO EMPREGADOR. Comprovada a existência de nexo de causalidade entre a doença que acometeu o empregado e o trabalho desempenhado, aspecto que se alia à constatação de culpa do empregador pela inobservância das regras de higiene e segurança do trabalho, que culminaram com a perda da capacidade laboral do autor, caracteriza-se a responsabilidade do empregador. Recurso de revista não conhecido. 3. INDENIZAÇÃO POR DANO MORAL. PARÂMETROS RELEVANTES PARA AFERIÇÃO DO VALOR DA INDENIZAÇÃO. SISTEMA ABERTO. DOSIMETRIA DO -QUANTUM- INDENIZATÓRIO. 3.1. Dano moral consiste em lesão a atributos íntimos da pessoa, de modo a atingir valores juridicamente tutelados, cuja mensuração econômica envolve critérios objetivos e subjetivos. 3.2. A indenização por dano moral revela conteúdo de interesse público, na medida em que encontra ressonância no princípio da dignidade da pessoa humana, sob a perspectiva de uma sociedade que se pretende livre, justa e solidária (CF, arts. 1º, III, e 3º, I). 3.3. A dosimetria do -quantum- indenizatório guarda relação direta com a existência e a extensão do dano sofrido, o grau de culpa e a perspectiva econômica do autor e da vítima, razão pela qual a atuação dolosa do agente reclama reparação econômica mais severa, ao passo que a imprudência ou negligência clamam por reprimenda mais branda. 3.4. Assim, à luz do sistema aberto, cabe ao julgador, atento aos parâmetros relevantes para aferição do valor da indenização por dano moral, fixar o -quantum- indenizatório com prudência, bom senso e razoabilidade, sob pena de afronta ao princípio da restauração justa e proporcional. Recurso de revista não conhecido. (RR — 53600-48.2006.5.15.0109, Relator Ministro: Alberto Luiz Bresciani de Fontan Pereira, Data de Julgamento: 6.4.2011, 3ª Turma, Data de Publicação: DEJT 19.4.2011).

(372) PAMPLONA FILHO, Rodolfo. Noções conceituais sobre o assédio moral na relação de emprego. *Jus Navigandi*, Teresina, ano 10, n. 1149, 24 ago. 2006, p. 15. Disponível em: <http://jus2.uol.com.br/doutrina/texto.asp?id=8838>. Acesso em: 13 maio 2009.

> pessoa foi sujeita, não se vislumbra porque o motivo não se deve qualificar o dano morte como originado por uma acidente de trabalho. O critério para a sua determinação reside no facto de o evento que dá origem ao dano, neste caso, ter deixado de ser apenas a sujeição a um processo mais ou menos longo, passando a englobar também o acto de pôr termo à sua vida, o qual, por seu turno, encontra a sua razão de ser na exposição a tal feixe de condutas(373).

Ainda acerca do reconhecimento como acidente, Pereira(374) complementa:

> No caso de a vítima se ter suicidado, no pressuposto de se conseguir se estabelecer o nexo casual entre a sujeição a este feixe de condutas e o dano morte, o evento, porque súbito imprevisto, deve ser considerado como acidente de trabalho. Da prática de actos assédio moral emerge responsabilidade contratual para empregador e aquiliana para trabalhador assediante, competindo a vítima a escolha de os demandar conjuntamente ou não.

Tal entendimento é compartilhado por parte doutrina estrangeira. Neste caminho, sobre o tema diz Rojo(375):

> La sentencia del Tribunal Superior de Justiça de Navarra, de 30 de abril de 2001, reconoce El "mobbing" como accidente de trabajo, "al provenir la enfermedad como consecuencia del ambiente laboral hostil, existindo nexo causal entre la situación laboral y el síndrome psíquico que padece.

O presente estudo, ao analisar os elementos caracterizadores e os efeitos decorrentes do assédio moral, compartilha deste posicionamento, entendendo ser possível a configuração do acidente de trabalho no caso de suicídio decorrente do assédio.

4.2.2. *Da despedida indireta — da interpretação extensiva do art. 483 para a tutela do trabalhador*

Muito embora existam outras modalidades de assédio moral, a vertical descendente (ou até mesmo a estratégica) é a mais comum. Nesta, o poder desvirtuado incide no subordinado, denegrindo a sua imagem, bem como ceifando as suas iniciativas.

---

(373) PEREIRA, Rita Garcia. *Mobbing ou assédio moral no trabalho*: Contributo para a sua Conceptualização. Coimbra: Coimbra Editora, 2009. p. 212-213.

(374) PEREIRA, Rita Garcia. *Mobbing ou assédio moral no trabalho*: contributo para a sua conceptualização. Coimbra: Coimbra Editora, 2009. p. 234.

(375) ROJO, José Vicente; CERVERA, Ana Maria. *O mobbing o acaso laboral*. Madrid: Editorial Tébar, 2005. p. 75.

Nesse sentido, pode-se observar, com base nos exemplos já citados linhas atrás, que uma grande parte das condutas assediadoras, por parte dos empregadores, podem ser enquadradas como justa causa, que levariam à dispensa indireta (art. 483 da CLT). Este é o argumento que se tem construído na doutrina, tendo em vista a falta de dispositivos específicos acerca do assédio moral, com intuito de amenizar as sequelas decorrentes de todo o processo destrutivo.

Desse modo, um maior aprofundamento se faz necessário acerca deste ponto, pois irá ser defendido, neste estudo, o enquadramento da conduta do assédio moral como uma das hipóteses de despedida indireta, motivada pelo empregador, nos termos do art. 483 da Consolidação das Leis do Trabalho (CLT), mediante uma interpretação extensiva dos seus dispositivos. Veja-se.

4.2.2.1. Da despedida indireta

A despedida ou dispensa indireta é traduzida na denúncia do contrato de trabalho por parte do empregado, pelo fato do empregador ter cometido uma ou mais faltas previstas no art. 483 da CLT.

Nas palavras de Barros(376), a despedida indireta é:

> Uma causa de cessação dos contratos em face de atos faltosos praticados pelo empregador, conforme elenco constante do art. 483 da CLT. A rigor, a hipótese é de resolução contratual (falta cometida pelo empregador), embora a prática a intitule rescisão indireta.

Com o reconhecimento da despedida indireta(377), ao empregador caberá o ônus da rescisão do contrato, qual seja, o pagamento de indenização ou percentual sobre os depósitos de FGTS, 13º salário e férias, estes dois proporcionais.

Nesse sentido, esclarece Barros(378) que "o objetivo do legislador foi limitar o poder de comando empresarial e coibir abusos capazes de acarretar danos ao empregado".

Afinal, o ser humano é único, e as pressões e abusos que sofre durante sua vida afetam a sua personalidade, motivo pelo qual se faz necessária sua tutela.

---

(376) BARROS, Alice Monteiro. *Curso de direito do trabalho*. 3 ed. rev. e amp. São Paulo: LTr, 2007. p. 887.

(377) Esclarece o TRT da 5ª Região que: "O assédio moral, como motivo ensejador da ruptura indireta do vínculo, configura-se como um conjunto de posturas, assumidas pelo Empregador ou superior hierárquico, perpetrados de forma habitual, não esporádica, cuja intensidade acarreta uma violência psicológica no ofendido capaz de marginalizá-lo no ambiente de trabalho de tal forma que lhe acarrete dificuldade de relacionar-se, além de sintomas físicos e psíquicos (TRT 5ª Região, RO 00249-2008-191-05-00-3, Rel. Dês. Elisa Amado, 1ª Turma)".

(378) BARROS, Alice Monteiro. *Curso de direito do trabalho*. 3. ed. rev. e amp. São Paulo: LTr, 2007. p. 888.

Tanto é assim que, foi proposto projeto de Lei n. 5.970/2001 que pretendia alterar dispositivos da CLT. Previa o aludido projeto a alteração de dispositivo previsto na alínea "g" do art. 483, dando-lhe a seguinte redação(379):

> Art. 483. [...]
>
> g) praticar o empregador ou seus prepostos, contra ele, coação moral, por meio de atos ou expressões que tenham por objetivo ou efeito atingir sua dignidade e/ou criar condições de trabalho humilhantes ou degradantes, abusando da autoridade que lhe conferem suas funções.

O projeto ainda previa a inserção do art.484-A, com a seguinte redação:

> Art. 484-A: se a rescisão do contrato de trabalho foi motivada pela prática de coação moral do empregador ou de seus prepostos contra o trabalhador, o juiz aumentará, pelo dobro, a indenização devida em caso de culpa exclusiva do empregador.

Verifica-se, portanto, a intenção do legislador de inserir expressamente, neste rol, a hipótese de assédio moral como autorizante da rescisão do contrato por parte do empregado, sendo-lhe devida a respectiva indenização.

Ocorre, no entanto, que, a despeito de ter havido parecer do relator Dep. Daniel Almeida, aprovando o referido projeto, com substitutivo que corrigiu basicamente impropriedades redacionais; a aludida proposta foi arquivada, com base no art. 105 da Resolução n. 18/1989 — Regimento Interno da Câmara dos Deputados —, não tendo sido, até então, desarquivada.

Nesse caminho, cumpre destacar que, mesmo sem a aprovação do aludido projeto, uma grande parte das condutas assediadoras, adotadas por parte dos empregadores, já configurariam hipóteses de justa causa do empregador, que levariam à dispensa indireta (art. 483 da CLT).

Assim, dispõe o art. 483 que:

> Art. 483. O empregado poderá considerar rescindido o contrato e pleitear a devida indenização quando:
>
> a) forem exigidos serviços superiores às suas forças, defesos por lei, contrários aos bons costumes, ou alheios ao contrato;
>
> b) for tratado pelo empregador ou por seus superiores hierárquicos com rigor excessivo;
>
> c) correr o risco manifesto de mal considerável;
>
> d) não cumprir o empregador as obrigações do contrato;
>
> e) praticar o empregador ou seus prepostos, contra ele ou pessoas de sua família, ato lesivo da honra e da boa fama;
>
> f) o empregador ou seus prepostos ofenderem-se fisicamente, salvo em caso de legítima defesa, própria ou de outrem;

---

(379) Segudo Ferraz Júnior: "Ao disciplinar a conduta humana, as normas jurídicas usam palavras, signos linguísticos que devem expressar o sentido daquilo que deve ser". In: FERRAZ JÚNIOR, Tercio Sampaio. *Introdução ao estudo do direito*: técnica, decisão, dominação. 3. ed. São Paulo: Atlas, 2001. p. 251.

g) o empregador reduzir o seu trabalho, sendo este por peça ou tarefa, de forma a afetar sensivelmente a importância do salário.

Ou seja, pode-se observar que, de fato, alguns dos dispositivos previstos, nesse artigo, expressam práticas que, uma vez reiteradas e prolongadas, configuram aquilo que se entende, hoje, como sendo assédio moral.

Tanto é, que parte da doutrina pátria já se manifestou acerca desta possibilidade.

Nessa ótica, Rodrigues Pinto[(380)] destacou:

> Em termos de legislação federal brasileira, a repressão legal do assédio moral, em relação à empresa, inclusive levando em conta a *responsabilidade solidária* com o preposto que o praticar, continua difundida em algumas alíneas do art. 483 da CLT, que disciplina a denúncia do contrato individual de emprego pelo empregado, com fundamento em conduta faltosa do empregador, configurando a conhecida *despedida indireta*, muito mais adequadamente denominável como *demissão forçada*, a nosso ver. Dependendo do perfil assumido em cada situação concreta, a tipificação de justa causa caberá na "exigência de serviços superiores às suas forças" etc. (*a*) no "rigor excessivo" (*b*), no "descumprimento das obrigações do contrato" (*d*) e /ou nos "atos lesivos à honra ou a integridade física do empregado ou de pessoa de sua família" (*e/f*).

Nesse sentido, pontuou Barros[(381)]:

> Ora, alguns comportamentos relatados poderão ser enquadrados em várias alíneas do art. 483 da CLT (como rigor excessivo, perigo manifesto de mal considerável, descumprimento de obrigações legais ou contratuais, serviços superiores às forças do trabalhador, ofensa à honra e à boa fama), capazes de autorizar a rescisão indireta, além de indenização por dano moral e/ou material.

Sobre este aspecto, pontua Pamplona Filho[(382)]:

> Seu enquadramento se dará, em regra, na alínea "e" ("praticar o empregador ou seus prepostos, contra ele ou pessoas de sua família, ato lesivo da honra e boa fama") do art. 483 da Consolidação das Leis do Trabalho. A depender, porém, da situação fática correspondente, o en-

---

(380) PINTO, José Augusto Rodrigues. *O assédio moral nas relações de trabalho*. Disponível em: <http://www.prt18.mtp.gov.br>. Acesso em: 20 jul. 2008.

(381) BARROS, Alice Monteiro. Curso de Direito do Trabalho. 3 ed. rev. e amp. São Paulo: LTr, 2007. p. 904.

(382) PAMPLONA FILHO, Rodolfo. Noções conceituais sobre o assédio moral na relação de emprego. *Jus Navigandi*, Teresina, ano 10, n. 1149, 24 ago. 2006, p. 14. Disponível em: <http://jus2.uol.com.br/doutrina/texto.asp?id=8838>. Acesso em: 13 maio 2009.

quadramento poderá se dar na alínea "c" ("correr perigo manifesto de mal considerável"), caso seja admitida, pelo direito positivo brasileiro, a hipótese de tentativa de assédio moral.

Ocorre que, apesar desse entendimento estar amparado por boa parte da doutrina, são necessários maiores aprofundamentos sobre o modo pelo qual se faz suprimido o vácuo legal acerca do assédio moral em nosso ordenamento jurídico, tornando-se aplicável, assim, os referidos dispositivos às hipóteses do assédio moral.

E, nessa ótica, imperioso este esclarecimento, pois, de fato, não poderia uma previsão legal instituída no ano de 1943[(383)] tratar de uma hipótese de conduta que, embora já ocorrente desde então, não era compreendida em virtude da falta de consciência linguística.

Afinal, como visto, o assédio moral não era discutido tempos atrás, pois de fato ele ainda não tinha sido apreendido pela linguagem, o que inviabilizava a sua compreensão.

Diante desse quadro, algumas reflexões merecem ser trazidas à tona, uma vez que, pela interpretação extensiva do art. 483 da CLT, pode a dignidade do trabalhador vir a ser tutelada contra as práticas danosas oriundas do processo de assédio moral.

Assim, buscará este estudo um diálogo com a hermenêutica no intuito de que seja revelada a compreensão acerca do alcance que pode ser dado a este dispositivo, nos dias atuais.

---

(383) Explica Rodenas que, diante da omissão legislativa, os operadores do direito têm aplicado normas que, no momento das suas respectivas promulgações, não tinham a finalidade de sancionar condutas referentes ao assédio moral no trabalho. No original: "Como consecuencia de todo ello, los operadores jurídicos han tenido que acudir a la aplicación de otras normas que en el momento en que se promulgaron no tenían como finalidad atajar las conductas de acoso moral en el trabajo". E complementa: "Incluso al día de hoy, la insuficiencia normativa sobre el tema impone la necesidad de seguir acudiendo a preceptos genéricos, fundamentalmente los que tutelen derechos fundamentales de la persona en el ámbito constitucional, para hacer frente a estas situaciones y proteger adecuadamente a las víctimas del acoso". E complementa: "Aunque en nuestro país también ha existido hasta fechas recientes un vacío absoluto en la regulación específica del mobbing, como veremos posteriormente, tal laguna normativa no ha impedido que nuestros tribunales hayan dado respuesta motivada a las demandas planteadas por las víctimas de acoso laboral, en unos casos para posibilitar la resolución de los contratos de trabajo, en otros para decidir sobre el cese inmediato de los comportamientos lesivos y el abono de indemnizaciones por los daños y perjuicios irrogados y también para calificar situaciones de incapacidad temporal o permanente como derivadas de accidente de trabajo, al tener su origen dicha contingencia en el hostigamiento psicológico de las víctimas. Por tanto, han sido los órganos judiciales, teniendo muy en cuenta las aportaciones doctrinales procedentes de los diversos campos de las ciencias sociales, los que han venido perfilando el concepto jurídico de acoso laboral en los lugares de trabajo, delimitándolo de figura afines". In: RODENAS, Maria José Romero Rodenas. *Protección frente al acoso moral en el trabajo*. 3. ed. Albacete: Editorial Bomarzo, 2005. p. 10-13.

4.2.2.2. Da interpretação extensiva do art. 483 da CLT

Como visto, inexistem previsões legais expressas acerca do efeito do assédio moral em relação ao contrato do trabalho.

Foi defendido, em linhas anteriores, com o respaldo doutrinário, que grande parte das condutas assediadoras adotadas, pelos empregadores, configurariam hipóteses de justa causa do empregador, que levariam à dispensa indireta.

Entretanto, tal enquadramento pode causar alguma desconfiança, pois, de fato, o assédio moral, mesmo já ocorrente há muito tempo, só veio a ser objeto de reflexão na última década, enquanto que o art. 483 da CLT já vige desde a década de 40 do século passado.

Dessa forma, para que tal desconfiança não se revele, imperioso o diálogo com a hermenêutica, no intuito de identificar a compreensão acerca do alcance que pode ser dado ao aludido dispositivo.

Afinal, como defendido por Ferraz Júnior(384), "é hoje um postulado quase universal da ciência jurídica a tese de que não há norma sem interpretação, ou seja, toda norma é, pelos simples fato de ser posta, passível de interpretação".

Isso porque, uma vez promulgada, a norma legal libera-se das justificativas emitidas quando de sua propositura, entrando no ordenamento para ser fruto de interpretação de acordo com as circunstâncias de cada momento. Sobre este tema, fazendo alusão ao texto escrito, pondera Gadamer(385):

> O que se fixa por escrito desvencilhou-se da contingência de sua origem e de seu autor e liberou-se positivamente para novas referências. Conceitos normativos como a opinião do autor ou a compreensão do leitor originário não representam, na realidade, mais que um lugar vazio que se preenche de compreensão, de ocasião em ocasião.

Nesse caminho, Betti(386) complementa esse entendimento, justificando a necessidade da hermenêutica, ao dizer que:

> Na verdade, as fórmulas da lei, não diferentemente de outras expressões de linguagem, mostram-se essencialmente elípticas e por si sós insuficientes não apenas para exprimir inteiramente a própria ideia nelas contida, mas também para manifestar de modo exaustivo a avaliação normativa e a orientação que se encontra nessa ideia, quando ela for inserida na totalidade da ordem jurídica.

---

(384) FERRAZ JÚNIOR, Tercio Sampaio. *Introdução ao estudo do direito*: técnica, decisão, dominação. 3. ed. São Paulo: Atlas, 2001. p. 260.

(385) GADAMER, Hans Georg. *Verdade e método*. Tradução de Flávio Paulo Meurer. Rio de Janeiro: Vozes, 1997. p. 576.

(386) BETTI, Emilio. *Interpretação da lei e dos atos jurídicos*. São Paulo: Martins Fontes. 2007. p. 55.

Dessa forma, cabe ao intérprete empreender esforços no intuito de realizar a atividade interpretativa, empregando todos os métodos e meios para obtenção da *ratio legis*. Afinal, como pontua Ferraz Júnior[387]:

> o segredo do bom êxito da atividade interpretativa está em que não há critérios precisos que indiquem quando se deve usar uma ou outra forma de interpretação ou se o intérprete deve valer-se de métodos sistemáticos, sociológicos ou teleológicos. Não é sem razão, pois, que a doutrina hermenêutica costuma dizer difusamente que a interpretação é um ato de síntese e que o intérprete, para alcançar a *ratio legis*, deve lançar mão de todos meios doutrinários a seu alcance.

Em relação à norma prevista no art. 483 da CLT, o que se propõe é a interpretação extensiva dos seus dispositivos, uma vez que, como visto, alguns destes expressam práticas que, uma vez reiteradas e prolongadas, configurariam aquilo que se entende, hoje, como sendo assédio moral.

E, nessa linha, busca-se apenas a inclusão, no conteúdo desta norma, de um sentido que não havia sido explicitado pelo legislador na época de elaboração do aludido texto.

Afinal, como já tratado também, muito embora já houvesse a prática de condutas que configuravam o assédio moral, quando do advento do Decreto-lei n. 5.452/43 (CLT), estas não eram discutíveis, pois ainda não havia compreensão acerca delas, diante da ausência de enquadramento pelo processo linguístico.

Dessa forma, filia-se este estudo ao entendimento de Betti[388] de que a interpretação tem "sempre a tarefa de vivificar, mediante uma reflexão incessante, de atualizar e de renovar".

Assim, evita-se que, em razão da ausência de uma previsão legal expressa, deixe-se de dar oportunidade ao empregado de denunciar o seu contrato de emprego, em virtude de justa causa cometida pelo empregador ao praticar o assédio moral.

O enquadramento é, portanto, possível, pela adoção de uma interpretação extensiva, suprimindo o "vácuo" legal referente à aludida matéria.

4.3. SOB A ÓTICA DO EMPREGADO ASSEDIADOR

O agressor não pode ficar impune no tocante às práticas de assédio moral. Partindo-se desta premissa, estabelece-se que as consequências do assédio moral,

---

(387) FERRAZ JÚNIOR, Tercio Sampaio. *Introdução ao estudo do direito*: técnica, decisão, dominação. 3 ed. São Paulo: Atlas, 2001. p. 293.

(388) BETTI, Emilio. *Interpretação da lei e dos atos jurídicos*. São Paulo: Martins Fontes. 2007. p. 64.

sob a ótica do empregado assediador, devem ser analisadas sob três vertentes, quer sejam a vertente trabalhista, a vertente cível e a vertente penal.

Na vertente trabalhista, far-se-á uma análise da caracterização da justa causa para a extinção do vínculo empregatício do assediador com a empresa. Já a vertente cível trará os parâmetros da responsabilidade patrimonial pelo dano causado e a vertente penal, por conseguinte, analisará a responsabilidade penal do agente agressor.

4.3.1. Na vertente trabalhista: da justa causa por parte do empregado assediador

Como se sabe, a despedida por justa causa dá-se em decorrência de um motivo relevante provocado pela outra parte, que inviabiliza o prosseguimento da relação empregatícia.

Nesse sentido, destaca Amauri Mascaro Nascimento[(389)] que, a justa causa é: "a ação ou omissão de um dos sujeitos da relação de emprego, ou de ambos, contrária aos deveres normais impostos pelas regras de conduta que disciplinam as suas obrigações resultantes do vínculo jurídico".

De semelhante conteúdo e clareza, é o entendimento trazido por Cairo Jr.[(390)], que diz: "a justa causa designa nada mais do que um inadimplemento, praticado por um dos contratantes, que autoriza a resolução do contrato do trabalho, sem ônus para o denunciante".

E, nesse caminho, complementa Cairo Jr.[(391)] que: "o legislador nacional adotou o sistema taxativo, enumerando os motivos que autorizariam a rescisão contratual".

Nesse caminho, em relação à justa causa pelo empregado, dispõe o art. 482 da CLT que:

> Art. 482 — Constituem justa causa para rescisão do contrato de trabalho pelo empregador:
>
> a) ato de improbidade;
>
> b) incontinência de conduta ou mau procedimento;
>
> c) negociação habitual por conta própria ou alheia sem permissão do empregador, e quando constituir ato de concorrência à empresa para a qual trabalha o empregado, ou for prejudicial ao serviço;

---

(389) NASCIMENTO, Amauri Mascaro. *Curso de direito do trabalho*. 24. ed. Rev., atual. e ampl. São Paulo: Saraiva, 2009. p. 1.016.
(390) CAIRO JR., José. *Curso de direito do trabalho*. 3. ed. rev., ampl. e atual. Bahia: JusPodivm, 2009. p. 458.
(391) CAIRO JR., José. *Curso de direito do trabalho*. 3. ed. rev., ampl. e atual. Bahia: JusPodivm, 2009. p. 458.

d) condenação criminal do empregado, passada em julgado, caso não tenha havido suspensão da execução da pena;

e) desídia no desempenho das respectivas funções;

f) embriaguez habitual ou em serviço;

g) violação de segredo da empresa;

h) ato de indisciplina ou de insubordinação;

i) abandono de emprego;

j) ato lesivo da honra ou da boa fama praticado no serviço contra qualquer pessoa, ou ofensas físicas, nas mesmas condições, salvo em caso de legítima defesa, própria ou de outrem;

k) ato lesivo da honra ou da boa fama ou ofensas físicas praticadas contra o empregador e superiores hierárquicos, salvo em caso de legítima defesa, própria ou de outrem;

l) prática constante de jogos de azar.

Parágrafo único — Constitui igualmente justa causa para dispensa de empregado a prática, devidamente comprovada em inquérito administrativo, de atos atentatórios à segurança nacional.

Diante das aludidas previsões, é possível enquadrar o empregado assediador na alínea j, que prevê a prática de "ato lesivo da honra ou da boa fama praticado no serviço contra qualquer pessoa, ou ofensas físicas, nas mesmas condições, salvo em legítima defesa, própria ou de outrem".

Nesse mesmo sentido, dispõe Pamplona Filho(392):

> No assédio moral praticado por empregado contra colega de trabalho, a hipótese é, visivelmente, de justa causa para a extinção do contrato de trabalho, com fundamento no art. 482, alínea "j" ("ato lesivo da honra ou da boa fama praticado no serviço contra qualquer pessoa, ou ofensas físicas, nas mesmas condições, salvo em legítima defesa, própria ou de outrem") da Consolidação das Leis do Trabalho.

Com intuito de ver-se reconhecida a justa causa para extinção do contrato de trabalho, a jurisprudência tem exigido a produção de provas inequívocas — o que será visto mais adiante. Neste sentido, já decidiu o Tribunal Regional do Trabalho da 5ª Região:

> JUSTA CAUSA. Para que seja aplicada a pena máxima da justa causa é indispensável a produção de provas robustas e inequívocas, que não deixem margem para dúvidas. ASSÉDIO MORAL. Para que se reconheça o assédio moral necessário se faz a presença dos elementos essenciais, quais sejam a demonstração do fato alegado e suas circunstâncias, o dano, o nexo causal e o dolo (Processo 00670-2007-521-05-00-5 RecOrd, ac. n. 005612/2009, Relatora Juiza Convocada Maria Elisa Costa Gonçalves, 2ª TURMA, DJ 25.3.2009).

O Tribunal Regional do Trabalho da 18ª Região, por fim, reconheceu a justa causa por prática de assédio moral horizontal, como se percebe a seguir:

---

(392) PAMPLONA FILHO, Rodolfo. *Noções conceituais sobre o assédio moral na relação de emprego. Jus Navigandi*, Teresina, ano 10, n. 1149, 24 ago. 2006, p. 17. Disponível em: <http://jus2.uol.com.br/doutrina/texto.asp?id=8838>. Acesso em: 13 maio 2009.

O reclamante foi dispensado por justa causa em razão da "utilização indevida dos sistemas informáticos da empresa, utilizando-se fotografia de colega de trabalho, retirada de *site* de relacionamento sem a sua autorização, com intuito de expô-lo à situação vexatória, como de fato ocorreu, nos termos do art. 482 da Consolidação das Leis do Trabalho" (fl. 15).

[...]

O depoimento do autor revela que a sua única intenção era "brincar com o sr. Geraldo".

Na realidade, a "brincadeira" a que o reclamante faz alusão não passa de uma forma encontrada por ele de praticar ofensa ao colega de trabalho, a qual foi materializada com a atribuição pública, pejorativa e discriminatória, da suposta opção homossexual da vítima.

[...]

No caso, em que pese o autor negue a intenção de ofender o Sr. Geraldo, a conduta do autor de sugerir uma opção sexual não aceitável socialmente é capaz de causar grave lesão ao empregado que, indubitavelmente, sentiu-se ofendido em sua dignidade, honra, imagem, e, quiçá, na intimidade.

[...]

Logo, a conduta do autor constitui motivo suficiente ao rompimento do pacto por justa causa, nos termos da alínea "j" do art. 482, da CLT. E, essa conclusão encontra suporte, não apenas no depoimento do próprio autor, como foi visto, mas também nos depoimentos colhidos durante a instrução, os quais foram analisados, de forma percuciente na r. sentença. [393]

Dessa maneira, fica caracterizado que o assédio moral pode ensejar a despedida por justa causa do empregado assediador por parte do empregador, com fulcro nas alíneas "j" ou "k" do art. 482 da Consolidação das Leis do Trabalho.

4.3.2. Na vertente civil: da responsabilidade patrimonial

É certo que o Código Civil vigente disciplina, nos termos do inciso III do seu art. 932, que o empregador é responsável pela repação civil decorrente dos atos de "seus empregados, serviçais e prepostos, no exercício do trabalho que lhes competir, ou em razão dele", sendo que, nos termos do art. 933 do CC[394], resta definido que "as pessoas indicadas nos incisos de I a V do artigo antecedente (Art. 932), ainda que não haja culpa de sua parte, responderão pelos atos praticados pelos terceiros ali referidos"

(393) Processo RO 01381-2008-141-18-00-5 Relator: Desembargador Platon Teixeira de Azevedo Filho. 2ª Turma. DJ 04/03/2009. Disponível em: <http://www.trt18.jus.br:7090/pls/site/getpdf?p_id=66392&p_tipo=acordaos_2a_pdf>. Acesso em: 15 out. 2009.

(394) Segundo Guedes: "Assim, na ocorrência de dano praticado por empregados ou prepostos no exercício do trabalho que lhes competir ou por ocasião deste, o empregador responde independentemente de culpa. Basta que reste provado o ato ilícito — ofensa a uma norma preexistente ou erro de conduta —, o dano e a relação de causalidade. Abriu-se também o Novo Código Civil a possibilidade do direito de regresso daquele que ressarciu o dano causado por outrem. Assim, ao empregador preservou-se o direito de ajuizar ação de regresso para se reembolsar do prejuízo que pagou por danos praticados por seus empregados e prepostos (NCC, art. 934). A inovação, se é que assim podemos defini-la, abre a possibilidade de denunciação à lide na Justiça do Trabalho. Isto, claro, nas hipóteses em que se admita a competência da Justiça do Trabalho". GUEDES, Márcia Novaes. *Terror psicológico no trabalho*. São Paulo: LTr, 2003. p. 07.

Tais dispositivos preveem que o empregador responde objetivamente, ou seja, independentemente de culpa, pelos danos causados por seus empregados.

Nesse caminho, inquestionável é o fato de que se enquadrariam, nesta hipótese, por exemplo, os casos de assédio moral horizontal, em que o trabalhador é assediado pelo colega de trabalho, sofrendo danos psíquicos.

Entretanto, não se deve esquecer que pode o empregador, uma vez tendo sido condenado a ressarcir os danos sofridos pelo empregado assediado, propor ação regressiva contra o aludido empregado assediador. Neste sentido, como se verá linhas adiante, poderá, até mesmo, discutir-se, em processo de assédio moral, a possibilidade de denunciação da lide do empregado assediador, apoiando-se, principalmente, no quanto disposto no art. 462, §1º, da CLT.

Afinal, como destacado por Pamplona Filho(395):

> Não se deve erigir a grau absoluto a responsabilidade objetiva do empregador quanto ao assédio praticado nas relações de trabalho por seus agentes ou prepostos, pois isto seria instituir um enorme risco à atividade empresarial, estimulando uma verdadeira febre de indenizações, sem responsabilizar os autores diretos dos atos considerados ilícitos, sob a perspectiva da dignidade psíquica.

Essa possibilidade será melhor enfrentada mais adiante. Por agora, não se pode esquecer que o agressor possui responsabilidade pelo dano que causou à vítima, ainda que por via de ação de regresso movida pelo empregador para que se promova o devido ressarcimento.

4.3.3. Na vertente criminal: da responsabilidade criminal

Muito embora não haja um tipo penal específico que contemple o assédio moral, existem figuras delituosas que podem ser verificadas em uma situação de assédio moral. A título de exemplo, indica-se o crime de "constrangimento ilegal", que prevê:

> Art. 146 — Constranger alguém, mediante violência ou grave ameaça, ou depois de lhe haver reduzido, por qualquer outro meio, a capacidade de resistência, a não fazer o que a lei permite, ou a fazer o que ela não manda:
>
> Pena — detenção, de três meses a um ano, ou multa.

Assim, uma vez praticada tal conduta, incide o assediador no tipo penal, devendo ser devidamente processado para responder pelo delito cometido.

---

(395) PAMPLONA FILHO, Rodolfo. Noções conceituais sobre o assédio moral na relação de emprego. *Jus Navigandi*, Teresina, ano 10, n. 1149, 24 ago. 2006, p. 16. Disponível em: <http://jus2.uol.com.br/doutrina/texto.asp?id=8838>. Acesso em: 13 maio 2009.

4.4. SOB A ÓTICA DO EMPREGADOR

O estudo do assédio moral, sob a ótica do empregador, envolve também diversos aspectos. Afinal, como sustentado por Pamplona Filho(396):

> O assédio prejudica também, e de vários modos, a empresa empregadora, ocasionando absenteísmo, queda de produtividade e substituição de pessoal, além da possibilidade concreta de responsabilização patrimonial — em condenações judiciais por danos morais e materiais — por força dos atos de seus empregados (assediadores).

Nessa linha, passa-se a analisar esquematicamente, como proposto pelo aludido jurista, as principais consequências deste fenômeno sob a ótica do empregador.

4.4.1. Dos reflexos pecuniários decorrentes da redução de produtividade

O assédio moral, sob diferentes prismas, representa prejuízos para as empresas(397).

Tais perdas financeiras incidem, principalmente, na questão relativa à redução de produtividade, seja por falta de motivação, seja por falta de condições de saúde.

Sobre esses prejuízos, sustenta Guedes(398) que:

> Sobre a empresa recaem os custos diretos do tempo de trabalho perdido e do reforço das medidas de segurança. Os custos indiretos compreendem a redução da eficiência e da produtividade, a diminuição de qualidade do produto, o deterioramento da imagem da empresa e a redução de sua clientela.

Especificadamente acerca da produtividade, Guedes(399) ainda complementa que "está provado que um trabalhador submetido à violência psicológica tem um rendimento inferior a 60% em termos de produtividade e eficiência, em relação a outros trabalhadores, e o seu custo para o seu empregador é de 180% a mais".

---

(396) PAMPLONA FILHO, Rodolfo. Noções conceituais sobre o assédio moral na relação de emprego. *Jus Navigandi*, Teresina, ano 10, n. 1149, 24 ago. 2006, p. 18. Disponível em: <http://jus2.uol.com.br/doutrina/texto.asp?id=8838>. Acesso em: 13 maio 2009.

(397) Dizem Peli e Teixeira: "A publicidade dada a fatos que envolvem o problema de Assédio Moral certamente repercute na imagem de uma Organização ao só pela desconfiança que passa a reinar em seu ambiente interno, mas pela perda de prestígio em relação ao seu nome e principalmente à sua Marca". In: PELI, Paulo; TEIXEIRA, Paulo. *Assédio moral*: uma responsabilidade corporativa. São Paulo: Ícone, 2006. p. 169.

(398) GUEDES, Márcia Novaes. *Terror psicológico no trabalho*. São Paulo: LTr, 2003. p. 88.

(399) GUEDES, Márcia Novaes. *Terror psicológico no trabalho*. São Paulo: LTr, 2003. p. 95.

Tal situação decorre, em regra, do fato de que o indivíduo, uma vez submetido a uma pressão psicológica intensa decorrente do assédio moral, sofre naturalmente uma redução de atenção, estímulo e disposição para desempenhar as suas atividades.

Isso sem falar no fato de que mesmo aqueles que não estão sofrendo o assédio receiam que possam vir a ser uma próxima vítima, causando um ambiente de expectativa e intranquilidade. Neste sentido, destaca Pamplona[(400)]:

> Como se isso não bastasse, o conhecimento, pelos demais empregados, da existência de um caso de assédio não apurado ou não punido gera uma insegurança e intranquilidade no ambiente de trabalho, notadamente naqueles operários que estejam em situação pessoal e funcional semelhante à da vítima, levando também a uma queda geral de produtividade, onerando excessivamente a organização empresarial.

É realmente uma situação terrível.

4.4.2. Dos reflexos pecuniários decorrentes do absenteísmo e da rotatividade de mão de obra

Além dos prejuízos decorrentes da redução de produtividade, outros gastos podem ser atribuídos ao assédio moral, dentre os quais se destacam: o absenteísmo, as licenças e a rotatividade de mão de obra.

Em muitas situações, diante da ausência de motivação e já atingidos pelos efeitos da perseguição instalada, os trabalhadores faltam ao serviço, injustificadamente, para proteger-se.

Em outras situações, já adoecidos em decorrência do assédio, os assediados podem vir a se afastar das suas atividades, com a suspensão do seu contrato de trabalho.

Sobre este aspecto, pontua, mais uma vez, Pamplona Filho[(401)]:

> Esta ausência dos trabalhadores é bastante grave para a empresa, principalmente se o trabalhador for especializado na sua atividade, não havendo como substituí-lo imediatamente, o que leva a uma conclusão apriorística de que o assédio moral de empregados que exercem funções

---

(400) PAMPLONA FILHO, Rodolfo. Noções conceituais sobre o assédio moral na relação de emprego. *Jus Navigandi*, Teresina, ano 10, n. 1149, 24 ago. 2006, p. 19. Disponível em: <http://jus2.uol.com.br/doutrina/texto.asp?id=8838>. Acesso em: 13 maio 2009.

(401) PAMPLONA FILHO, Rodolfo. Noções conceituais sobre o assédio moral na relação de emprego. *Jus Navigandi*, Teresina, ano 10, n. 1149, 24 ago. 2006, p. 19. Disponível em: <http://jus2.uol.com.br/doutrina/texto.asp?id=8838>. Acesso em: 13 maio 2009.

com conhecimento especializado é muito mais danoso à empresa do que o relativo a outras situações.

Sobre a especialização da mão de obra, deve-se ponderar que esta é fator crucial na atividade produtiva, pois os trabalhadores bem preparados estão aptos a ir além das atividades de meros operadores de máquinas, passando a ser solucionadores de problemas e criadores de alternativas produtivas.

É certo que, todo treinamento tem um custo elevado para a empresa, entretanto os benefícios decorrentes deste investimento tem um retorno quase que garantido.

Revela-se um custo considerável, isto se verifica pelo fato de que, em situações de assédio moral, muitas vezes se perde um profissional qualificado, que foi fruto de um intenso investimento por parte da empresa.

Assim, além dos custos com a rescisão deste empregado, tem-se a perda do investimento empreendido nele.

Isso sem falar na questão da alta rotatividade, não se cria a fidelização de seu corpo operacional, fazendo com que seja necessário o treinamento de novos profissionais para ocupar as vagas abertas, o que gera, efetivamente, mais custos que, normalmente, não são previstos nos organogramas financeiros.

4.4.3. Da responsabilidade civil do empregador

Muito embora a responsabilidade civil venha a ser objeto de estudo mais detalhado, no capítulo subsequente, cabe fazer algumas considerações introdutórias.

Além dos custos decorrentes de um número elevado de rescisões, com ônus para o empregador, eventuais condenações, em ações com pedidos indenizatórios relativos à ocorrência do assédio moral, também oneram o empregador.

Afinal, diante da nova sistemática trazida pelo Código Civil, responde objetivamente o empregador por ato causado pelo seu empregado.

Sob esta ótica, é evidente a possibilidade da empresa responder, judicialmente, nas demandas em que se discuta a ocorrência de danos morais oriundos de um processo de assédio moral instalado entre seus empregados.

Vale destacar, entretanto, como se verá linhas a seguir, que se pode admitir a ação regressiva deste empregador contra o empregado assediante, ou até mesmo a denunciação da lide deste último, com base nos entendimentos contidos nos art. 934 do CC, inciso III do art. 125 do CPC[402] e do art. 462 da CLT.

Diante das controvérsias geradas pela doutrina e jurisprudência acerca deste tema, opta este trabalho por desenvolvê-lo no capítulo 5, relativo à Responsabilidade Civil.

---

(402) Conforme Lei n. 13.105 de 16 de março de 2015.

4.5. SOB A ÓTICA DA COLETIVIDADE

Sabe-se que a Previdência Social é de competência do Estado, que a gere e a financia por meio dos tributos pagos pela coletividade. Neste sentido, o assédio moral, como fonte provocadora de doenças, adquire relevância do ponto de vista da Previdência Social[(403)].

Lembra bem Alkimin[(404)] que a Lei n. 8.213/91, regulamentada pelo Decreto n. 3.048/99, prevê duas modalidades de acidente de trabalho[(405)], quais sejam: (1) o acidente tipo, sendo aquele que ocorre no desenvolvimento das atividades laborais e provoca lesão incapacitante para o trabalho (Lei n. 8.213/31, art. 19); e (2) o acidente por equiparação, quando se tratar de doença profissional e doença de trabalho, de acordo com o art. 20 da Lei n. 8.213/91, que dispõe:

> Consideram-se acidente de trabalho, nos termos do artigo anterior, as seguintes entidades mórbidas:
>
> (I) a doença profissional, assim entendida a produzida e desencadeada pelo exercício do trabalho peculiar a determinada atividade e constante da respectiva relação elaborada pelo Ministério do Trabalho e Previdência Social;
>
> (II) doença do trabalho, assim entendida a adquirida ou desencadeada em função das condições especiais em que o trabalho é realizado e com ele se relacione diretamente, constante da relação mencionada no inciso I.

Concluindo seu raciocínio, Alkimin[(406)], sem maiores delongas, afirma que:

> Admitindo-se o assédio moral como acidente de trabalho, ainda que por equiparação, além de ser garantido à vítima do assédio o direito às prestações previdenciárias e à ação acidentária contra o INSS (CF, art. 7º, inc. XVIII e Lei n. 6.367/76), não retira do obreiro o direito de intentar ação contra o empregador, visando a reparação do dano moral e material, provando dolo ou culpa[(407)] do empregador, de seu subordinado

(403) Segundo Rodenas: "Derivado de lo anterior, los costos sanitarios, los correspondientes al abono de subsidios por incapacidad temporal y los procedentes del pago de las pensiones de incapacidad permanente, a cuya situación puede abocar el acoso moral, suponen un coste social elevadísimo que recae mayoritariamente sobre las arcas de la Seguridad Social. También para la empresa el gasto es muy elevado, desde el momento que ha de asumir la repercusión en el absentismo laboral, la baja productividad, los costos de cotización del trabajador en situación de IT, etc". In: RODENAS, Maria José Romero Rodenas. *Protección frente al acoso moral en el trabajo*. 3. ed. Albacete: Editorial Bomarzo, 2005. p. 51.

(404) ALKIMIN, Maria Aparecida. *Assédio moral na relação de emprego*. Curitiba: Juruá, 2005. p. 89.

(405) Segundo Rodenas (2005. p. 50): "Como consecuencia de todo lo expuesto resultará que la incapacidad que tenga por causa el acoso moral puede y debe ser calificada como constitutiva de accidente de trabajo, si bien será que se acredite la existencia del acoso moral en sentido estricto y además que se pruebe que las lesiones que padece el trabajador derivan de tal situación de acoso".

(406) ALKIMIN, Maria Aparecida. *Assédio moral na relação de emprego*. Curitiba: Juruá, 2005. p. 91.

(407) Discorda-se quanto à comprovação da culpa (*stricto sensu*) por entender que a conduta assediadora seja exclusivamente dolosa, conforme já tratado em mais de uma oportunidade nesse estudo. No restante, concorda-se em todos os termos.

ou preposto, cuja responsabilidade independe da responsabilidade do Estado em destinar o seguro obrigatório.

Ou seja, mesmo que indiretamente, a coletividade é afetada pelo assédio moral ao ter que custear o tratamento de saúde da vítima de assédio, como também o pagamento do seguro desemprego e, até mesmo, aposentadorias precoces[(408)].

Nesse caminho, visando amenizar as repercusões sociais decorrentes do assédio moral, interessante foi a opção adotada na Suécia, conforme descrito por Santucci[(409)]:

> Na Suécia, onde o problema da violência psicológica foi atentamente estudado, o governo está em melhores condições de proteger a arrecadação dos excessivos custos das despesas com a saúde pública. Em 1994 foi aprovada uma lei de reabilitação profissional à previdência social. A finalidade dessa lei é transferir os custos da reabilitação à origem, em que as condições ambientais desajustadas causaram os mesmos custos. É uma forma de obrigar as empresas a não só renunciarem a essa prática abusiva, como também adotarem medidas de combate a essa espécie de violência.

No próximo sub-tópico, serão analisadas normas positivas brasileiras sobre o tema.

4.6. LEGISLAÇÕES NACIONAIS

Como visto, o assédio moral tem sido, atualmente, reconhecido como um fenômeno destruidor do trabalho, redutor de produtividade, que favorece a rotatividade e a demissão de funcionários por desgaste psicológico e debilidade física, causando-lhes doenças diversas.

E, importante frisar que os reflexos do processo de assédio não atingem apenas o trabalhador assediado, como também toda coletividade, à medida em que, uma vez adoecido e afastado de suas atividades, o ônus de sustentar o trabalhador recai para a previdência social que é mantida por todos os seus contribuintes.

---

(408) Sobre esse aspecto, Guedes bem pondera que o Estado paga um alto custo, tanto no que diz respeito à saúde pública, quanto no que concerne às aposentadorias precoces. Além disso, lembra a autora que, na Suécia, onde o problema da violência psicológica foi atentamente estudado, o governo está em melhores condições de proteger a arrecadação dos excessivos custos das despesas com a saúde pública. Em 1994, foi aprovada uma Lei de Reabilitação Profissional que obriga o empregador a apresentar um plano de reabilitação profissional à Previdência Social. A finalidade dessa lei é transferir os custos da reabilitação à origem, em que as condições ambientais desajustadas causaram os mesmos custos. É uma forma de obrigar as empresas a não só renunciarem a essa prática abusiva, como também a adotarem medidas de combate a essa espécie de violência. In: GUEDES, Márcia Novaes. *Terror psicológico no trabalho*. São Paulo: LTr, 2003. p. 96.

(409) SANTUCCI, Luciana. *Assédio moral no trabalho*. Contagem: Lei Ditathi, 2006. p. 57.

Nesse caminho, inúmeros projetos de lei federal foram propostos no intuito de salvaguardar os interesses dos trabalhadores, entretanto nenhum deles foi, até então, aprovado e promulgado.

Tal fato cria uma situação desfavorável ao trabalhador, já que ele encontra-se desamparado legalmente no caso em que sofra um processo de tortura psicológica no ambiente de trabalho, marca do assédio moral.

Atualmente, o que se tem de concreto no Brasil, em termos de legislação referente à matéria, é um conjunto de normas municipais e estaduais destinadas a seus servidores públicos.

Como bem ressaltado por Nascimento(410), a competência para legislar sobre Direito do Trabalho é privativa da União, conforme dicção do art. 22, I, da Constituição Federal. Ou seja, essas leis municipais e estaduais não são normas trabalhistas, mas sim, normas administrativas que visam à regulamentação de relações entre a Administração Pública e seus contratados.

Cabe elencar, a título exemplificativo, alguns dos municípios que já aprovaram leis sobre o assédio moral no âmbito da administração pública. São eles: Iracemápolis (primeira Lei brasileira que protege o cidadão contra o assédio moral), Americana, Campinas, Cascavel, Guarulhos, Jaboticabal, Natal, Porto Alegre, São Gabriel do Oeste, São Paulo, Sindrolândia.

A nível estadual, tem-se aprovada, a título exemplificativo, a do Rio de Janeiro, primeira lei estadual referente à matéria, que foi publicada em agosto de 2002.

Em todos esses textos legais, tem sido apresentada uma certa uniformidade em relação ao conceito aplicado ao assédio moral, bem como as sanções decorrentes das condutas abusivas, quais sejam, a advertência, a suspensão (que pode ser cumulada com a participação em curso de aprimoramento profissional e multa) e exoneração/demissão, obedecendo-se um critério de gradação.

Quanto ao procedimento, por tratar-se de leis destinadas aos servidores públicos, há a previsão de que a parte ofendida ou a autoridade que tiver conhecimento da infração possa, de ofício, iniciar procedimento administrativo para apuração daquela, sendo assegurada a ampla defesa.

Não se pode deixar de destacar a inovação trazida pela Lei da cidade de Campinas, como bem ressalvado por Nascimento(411), que trata do plano de prevenção do assédio moral, em seu art. 6º, colocando-o como verdadeiro dever dos órgãos da administração.

---

(410) NASCIMENTO, Sônia A. C. Mascaro. Assédio moral no ambiente do trabalho. *Revista LTr*, São Paulo, v. 68, n. 08, p. 922-930, p. 929, ago. 2004.
(411) NASCIMENTO, Sônia A. C. Mascaro. Assédio moral no ambiente do trabalho. *Revista LTr*, São Paulo, v. 68, n. 08, p. 922-930, p. 929, ago. 2004.

Recentemente, foi publicada a lei de n. 13.185 de 2015, que instituiu o Programa de Combate à Intimidação Sistemática (Bullying). Apesar de não ter enfoque na área das relações laborais, este diploma normativo traz importantes conceitos.

No âmbito federal, tem-se ainda o Projeto de Lei n. 5.971/2001, que pretende incluir o art. 203-A no Código Penal brasileiro. Sobre semelhante matéria, tem-se o criticado Projeto de Lei n. 4.742/2001, que pretende introduzir o art. 146-A no Código Penal, dispondo sobre o crime de assédio moral no trabalho. Tal projeto — que tramita apensado aos Projetos de Lei de ns. 4.960/2001, 5.887/2001, 5.971/2001 — já foi levado ao plenário no ano de 2005, entretanto a matéria não foi apreciada em face do encerramento da sessão.

Por entender que os referidos projetos já estariam "defasados" o Deputado Subtenente Gonzaga apresentou novo projeto de lei sobre o tema, que foi registrado sob o número 3368 de 2015. O mesmo deputado apresentou o projeto de lei de n. 2.876 de 2015, que pretende tipificar o assédio moral no Código Penal Militar.

Além dos projetos citados, há o Projeto de Lei Federal n. 4.591/2001, da Deputada Rita Camata, que trata da aplicação de penalidades à prática do assédio moral por parte dos servidores públicos da União, das autarquias e das fundações públicas federais a seus subordinados, alterando a Lei n. 8.112/90.

Não podemos esquecer também do Projeto de Lei n. 5.970/2001, que visa alterar o art. 483 da CLT. Estes projetos, no entanto, encontram-se estagnados no Congresso Nacional.

Vale, nesse momento, lembrar ainda que existia mais um projeto referente ao assédio moral, o qual já foi arquivado. Fala-se do Projeto de Lei n. 6.161/2002 que tinha como objetivo alterar dispositivos da Lei n. 8.666/1993, ao regulamentar o art. 37, inciso XXI da Constituição Federal, instituindo normas para licitações e contratos da Administração Pública. Esse projeto ainda visava à instituição do "cadastro nacional de proteção contra a coação moral no emprego", a ser gerido por um órgão competente do Poder Executivo. Por diversas impropriedades, o projeto foi arquivado, de acordo com o parecer de seu relator.

Esse é, em síntese, o panorama legislativo pátrio sobre o tema.

Capítulo V

DA RESPONSABILIDADE CIVIL DECORRENTE DO ASSÉDIO MORAL

5.1. LINHAS GERAIS

Conforme demonstrado anteriormente, o assédio moral é um fenômeno social que vem sendo cada vez mais estudado nos diversos campos da ciência. Inúmeros são os enfoques que podem ser dados a esta temática, diante de sua multidisciplinaridade, bem como diversos são os efeitos decorrentes da instalação de um processo de psicoterror.

Nessa ótica, é de fácil percepção que seus efeitos extravasam efetivamente as discussões relativas às matérias estritamente trabalhistas, a saber: a configuração de despedida abusiva, a possibilidade de reconhecimento de despedida indireta, a possibilidade de reintegração do empregado assediado, a suspensão do contrato em virtude de acometimento de doença do trabalho etc.

Seus efeitos atingem diretamente os direitos da personalidade do trabalhador assediado, abrindo a possibilidade da vítima do processo de assédio moral buscar uma indenização pelo dano de cunho moral sofrido.

Assim, adentra-se na seara da teoria da responsabilidade civil que, nas palavras do Professor Pinho Pedreira[(412)], "*explica a obrigação de um sujeito de direito de reparar o prejuízo causado a alguém como consequência de violação de um direito seu*".

O Código Civil vigente traz, com propriedade, amparado no princípio da eticidade, artigos que merecem ser trazidos a esta análise. Inicialmente, prevê, em seu art. 186, que "aquele que, por ação ou omissão voluntária, negligência ou imprudência, violar direito e causar dano a outrem, ainda que exclusivamente moral, comete ato ilícito".

---

(412) SILVA, Luiz de Pinho Pedreira da. *A reparação do dano moral no direito do trabalho*. São Paulo: LTr, 2004. p. 09.

No artigo seguinte, qual seja, o art. 187, está previsto que "também comete ato ilícito o titular de um direito que, ao exercê-lo, excede manifestamente os limites impostos pelo seu fim econômico ou social, pela boa-fé ou pelos bons costumes".

Nesse sentido, previstas as hipóteses de ato ilícito, importa observar o que dispõe o art. 927, uma vez que este se utiliza daqueles conceitos para complementação de seu sentido. Estabelece o art. 927 que: "aquele que, por ato ilícito (art. 186 e 187), causar dano a outrem, fica obrigado a repará-lo".

Assim, a análise desses dispositivos, conjuntamente, permite afirmar que o ordenamento civilista pátrio abraçou a teoria subjetivista como regra, em relação à obrigação de indenizar.

Sobre essa responsabilidade (calcada na culpa), cabe trazer o entendimento moderno acerca da culpa e do dolo. Dizem Stolze e Pamplona Filho(413) que:

> [...] a culpa (em sentido amplo) deriva da inobservância de um dever de conduta, previamente imposto pela ordem jurídica, em atenção à paz social. Se esta violação é proposital, atuou o agente com dolo; se decorreu de negligência, imprudência ou imperícia, a atuação é apenas culposa em sentido estrito.

Essa teoria tradicional foi, no atual Código Civil, colocada ao lado da responsabilidade objetiva, no momento em que o novo diploma legal abraçou a teoria do risco, como se vê a partir da leitura do parágrafo único do art. 927:

> Parágrafo único. Haverá obrigação de reparar o dano, independentemente de culpa, nos casos especificados em lei, ou quando a atividade normalmente desenvolvida pelo autor do dano implicar, por sua natureza, riscos para os direitos de outrem.

Agora, pois, há a possibilidade de ser reconhecida a responsabilidade civil do infrator sem indagação da culpa (responsabilidade objetiva)(414), nas duas situações anteriormente elencadas.

Nessa nova ótica, a vítima do assédio moral normalmente busca o ressarcimento dos danos sofridos diretamente da empresa contratante, sua empregadora, que, nos termos do inciso III do art. 932 do Código Civil, é responsável pela reparação civil decorrente dos atos de "*seus empregados, serviçais e prepostos, no exercício do trabalho que lhes competir, ou em razão dele*"; sendo que, nos termos do art. 933

---

(413) GAGLIANO, Pablo Stolze; PAMPLONA FILHO, Rodolfo. *Novo curso de Direito Civil*. 2. ed. São Paulo: Saraiva, 2004. v. 3, p. 138.

(414) Stolze e Pamplona Filho dizem: "como visto, a culpa passou por todo um processo de sedimentação doutrinária, com largo período de prestígio e primazia, culminando por perder a importância de outrora nos ordenamentos jurídicos contemporâneos, inclusive no nosso". In: GAGLIANO, Pablo Stolze; PAMPLONA FILHO, Rodolfo. *Novo curso de Direito Civil*. 2. ed. São Paulo: Saraiva, 2004. v. 3, p. 140.

do CC[415], resta definido que "*as pessoas indicadas nos incisos de I a V do artigo antecedente* (Art. 932), *ainda que não haja culpa de sua parte, responderão pelos atos praticados pelos terceiros ali referidos*".

Sobre a responsabilidade civil por ato praticado por terceiro, destaca Professor Pinho Pedreira[416] que:

> A responsabilidade civil não se restringe aos atos praticados pelo próprio autor do prejuízo. Hipóteses há em que responde ele por danos que terceiros produziram. É esta denominada responsabilidade civil por fato de terceiro, que tanto pode ser contratual como extracontratual. Há responsabilidade contratual por fato de terceiro quando o devedor, culposamente, se faz substituir no cumprimento da obrigação, quando neste se faz ajudar por prepostos ou outros auxiliares ou quando associa alguém no uso da coisa que deve restituir. A responsabilidade aquiliana por fato de terceiro pode ser atribuída: aos representantes legais por Direito de Família; aos empregadores; aos hoteleiros; aos donos de educandários e aos possuidores de animais.

Com efeito, dúvidas não existem acerca da possibilidade da empresa responder, judicialmente, nas demandas em que se discute a ocorrência de danos morais[417] oriundos de um processo de assédio moral instalado entre seus empregados.

---

(415) Segundo Guedes: "Assim, na ocorrência de dano praticado por empregados ou prepostos no exercício do trabalho que lhes competir ou por ocasião deste, o empregador responde independentemente de culpa. Basta que reste provado o ato ilícito — ofensa a uma norma preexistente ou erro de conduta —, o dano e a relação de causalidade. Abriu-se também o Novo Código Civil a possibilidade do direito de regresso daquele que ressarciu o dano causado por outrem. Assim, ao empregador preservou-se o direito de ajuizar ação de regresso para se reembolsar do prejuízo que pagou por danos praticados por seus empregados e prepostos (NCC, art. 934). A inovação, se é que assim podemos defini-la, abre a possibilidade de denunciação à lide na Justiça do Trabalho. Isso, claro, nas hipóteses em que se admita a competência da Justiça do Trabalho". In: GUEDES, Márcia Novaes. *Terror psicológico no trabalho*. São Paulo: LTr, 2003. p.07.

(416) SILVA, Luiz de Pinho Pedreira da. *A reparação do dano moral no direito do trabalho*. São Paulo: LTr, 2004. p. 12.

(417) Neste sentido, entende o E. Tribunal Superior do Trabalho: AGRAVO DE INSTRUMENTO. RECURSO DE REVISTA. ILEGITIMIDADE PASSIVA AD CAUSAM - COMPLEMENTAÇÃO DE APOSENTADORIA. COMISSÕES. INDENIZAÇÃO POR DANOS MORAIS DECORRENTES DE ASSÉDIO MORAL. VALOR ARBITRADO. DECISÃO DENEGATÓRIA. MANUTENÇÃO. Não há na legislação pátria delineamento do quantum a ser fixado a título de dano moral. Caberá ao juiz fixá-lo, eqüitativamente, sem se afastar da máxima cautela e sopesando todo o conjunto probatório constante dos autos. A lacuna legislativa na seara laboral quanto aos critérios para fixação leva o julgador a lançar mão do princípio da razoabilidade, cujo corolário é o princípio da proporcionalidade, pelo qual se estabelece a relação de equivalência entre a gravidade da lesão e o valor monetário da indenização imposta, de modo que possa propiciar a certeza de que o ato ofensor não fique impune e servir de desestímulo a práticas inadequadas aos parâmetros da lei. Há, pois, uma dimensão reparadora e outra punitiva/pedagógica nesse tipo de indenização. De todo modo, é oportuno registrar que a jurisprudência desta Corte vem se direcionando no sentido de rever o valor fixado nas instâncias ordinárias a título de indenização apenas para reprimir valores estratosféricos ou excessivamente módicos, o que não se verifica na hipótese. O valor arbitrado a título de indenização por danos morais (R$ 100.000,00 - cem mil reais) pautou-se em parâmetros claramente razoáveis, como a intensidade

Entretanto, dúvidas ainda pairam, na doutrina e na jurisprudência, acerca da possibilidade desta empresa demandada denunciar da lide ao assediador, para que ele venha a juízo como denunciado, uma vez que teria esta empresa o direito de regresso, com base no art. 934 do CC, contra ele em virtude dos prejuízos decorrentes de sua conduta danosa.

Afinal, ainda vige, na CLT, o parágrafo primeiro do art. 462(418) que dispõe que:

> Art. 462. Ao empregador é vedado efetuar qualquer desconto nos salários do empregado, salvo quando este resultar de adiantamentos, de dispositivos de lei ou de contrato coletivo.
>
> § 1º. Em caso de dano causado pelo empregado, o desconto será lícito, desde que esta possibilidade tenha sido acordada ou na ocorrência de dolo do empregado.

Nesse caminho, sendo a conduta assediadora tipicamente dolosa(419), tem-se a possibilidade desta restituição, seja por via de desconto ou de pagamento de indenização pelo agente da conduta danosa, desde que apresentada a prova de que a ação do empregado assediador foi intencional, bem como o nexo de causa e efeito da conduta com o resultado danoso.

Diante disso, melhor opção não há do que se assegurar a possibilidade da empresa denunciar da lide ao empregado assediador — efetivo responsável pelo dano causado —, para que ele, respeitando o princípio do contraditório, possa apresentar elementos na sua defesa.

Nesse contexto, passa este estudo a se debruçar sobre a análise acerca da responsabilidade civil, nas diversas modalidades de assédio moral, para, em seguida, aprofundar uma reflexão sobre a admissibilidade ou não da denunciação da lide ao empregado assediador.

---

do sofrimento, a gravidade da lesão, o grau de culpa do ofensor e a sua condição econômica, o não-enriquecimento indevido da vítima e o caráter pedagógico da medida, não se configurando violação aos dispositivos apontados. Sendo assim, não há como assegurar o processamento do recurso de revista quando o agravo de instrumento interposto não desconstitui as razões expendidas na decisão denegatória que, assim, subsiste pelos seus próprios fundamentos. Agravo de instrumento desprovido. (AIRR - 141240-20.2006.5.15.0132 , Relator Ministro: Mauricio Godinho Delgado, Data de Julgamento: 27.4.2011, 6ª Turma, Data de Publicação: DEJT 6.5.2011).

(418) Para Pamplona Filho: "Assim, para que o empregador possa descontar valores referentes a danos causados culposamente pelo empregado, será necessária a pactuação específica, seja prévia, seja quando da ocorrência do evento danoso, o que é dispensável, por medida da mais lidima justiça, no caso de dolo, o que é evidente no caso de assédio moral". In: PAMPLONA FILHO, Rodolfo. Noções conceituais sobre o assédio moral na relação de emprego. *Jus Navigandi*, Teresina, ano 10, n. 1149, 24 ago. 2006, p. 19. Disponível em: <http://jus2.uol.com.br/doutrina/texto.asp?id=8838>. Acesso em: 13 maio 2009.

(419) Para Pamplona Filho e Giacomo o assédio moral "é uma atitude de natureza essencialmente dolosa, podendo, ou melhor, devendo a empresa ser ressarcida pelos prejuízos causados pelo assediador". In: PAMPLONA FILHO, Rodolfo; GIACOMO, Fernanda Salinas di. A aplicabilidade da denunciação da lide no processo do trabalho. *Jus Navigandi*, Teresina, ano 11, n. 1500, 10 ago. 2007, p. 12. Disponível em: <http://jus2.uol.com.br/doutrina/texto.asp?id=10268>. Acesso em: 09 dez. 2008.

5.2. OBRIGAÇÃO DE INDENIZAR NAS DIVERSAS MODALIDADES DE ASSÉDIO

Como visto em momento oportuno, existem modalidades diversas de assédio moral. Em terreno de apuração da titularidade da obrigação de indenizar, este estudo, por questões didáticas, fragmentará as suas análises em três áreas:

1. Aquela sobre o assédio moral vertical e o horizontal;

2. Aquela sobre o assédio moral estratégico;

3. Aquela sobre o assédio moral misto.

5.2.1. *No assédio moral vertical e no horizontal*

Retomando a ideia de que o assédio moral vertical descendente é aquele praticado pelo indivíduo hierarquicamente superior contra subordinado. Destaque-se, porém, que tal indivíduo, apesar de ser hierarquicamente superior, necessariamente o dono da empresa. Já no assédio ascendente, o foco de ataque está na pessoa hierarquicamente superior.

Por sua vez, o assédio moral horizontal é aquele praticado por indivíduos do mesmo nível hierárquico, não havendo qualquer relação de hierarquia entre eles.

Observa-se, nesses três casos (assédio moral vertical descendente, ascendente e no assédio moral horizontal) uma certa semelhança, já que se tem a prática do assédio por um empregado contra um outro empregado.

Nesses casos, deve-se fazer a análise acerca da responsabilidade desses assediadores por eventual dano com indagação da culpa (sentido lato), afinal é um dano decorrente da conduta da própria pessoa, sem abarcar quaisquer das hipóteses excepcionais previstas no parágrafo único do art. 927 do Código Civil.

É certo que, diante da natureza da conduta de assédio, acompanhada sempre de uma finalidade, a sua ocorrência está vinculada a uma ação dolosa.

Afinal, no entendimento deste estudo, não seria possível a prática de condutas hostis, reiteradas e prolongadas, de forma culposa (sentido estrito), haja vista estas sempre se apresentarem acompanhadas do intuito de excluir e humilhar o assediado.

Além dessa análise, já superada pelas ponderações anteriormente abordadas, deve-se voltar ao Código Civil para apuração da responsabilidade do empregador nessas hipóteses de assédio, mais precisamente ao seu art. 932, inciso III, que diz:

Art. 932. São também responsáveis pela reparação civil:

(...)

III — O empregador ou comitente, por seus empregados, serviçais e prepostos, no exercício do trabalho que lhes competir, ou em razão dele;

(...).

Para maior entendimento, é necessária também a leitura do dispositivo seguinte, qual seja, do art. 933, que diz que: "as pessoas indicadas nos incisos I a V do artigo antecedente, ainda que não haja culpa de sua parte, responderão pelos atos praticados pelos terceiros ali referidos".

Constata-se, assim, que explícita está a responsabilização objetiva, sendo indiscutível a sua incidência, haja vista a existência do poder diretivo desses sujeitos sobre os agentes materiais do dano.

Em razão disso, como bem acentuado por Alkimin(420):

> O empregador não somente deve se ater a adotar comportamento lesivo à integridade psicofísica e à dignidade do empregado, como também deve adotar medidas genéricas de prudência e as diligências necessárias para a tutela da incolumidade e integridade psicofísica do empregado, devendo punir, no uso de seu poder disciplinar, os atos atentatórios à saúde, personalidade e dignidade do empregado, cometidos por qualquer outra pessoa no ambiente de trabalho, seja colega de serviço, seja preposto.

Seguindo essa análise, cabe ainda dizer que o art. 942, em seu parágrafo único, dispõe que "são solidariamente responsáveis com os autores os coautores e as pessoas designadas no art. 932".

A título de exemplo, essa solidariedade, no direito comparado, pode ser vista no art. 3º, III, do P. L. 252/VIII de Portugal, que previa:

> A entidade patronal e/ou os superiores hierárquicos dos autores materiais dos actos de terrorismo psicológico e/ou assédio moral incorrem solidariamente nas sanções previstas para estes, quando estejam de qualquer modo envolvidos numa tal estratégia, de forma activa, como ordenantes ou encorajantes, ou passiva, tendo conhecimento dos factos e nada tendo feito para os impedir.

Além disso, o art. 933 do nosso Código Civil prevê que a pessoa que ressarciu o dano por outrem tem o direito de regresso.

Como bem lembram Stolze e Pamplona Filho(421), no campo das relações do trabalho, contudo, este dispositivo deve ser interpretado em consonância com o art. 462 da Consolidação das Leis do Trabalho, que assim dispõe:

---

(420) ALKIMIN, Maria Aparecida. *Assédio moral na relação de emprego*. Curitiba: Juruá, 2005. p. 108.
(421) GAGLIANO, Pablo Stolze; PAMPLONA FILHO, Rodolfo. *Novo curso de direito civil*. 2. ed. São Paulo: Saraiva, 2004. v. 3, p. 179.

> Art. 462. Ao empregador é vedado efetuar qualquer desconto nos salários do empregado, salvo quando este resultar de adiantamentos, de dispositivos de lei ou de contrato coletivo.
>
> § 1º Em caso de dano causado pelo empregado, o desconto será lícito, desde que esta possibilidade tenha sido acordada ou na ocorrência de dolo do empregado.

Nos casos de assédio moral, o desconto é lícito, pois a conduta é sempre dolosa. Isso, evidentemente, caso o assediador permaneça no emprego, o que de fato será difícil em razão das inúmeras repercussões negativas, como também em razão de restar configurada, na quase totalidade dos casos, conforme já tratado, justa causa para rescisão contratual.

Caso não permaneça no emprego, pode a empresa demandar regressivamente contra o aludido empregado assediador.

Para estar mais amparada, a vítima deverá acionar tanto o assediador direto como também o empregador na busca de sua indenização, afinal ambos são responsáveis.

5.2.2. No assédio moral estratégico ou organizacional

O assédio moral estratégico ou organizacional se configura quando os atos repetitivos, reiterados e excludentes são praticados diretamente pelo empregador, detentor do poder diretivo, como uma estratégia para a gestão do seu negócio.

Nesses casos, percebe-se que o ato é praticado diretamente por esse indivíduo, logo a apuração de sua responsabilidade deve ser subjetiva.

Nesse sentido, tem entendido o Tribunal Regional do Trabalho da 5ª Região:

> ASSÉDIO MORAL NAS RELAÇÕES DE TRABALHO. RESPONSABILIDADE CIVIL SUBJETIVA DO EMPREGADOR. Nas relações de trabalho, o assédio moral configura-se como conduta abusiva do empregador ou de seus prepostos, mediante a qual fica exposto o obreiro, de forma reiterada, a situações vexatórias, humilhantes e constrangedoras, as quais atentam contra a sua dignidade e integridade psíquica. O assédio moral resulta em danos materiais ou extrapatrimoniais (dano moral), sendo que este independe de prova, haja vista ser presumível. Desse modo, uma vez provada conduta ilícita do empregador que caracterize assédio moral, dá-se ensejo à responsabilidade civil subjetiva deste, porquanto provados os três elementos essenciais para a sua configuração — o dano, o nexo causal entre este e a conduta abusiva do empregador, e o elemento anímico (o dolo) (Processo 00277-2008-025-05-00-7 RO, ac. n. 009423/2009, Relatora Desembargadora LUÍZA LOMBA, 2ª TURMA, DJ 7.5.2009).

Nessa linha, e partindo do preceito já tratado no tópico anterior de que a conduta caracterizadora do assédio moral é necessariamente dolosa, entende-se que o indivíduo só será responsabilizado quando, diante do dano, do nexo e da conduta, seja visualizada a intenção de assediar.

5.2.3. *No assédio moral misto*

Nas hipóteses de assédio moral misto, o indivíduo vê-se sufocado diante de ataques oriundos de empregados que ocupam a mesma posição hierárquica, bem como de ataques simultâneos de indivíduos hierarquicamente superiores, sejam empregados ou não.

Dever-se-á, apurar a responsabilidade de cada um, sendo que, em qualquer situação, a responsabilidade dos empregados do mesmo nível hierárquico é subjetiva.

Quanto aos indivíduos hierarquicamente superiores, caso não sejam os empregadores, serão responsabilizados subjetivamente.

Já na hipótese de serem os empregadores, estes responderão subjetivamente pelos atos diretamente praticados, bem como responderão objetivamente pelos atos praticados pelos seus empregados, haja vista que lhes é imposta a responsabilidade legal frente aos atos de terceiro (art. 932 do Código Civil).

5.3. DA DENUNCIAÇÃO DA LIDE AO EMPREGADO ASSEDIADOR

Muito ainda se tem discutido a respeito da aplicabilidade da denunciação da lide ao Processo do Trabalho. Inúmeras são as posições doutrinárias, sendo que a jurisprudência está longe de um consenso sobre esta matéria.

É certo que, até pouco tempo atrás, a Orientação Jurisprudencial n. 227 da SDI-I evidenciava a posição do Egrégio Tribunal Superior do Trabalho sobre a aludida divergência, entendendo pela incompatibilidade da aplicação desta modalidade de intervenção de terceiro ao Processo do Trabalho.

Ocorre, entretanto, que, diante da extensão da competência da Justiça do Trabalho, com o advento da Emenda Constitucional n. 45 de 2004, a OJ n. 227 veio a ser cancelada, evidenciando um novo posicionamento do aludido Tribunal Superior a respeito da matéria.

Se isso não bastasse, a denunciação à lide revela-se um instrumento interessante para o sistema judiciário, atendendo aos princípios da economia processual, da harmonia dos julgados e do contraditório, bem como evitando a propositura de novas demandas com a solução plurilitigiosa decorrente desta modalidade de intervenção de terceiro.

Nesse caminho, esta reflexão mostra-se importante e atual, ainda mais em casos de demandas que envolvam o assédio moral, pois — de fato — não se tem visto a responsabilização do empregado assediador, com reflexos patrimoniais, nos processos de assédio moral instalados a contragosto das empresas.

Assim, com a denunciação da lide ao assediador, busca-se a condenação do denunciado a ressarcir a empresa ou compensá-la pelos ônus sofridos com a demanda proposta pela vítima do assédio.

5.3.1. *Da denunciação da lide*

No intuito de contextualizar esta reflexão, breves considerações serão trazidas, nesta oportunidade, acerca do instrumento da denunciação da lide.

Como se sabe, a denunciação da lide nada mais é do que uma modalidade de intervenção de terceiro que implica no ingresso de sujeito que não é parte no processo.

Nas palavras de Câmara(422), "a denunciação da lide é a modalidade de intervenção forçada de terceiro provocada por uma das partes da demanda original, quando esta pretende exercer contra aquele direito de regresso que decorrerá de eventual sucumbência na causa principal". E complementa: "a denunciação contem demanda nova, mas não dará origem a um novo processo, visto que esta modalidade de intervenção de terceiro se desenvolverá na mesma base procedimental em que se desenvolve a causa principal".

Nesse sentido, esclarece Didier Jr.(423):

> A denunciação é demanda nova em processo já existente; pela denunciação, não se forma processo novo. É, pois, um incidente do processo. Trata-se de hipótese de ampliação objetiva ulterior do processo. A sentença disporá sobre a relação jurídica entre a parte e o denunciante, e entre este e o denunciado (sentença formalmente una e objetivamente complexa), sob pena de ser considerada citra petita.

Das hipóteses elencadas no art. 125 do Código de Processo Civil, interessa a este estudo debruçar-se sob o quanto disposto no seu inciso II, que repete previsão contida no inciso III do art. 70 do CPC, a saber: "é admissível a denunciação da lide, promovida por qualquer das partes: (...) III — àquele que estiver obrigado, por lei ou pelo contrato, a indenizar, em ação regressiva, o prejuízo de quem for vencido no processo". Afinal, pairam discussões a respeito da extensão do alcance deste dispositivo, dividindo-se a doutrina em duas concepções, quais sejam: a restritiva e a ampliativa.

Para os adeptos da concepção restritiva, a denunciação só seria admitida nos casos de garantias próprias, quais sejam, decorrentes de transmissão de direito; e

---

(422) CÂMARA, Alexandre Freitas. *Lições de direito processual civil*. v. 1. 7. ed. Atualizada. Rio de Janeiro: Lumen Juris, 2002. p. 175.

(423) DIDIER JR., Fredie. *Curso de direito processual civil*: teoria geral do processo e processo de conhecimento. 8. ed. Bahia: JusPodivm, 2007. v. 1, p. 318.

não nas hipóteses de garantias impróprias, decorrentes de simples direito de regresso, sendo impossível a inserção de novo fundamento jurídico.

Adeptos a essa corrente, em seus comentários ao código de processo civil de 1973, dispõem Nelson e Rosa Nery[(424)]:

> A denunciação, na hipótese do CPC 70 III, restringe-se às ações de garantia, isto é, àquelas em que se discute a obrigação legal ou contratual do denunciado em garantir o resultado da demanda, indenizando o garantido em caso de derrota. Daí não ser admissível a denunciação da lide, quando nela se introduzir fundamento novo, estranho à lide principal.

Já para os adeptos da concepção ampliativa, seria possível o exercício eventual e incidental da pretensão regressiva em um mesmo processo.

Sobre esta concepção, destaca Didier Jr.[(425)] que: "há, ainda, os argumentos da economia processual, pois um só processo serve à solução de mais de um problema, e da harmonia dos julgados, pois o mesmo juiz resolverá o conflito principal e o de regresso, evitando decisões contraditórias". E complementa: "sem dúvidas, do ponto de vista prático, é a orientação que apresenta os melhores resultados: simplificam-se as coisas, evitam-se discussões teóricas e prestigia-se o exercício da função jurisdicional".

Por essas razões, filia-se este estudo a esta concepção.

Como se não bastasse tais fundamentos, numa análise acerca do código de processo civil de 1973, destaca Câmara[(426)] que:

> Os termos do inciso III do art. 70, como já disse notável jurista, são "louvavelmente genéricos". Estes termos, incapazes de permitir qualquer tipo de distinção do intérprete (afinal, como é sabido, onde a lei não distingue não é lícito ao interprete distinguir), têm como consequência inafastável, a nosso sentir, a adoção da teoria mais extensiva, segundo a qual a denunciação da lide é adequada tanto nos casos de garantia própria, como nos de garantia imprópria.

Por fim, em relação ao julgamento, sustenta Câmara[(427)] que: "há, entre as duas demandas, uma relação de prejudicialidade, devendo a demanda principal ser julgada em primeiro lugar, para que, só após, e se tiver restado vencido o litisde-

---

(424) NERY JÚNIOR, Nelson; NERY, Rosa Maria de Andrade. *Código de processo civil comentado*. 7. ed. São Paulo: RT, 2003. p. 437.

(425) DIDIER JR., Fredie. *Curso de direito processual civil*: teoria geral do processo e processo de conhecimento. 8. ed. Bahia: JusPodivm, 2007. v. 1, p. 333.

(426) CÂMARA, Alexandre Freitas. *Lições de direito processual civil*. v. 1. 7. ed. Atualizada. Rio de Janeiro: Lumen Juris, 2002. p. 178.

(427) CÂMARA, Alexandre Freitas. *Lições de direito processual civil*. v. 1. 7. ed. Atualizada. Rio de Janeiro: Lumen Juris, 2002. p. 184.

nunciante, seja julgada a demanda de garantia. Na hipótese de o litisdenunciante vencer a demanda principal, deverá ser considerada prejudicada a denunciação da lide".

Nesse sentido, esclarece Didier Jr.(428) a eventualidade dessa demanda incidental:

> É, ainda, demanda eventual. Eventual porque feita sob condição: a demanda regressiva somente será examinada se o denunciante, afinal, for derrotado na demanda principal. A primeira demanda é preliminar em relação à denunciação, pois se o denunciante for vitorioso na ação principal, a ação regressiva sequer será examinada; se o denunciante sucumbir, a ação de denunciação tanto poderá ser procedente como improcedente. "É como se o denunciante formulasse este pedido: "Se eu, afinal, acabar vencido, peço desde já que o denunciado seja condenado a pagar-me a indenização a que eu porventura tenha direito".

Feitas essas observações, parte-se, para a aplicabilidade da denunciação da lide, no processo do trabalho, em especial nas demandas em que se discute a ocorrência de dano moral decorrente de processo de assédio moral.

5.3.2. *Da denunciação da lide aplicada ao processo do trabalho*

A modalidade da denunciação da lide era expressamente rejeitada, na Justiça do Trabalho, até 22 de novembro de 2005. Até esta data, a Orientação Jurisprudencial n. 227(429) da SDI-I evidenciava a posição do Egrégio Tribunal Superior do Trabalho pela incompatibilidade da aplicação desta modalidade de intervenção de terceiro ao Processo do Trabalho.

Ocorre, entretanto, que, após proposta da Comissão de Jurisprudência, o Egrégio Tribunal Superior do Trabalho reviu sua posição, bem como cancelou a aludida orientação jurisprudencial.

Tal mudança de postura deu-se em virtude da necessidade do Tribunal Superior do Trabalho de adaptar-se à nova realidade advinda da extensão da competência da Justiça do Trabalho pós-reforma(430) do judiciário.

---

(428) DIDIER JR., Fredie. *Curso de direito processual civil*: teoria geral do processo e processo de conhecimento. 8. ed. Bahia: JusPodivm, 2007. v. 1, p. 318.

(429) A Orientação Jurisprudencial n. 227 da SDI-I preceituava: "Denunciação da lide. Processo do Trabalho. Incompatibilidade".

(430) Segundo Montenegro Filho: "Por óbvio que ao ampliar a competência da Justiça do Trabalho para apreciar e julgar demandas antes afetas à jurisdição civil da Justiça Comum, o novel 114 da Lei Maior trouxe a reboque a necessidade de exportar institutos de natureza processual civil inerentes à resolução de tais demandas; institutos estes sem normatização expressa na CLT e, portanto, aplicá-

Ademais, esta modalidade de intervenção de terceiro efetivamente interessa ao sistema judiciário, uma vez que prestigia os princípios da economia processual, da harmonia dos julgados e do contraditório, evitando a propositura de novas demandas.

Nesse caminho, pontuam Pamplona Filho e Giacomo[(431)] que a utilização desta modalidade de intervenção de terceiro "é sempre recomendável, para uma solução integral da lide, possibilitando uma maior celeridade na efetiva solução do litígio e uma economia processual no sentido macro da expressão".

Ocorre que, ainda hoje, muitos julgadores entendem que a inserção de um terceiro, na lide trabalhista, tiraria o foco da demanda ao serem inseridas novas questões anteriormente desconhecidas e não alcançáveis pelas partes originárias.

Esse estudo, porém, filia-se, como já mencionado em linhas anteriores, à corrente doutrinária que admite a denunciação da lide no processo trabalhista, posição esta que pode ser vista, com clareza, no trecho de acórdão, transcrito a seguir, do E. Tribunal Regional do Trabalho da 14ª Região:

> Em relação à denunciação da lide, também pela ampliação da competência da Justiça do Trabalho, não se pode excluir a possibilidade de processamento deste instituto nas lides trabalhistas, desde que demonstrada a ocorrência de alguma das hipóteses do art. 70 do Código de Processo Civil, até porque a vedação anteriormente existente (Orientação Jurisprudencial n. 227 da SDI-I do TST) foi cancelada. Não se olvidando que a matéria discutida deve ser de natureza empregatícia. Convém esclarecer, no entanto, que o comentado instituto se justifica, especialmente, pela economia processual, quando ao denunciante, subsiste direito de regresso em face do denunciado, o que possibilitaria a competente ação regressiva. Como a lide secundária é decidida com a causa principal, ao interessado, compensa a denunciação da lide, uma vez que abrevia o julgamento de sua pretensão em face de terceiro (denunciado) (TRT 14ª Região, RO 14.2007.101.14.00-6, Relator: Dês. Mario Sérgio Lapunka, 2ª Turma.).[(432)]

Ademais, além da resolução integral da lide, busca-se também, por meio da admissão da denunciação da lide, que sejam evitadas decisões contraditórias, como na hipótese sugerida por Pamplona Filho[(433)]:

> Imagine, por exemplo, que não seja deferida a denunciação da lide, sob tal fundamento — muito comum, inclusive, em ações de responsabili-

---

veis em sede laboral porquanto autorizado pelos artigos 8º e 769 deste diploma legal". In: MONTENEGRO NETO, Francisco. *O cabimento do chamamento ao processo e da denunciação da lide na ação civil pública trabalhista*. Disponível em: <http://jusvi.com>. Acesso em: 09 dez. 2008.

(431) PAMPLONA FILHO, Rodolfo; GIACOMO, Fernanda Salinas di. A aplicabilidade da denunciação da lide no processo do trabalho. *Jus Navigandi*, Teresina, ano 11, n. 1500, 10 ago. 2007, p. 05. Disponível em: <http://jus2.uol.com.br/doutrina/texto.asp?id=10268>. Acesso em: 09 dez. 2008.

(432) Na lei n. 13.105 de 2015, o novo Código de Processo Civil Brasileiro, a denunciação da lide é regida pelos arts. 125 e seguintes.

(433) PAMPLONA FILHO, Rodolfo. Noções conceituais sobre o assédio moral na relação de emprego. *Jus Navigandi*, Teresina, ano 10, n. 1149, 24 ago. 2006, p. 20. Disponível em: <http://jus2.uol.com.br/doutrina/texto.asp?id=8838>. Acesso em: 13 maio 2009.

dade civil do Estado — mas, na ação regressiva, o suposto assediador NEGA a autoria e materialidade do fato. Haveria, sem sombra de dúvida, a possibilidade jurídica de sentenças contraditórias, que desprestigiariam a atividade jurisdicional. Assim sendo, consideramos não somente possível a formação do litisconsórcio passivo, mas principalmente recomendável o eventual deferimento da denunciação da lide, garantindo-se, assim, uma resolução integral da demanda, possibilitando uma maior celeridade na efetiva solução do litígio e uma economia processual no sentido macro da expressão.

Evidenciado o posicionamento adotado, passa-se, a focar essa problemática, sob a ótica das demandas relacionadas à ocorrência de assédio moral no meio ambiente de trabalho.

5.3.3. *Da denunciação da lide ao empregado assediador*

As divergências acerca da aplicabilidade da denunciação da lide ao assediador em casos de *mobbing* são grandes[(434)]. Entretanto, parte da doutrina já vem norteando o entendimento no sentido de admitir a possibilidade de denunciação da lide ao empregado assediador, para que ele responda pelos danos causados ao trabalhador vítima do processo de assédio moral[(435)].

Nesse sentido, Pamplona Filho e Giacomo[(436)] dispõem:

> E é justamente este nosso entendimento, por ser ele ampliativo e menos oneroso ao Poder Público, já que todas as circunstâncias fáticas, incluindo-se a culpa ou o dolo (responsabilidade subjetiva) do assediador serão vislumbrados simultaneamente ao processo principal, que está sendo movido contra o empregador/empresa da qual fazia parte o primeiro. Desse modo, não haverá necessidade de cobrança regressiva, uma vez que o verdadeiro devedor da indenização (agente causador do

---

(434) Para BARRETO: "É natural que a empresa seja chamada a responsabilizar-se pelo dano causado por seus prepostos/administradores. Contudo, deve demonstrar ter atitude e não deixar que as ocorrências passem sem apuração, sem consequências para o agente indicado como assediador. Deve-se dar um basta à impunidade em todos os setores da sociedade". In: BARRETO. Marco Aurélio Aguiar. *Assédio moral no trabalho*: da responsabilidade do empregador — perguntas e respostas. São Paulo: LTr, 2007. p. 71.

(435) Discordando desta posição, pontua Rodenas: "No existe vinculación propia y directa de la acción indemnizatoria con el otro trabajador de la misma empresa al que se imputa personalmente la conducta de acoso; en principio, la decisión judicial que resuelva esta acción es ajena, dado que sus disposiciones sólo alcanzan al empresario y trabajador demandante. Este tercero no es, en forma alguna, titular de la relación jurídica debatida en el pleito, y por ello no es parte en el proceso; no existiendo razón de ningún tipo para ser llamado al mismo.". In: RODENAS, Maria José Romero Rodenas. *Protección frente al acoso moral en el trabajo*. 3. ed. Albacete: Editorial Bomarzo, 2005. p. 80.

(436) PAMPLONA FILHO, Rodolfo; GIACOMO, Fernanda Salinas di. A aplicabilidade da denunciação da lide no processo do trabalho. *Jus Navigandi*, Teresina, ano 11, n. 1500, 10 ago. 2007, p. 11-12. Disponível em: <http://jus2.uol.com.br/doutrina/texto.asp?id=10268>. Acesso em: 09 dez. 2008.

dano) haverá participado de todo o processo e efetivado o seu direito constitucional ao contraditório e à ampla defesa.

Na hipótese proposta de denunciação da lide ao empregado assediador, em especial, vale destacar que até mesmo os argumentos contrários à denunciação mostram-se enfraquecidos, uma vez que entre a empresa e o assediador já existe uma relação de emprego, sendo a Justiça do Trabalho[(437)] competente para analisar e julgar essa lide[(438)].

E, nessa ótica, ainda mais interessante se torna esta hipótese, pois, como já tratado em linhas anteriores, ainda vige o parágrafo primeiro do art. 462 da CLT[(439)] que admite o desconto do empregado dos valores dispendidos pelo empregador, em virtude de uma conduta dolosa que cause prejuízo para este, dentro de sua atividade econômica.

Sobre esse ponto, muito tem-se discutido a respeito da compatibilidade da interpretação deste dispositivo em relação à teoria do risco[(440)], pois, em regra, quem deve arcar com os riscos da atividade é o empregador.

---

(437) Neste sentido, entende Pamplona Filho: "Até mesmo se tal ação foi ajuizada na Justiça do Trabalho, não haverá motivo razoável para se afastar a intervenção de terceiros, pois a regra de competência material do art. 114 da Constituição Federal de 1988 estará sendo estritamente observada, uma vez que teremos, sempre, demandas entre trabalhadores e empregadores (no exemplo dado, *empregada assediada* X *empregadora responsabilizada* e *empregadora responsabilizada* X *empregado assediador*)". In: PAMPLONA FILHO, Rodolfo. Noções conceituais sobre o assédio moral na relação de emprego. *Jus Navigandi*, Teresina, ano 10, n. 1149, 24 ago. 2006, p. 19. Disponível em: <http://jus2.uol.com.br/doutrina/texto.asp?id=8838>. Acesso em: 13 maio 2009.

(438) Em sentido contrário, Martins sustenta que: "A celeridade do processo do trabalho porderia ficar prejudicada com sucessivas denunciações da lide. A relação entre denunciante e denunciado não decorre da relação de trabalho, mas de uma relação civil entre as partes. Por estas razões, é inaplicável a denunciação da lide, tal qual prevista no CPC, no processo do trabalho". *Data venia*, tal posicionamento não merece prosperar, pois — de certo — a resolução de duas demandas, com a denunciação, representaria a celeridade pretendida. E, ainda, evidente que, no caso do assédio moral, existe uma relação empregatícia entre o denunciante/empregador e o denunciado/assediador. In: MARTINS, Sérgio Pinto. *Direito processual do trabalho*: doutrina e pratica forense; modelos de petições, recursos, sentenças e outros. 27. ed. São Paulo: Atlas, 2007.

(439) Sobre a importância desse dispositivo, sustenta Pamplona Filho: "Mais importante, porém, é o fato de que essa regra compatibiliza o caráter tuitivo que deve disciplinar toda norma trabalhista com a rígida regra de direito de que a ninguém se deve lesar, não se chancelando, pela via estatal, a irresponsabilidade de trabalhadores, enquanto cidadãos, pelos atos danosos eventualmente praticados". In: PAMPLONA FILHO, Rodolfo. Noções conceituais sobre o assédio moral na relação de emprego. *Jus Navigandi*, Teresina, ano 10, n. 1149, 24 ago. 2006, p. 19. Disponível em: <http://jus2.uol.com.br/doutrina/texto.asp?id=8838>. Acesso em: 13 maio 2009.

(440) Segundo Simm: "Quanto à responsabilidade objetiva, a doutrina habitualmente assinala que, ela se funda na teoria do risco, como assevera, dentre outros, Sérgio Cavalieri Filho, que, analisando a figura da responsabilidade extracontratual objetiva ou responsabilidade pelo risco, afirma tratar-se de uma modalidade sem culpa, em que também estão presentes uma atitude ilícita, um nexo causal e um dano, mas dispensando-se o exame da culpa do agente (que pode ou não existir, é irrelevante), baseando-se na teoria do risco: quem desenvolve uma atividade perigosa deve assumir os riscos decorrentes e reparar os respectivos danos". In: SIMM, Zeno. *Acosso psíquico no ambiente de trabalho*: Manifestações, efeitos, prevenção e reparação. São Paulo: LTr, 2008. p. 205.

Tanto que, em relação à teoria do risco, dispõe o Código Civil, no parágrafo único do art. 927[(441)], que: "haverá obrigação de reparar o dano, independentemente de culpa, nos casos especificados em lei, ou quando a atividade normalmente desenvolvida pelo Autor do dano implicar, por sua natureza, risco para os direitos de outrem".

Entretanto, não se pode esquecer que uma coisa é o risco da atividade, pelo qual o empregador é responsável, sendo outra coisa bem distinta, o acontecimento extraordinário e danoso provocado intencionalmente pelo empregado, que deve ser arcado pelo causador direto do infortúnio, ainda que por via de ação regressiva.

Nesse sentido, tem entendido o Egrégio Tribunal Superior do Trabalho:

> Os riscos da atividade econômica devem ser assumidos pelo empregador, sendo vedada tal transferência, pura e simplesmente, ao empregado. A responsabilidade por um ato qualquer não pode ser atribuída abstratamente. A empresa deve provar que o dano foi causado pelo empregado (TST, RR 101.373/93.0, José Francisco da Silva, Ac. 2ª Turma. 3.402/94).

Dessa maneira, só haverá nexo entre a conduta do empregado e o dever objetivo do empregador de indenizar, caso seja comprovado que o subordinado agiu com culpa (*lato sensu*), até mesmo para que seja admitida a ação regressiva.

Vale destacar, inclusive, que maior atenção ainda clamam os casos de assédio moral, em razão de seu caráter não apenas voluntário, mas também estritamente intencional do agente perverso, chegando até mesmo parte da doutrina a considerar inaplicável a teoria do risco nestas hipóteses. Neste sentido, dispõe Guedes[(442)]:

> Considerando o conceito de atividade perigosa como sendo "aquela que contenha em si uma grave probabilidade, uma notável potencialidade danosa, em relação ao critério da normalidade média", não vemos como aplicar a teoria do risco na hipótese de *mobbing* em qualquer de suas modalidades.

Nessa linha, relevante e oportuna mostra-se a ponderação feita por Pamplona Filho e Giacomo[(443)], diante de casos em que o assédio moral é instalado a contragosto do empregador, ao considerar que:

---

(441) Esclarece Pamplona Filho: "A regra parece ser feita sob medida para relações empregatícias, pois, como já exposto, é o empregador que deve assumir os riscos da atividade econômica. É lógico que o risco a que se refere a disposição celetista é o risco/proveito, ou seja, a potencial ruína pelo insucesso da atividade econômica com que se pretendeu obter lucro". In: PAMPLONA FILHO, Rodolfo. Noções conceituais sobre o assédio moral na relação de emprego. *Jus Navigandi*, Teresina, ano 10, n. 1149, 24 ago. 2006, p. 20. Disponível em: <http://jus2.uol.com.br/doutrina/texto.asp?id=8838>. Acesso em: 13 maio 2009.

(442) GUEDES, Márcia Novaes. *Terror psicológico no trabalho*. São Paulo: LTr, 2003. p. 08.

(443) PAMPLONA FILHO, Rodolfo; GIACOMO, Fernanda Salinas di. A aplicabilidade da denunciação da lide no processo do trabalho. *Jus Navigandi*, Teresina, ano 11, n. 1500, 10 ago. 2007, p. 12. Disponível em: <http://jus2.uol.com.br/doutrina/texto.asp?id=10268>. Acesso em: 09 dez. 2008.

Em que pese a existência de previsão legal específica de responsabilidade patrimonial do empregador por ato de seus prepostos, a responsabilização subsidiária do verdadeiro agente assediante (e, por consequência, a sua correspondente denunciação da lide) é medida da mais lídima justiça.

Nesse aspecto, filia-se este estudo ao entendimento de ser aplicável o art. 125, II, do CPC, nas demandas que envolvam o assédio moral, para que o assediador seja denunciado da lide para ressarcir o empregador pelos danos, que lhe causou, em virtude do reconhecimento da ocorrência do assédio moral.

5.4. A PROVA DO ASSÉDIO MORAL E DO DANO

Revela-se de grande importância a análise da prova do assédio moral e do dano, tendo em vista que a agressão decorrente deste ato ilícito, na maioria das vezes, é oculta e atinge a esfera íntima e subjetiva da vítima.

Assevera Alkimin(444) que:

> Para a reparação do dano moral, é imprescindível a prova dos fatos que dão causa ao dano moral, entretanto, é prescindível a prova da dor, sofrimento e perturbação interior causada pela conduta ilícita, pois a doutrina e jurisprudência admitem a teoria do *danun in re ipsa*, para a qual o dano se prova por si mesmo, ou seja, provando o ilícito, dispensa-se a prova do prejuízo moral *in concreto*, pois ferir os direitos de personalidade e afetar o mais íntimo sentimento humano, é de difícil constatação(445).

Em razão disso, a prova do dano moral(446) no caso do assédio moral — diante das inúmeras dificuldades, dentre as quais, destacam-se a incapacidade em provar a dor interior, bem como a rejeição dos colegas de trabalho em testemunhar — não deve se sujeitar à disciplina geral em matéria de prova(447).

---

(444) ALKIMIN, Maria Aparecida. *Assédio moral na relação de emprego*. Curitiba: Juruá, 2005. p. 117.

(445) Nesse sentido, Cataldo diz: "dado el difícil escenario probatório que el trabajador debe enfrentar en las denuncias por violación o lesión de derechos fundamentales, se hace absolutamente imprescindible, para otorgar una tutela efectiva de dichos derechos, la reducción de la carga probatoria en los procesos respectivos". In CATALDO, José Luis Ugarte. *El nuevo derecho del trabajo*. Santiago de Chile: Editorial Universitaria, 2004. p. 132.

(446) Em sentido contrário, pela necessidade de comprovação do dano moral, entendeu o E. TRT da 5ª Região que: "Assim, diante da inexistência de todos os elementos caracterizadores do dano moral, uma vez que este nem ao menos restou provado (não podendo ser presumido) não há como ser reconhecida a obrigação de indenizar, ainda mais no montante de R$ 300.000,00, quando na inicial se pediu R$ 38.000,00. Ademais, restando afastado o reconhecimento de práticas ofensivas e humilhantes pela Recorrente, tem-se que, haja vista a realidade dos autos, não há a reiteração de comportamentos hábeis a caracterizar o assédio moral, subsistindo apenas uma atitude da empresa, que seria o fato de tentar impedir a entrada portando sandálias, para as quais não houve prova alguma do dano moral que possa ter causado (TRT 5ª, RO 00749-2007-641-05-00-9, Relator: Des. ElisaAmado, 1ª Turma)".

(447) Sobre o tema PRATA sustenta: "Inspira-nos grande preocupação o fato de que, na maioria dos casos, a jurisprudência não se tem mostrado sensível à gravidade do problema probatório quando se

Ou seja, altera-se o axioma central em matéria de provas referente ao ônus probatório[(448)] daquele que deduz a pretensão (art. 373, inc. I, do CPC e art. 818 da CLT)[(449)], tendo em vista a dificuldade de provar o sofrimento íntimo.

Sobre esse aspecto, apoia-se este estudo na moderna doutrina chilena, por intermédio de Cataldo[(450)], que diz:

> No existe una solo técnica de aliviación probatoria, sino varias modalidades distintas que, sin embargo, sirven a un mismo objetivo: facilitar la posición probatoria (aligerar la carga probatoria) del trabajador actor, alterando el axiona central en materia probatoria de que corresponde proba un hecho a quien lo alega, atendida una pluralidad de razones de *política jurídica*: la realización de interesse generales de justiciabilidad de los derechos fundamentales — garantías de justicia —; afrontar el problema práctico consistente en las dificultades de la prueba del hecho discriminatorio o contrario al derecho fundamental — debilidad de la posición probatoria —, lo que lleva a establecer reglas especiales de distribución de la prueba a favor de la posición subjetiva del trabajador, agravándose simétricamente la del empresario demandado.

Alkimin[(451)] propõe, para tanto, a inversão do ônus da prova:

> O juiz, valendo-se de sua persuasão racional e da presunção como meio de prova, poderá aferir ou até mesmo presumir a existência de dor, sofrimento,

---

trata do assédio moral no trabalho, exigindo da vítima "prova cabal e robusta", esquecendo-se que o *mobbing*, geralmente, ocorre por meio de uma discreta manipulação maliciosa, muitas vezes pouco perceptível pelos circunstantes, a ponto de deixar confusa a própria vítima, que chega a duvidar de sua competência e até mesmo de sua sanidade mental". In: PRATA. Marcelo Rodrigues. *Anatomia do assédio moral no trabalho:* uma abordagem transdisciplinar. São Paulo: LTr, 2008. p. 435-436.

(448) Pacífico pondera que, desde que o sistema das provas tarifárias foi substituído pelo da livre apreciação, vozes não faltaram a sustentar que o fenômeno do ônus da prova teria perdido significado. Entretanto, como bem pondera o autor, "a apreciação da prova e o ônus da prova, embora se situem em terrenos muito próximos, estão nitidamente separados por limites fixos". O domínio do ônus da prova começa ali onde termina o domínio da livre apreciação da prova (fase de valorização das provas); se o juiz atravessou este último sem poder encontrar a solução, o ônus da prova (*ultimum refugium*, em fase de julgamento) lhe dá o que a livre apreciação da prova lhe negou. In: PACÍFICO, Luiz Eduardo Boaventura. *O ônus da prova no direito processual civil*. São Paulo: RT, 2001. p. 155-156.

(449) Sobre o ônus da prova, em caso de assédio moral, já julgou o Tribunal Regional do Trabalho da 5ª Região que: "para se configurar o assédio é preciso haver prova segura, convincente de que o empregado tenha sofrido constrangimento no exercício da função, lesão à pessoa, decorrente de ofensa à honra, ao decoro, às crenças internas, à liberdade, à vida, à integridade corporal, à paz interior. O assédio moral resulta em prejuízo não patrimonial. No assédio moral há de se considerar o sofrimento do ofendido, a gravidade, a natureza, a repercussão da ofensa. No caso *sub judice*, o ônus da prova era da reclamante, ante a negativa da reclamada no sentido de que não houve perseguições nem tratamento desrespeitoso para com a reclamante. Contudo, de tal encargo não se desvencilhou, pois a prova testemunhal que apresentou não esclareceu plenamente os fatos para o deslinde da questão. A prova documental também não foi suficiente para demonstrar que, realmente, o autor era perseguido pelo empregador (TRT 5ª Região, RO 01124-2006-014-05-00-1, Relator: Dês. Nélia Neves, 4ª Turma)".

(450) CATALDO, José Luis Ugarte. *El nuevo derecho del trabajo*. Santiago de Chile: Editorial Universitaria, 2004. p. 132.

(451) ALKIMIN, Maria Aparecida. *Assédio moral na relação de emprego*. Curitiba: Juruá, 2005. p. 118.

angústia, aflição, desespero, vergonha, humilhação, o descrédito perante os colegas, e admitir a existência do dano, determinando a inversão do ônus da prova, impondo ao agressor o ônus de provar a inexistência de conduta assediante e da possibilidade de nexo de causalidade; até porque, diante do desequilíbrio social e econômico entre empregado e empregador, perfeitamente justificável é a inversão do ônus da prova.

A adoção da inversão do ônus[452] da prova para o processo trabalhista é posição de *lege ferenda*.

Destaca-se, por oportuno, que a lei 13.105 de 2015, que instituiu o novo código de processo civil inovou neste particular:

Art. 373. O ônus da prova incumbe:

I — ao autor, quanto ao fato constitutivo de seu direito;

II — ao réu, quanto à existência de fato impeditivo, modificativo ou extintivo do direito do autor.

§ 1º Nos casos previstos em lei ou diante de peculiaridades da causa relacionadas à impossibilidade ou à excessiva dificuldade de cumprir o encargo nos termos do *caput* ou à maior facilidade de obtenção da prova do fato contrário, poderá o juiz atribuir o ônus da prova de modo diverso, desde que o faça por decisão fundamentada, caso em que de-verá dar à parte a oportunidade de se desincumbir do ônus que lhe foi atribuído.

§ 2º A decisão prevista no § 1º deste artigo não pode gerar situação em que a desincumbência do encargo pela parte seja impossível ou excessivamente difícil.

O órgão julgador pode, nos termos do § 1º do art. 373 atribuir o ônus da prova de modo diverso diante da peculiaridade da causa relacionada à impossibilidade ou à excessiva dificuldade de cumprir o encargo ou à maior facilidade de obtenção de prova do fato contrário. Tal previsão possibilita a ampliação das hipóteses de inversão do ônus de prova que existiam no sistema processualista brasileiro anterior. Trata-se de situação nova, que ainda carecerá de maior reflexão pelos tribunais brasileiros.

Julgando este estudo desprovido, ainda, de certeza acerca dessa matéria, se faz necessário um maior aprofundamento. Buscou-se, para tanto, mais uma vez na doutrina chilena, ponderações que merecem ser trazidas à tona. Diz Cataldo[453]:

---

(452) Sobre o tema, diz MARTINS: "Não se pode falar em inversão do ônus da prova, no sentido de que o empregador deveria fazer prova de que não praticou o assédio, pois haveria prova impossível muitas vezes de ser feita. Não há previsão legal nesse sentido na legislação processual trabalhista. [...] Os indícios e presunções podem demonstrar a existência do assédio, assim como as regras da experiência. Presunção é meio de prova, segundo o inciso IV, do art. 212, do Código Civil". In: MARTINS. Sérgio Pinto. *Assédio moral no emprego*. São Paulo: Atlas, 2012. p. 98.
(453) CATALDO, José Luis Ugarte. *El nuevo derecho del trabajo*. Santiago de Chile: Editorial Universitaria, 2004. p. 133.

> No se trata, como lo ha destacado la doctrina mayoritaria, de una rigurosa inversión de la carga probatoria, ya que no basta que se alegue la lesión para que corresponda al demandado probar lo contrario, sino de una técnica más débil: se trata de una alteración del *onus probandi*, ya que la víctima o demandante no está completamente liberado de prueba, ya que debe acreditar, al menos, la existencia de "indicios" de la existencia de la conducta lesiva, para que recién ahí se translade al demandado el deber de probar que su conducta se debió a motivos objetivos y razonables.

O autor trata sobre o fato de que não deveria haver propriamente uma "inversão" do ônus da prova, mas sim, uma alteração desse ônus, haja vista ainda caber à vítima reclamante evidenciar, ao menos, "indícios" da conduta lesiva[(454)], para que a partir daí houvesse a transferência, ao demandado, do dever de provar que sua conduta se deu por motivos objetivos e razoáveis.

Justifica sua postura Cataldo[(455)], repudiando a existência do dever de provar ato negativo, ao dizer que:

> Lo anterior se explica, porque una rigurosa inversión de la carga de prueba en esta materia, podería submeter al empleador ante la prueba de um hecho negativo, como es la inexistencia de un móvil lesivo de derecho fundamentales, sino que ha de comprobarse la existencia de indicios de que se ha producido una violación de un derecho de tal naturaleza.

Adiante, revela o fato de que este regramento implicaria a alteração do objeto da prova, não sendo mais necessária a prova da existência da conduta discriminatória ou lesiva, mas sim, a evidência de indícios de que tenha havido a lesão. Veja-se as palavras do autor:

> Por eso se ha dicho con razón, que la regla procesal citada, más que alterar a carga probatoriam afecta al objeto de la prueba (thema probandum), ya que el demandante sí debe creditar un hecho, pero no el que le correspondería según las reglas generales (la conducta discriminatoria o lesiva), sino una cosa distinta: la existencia de indicios que hagan verosímil la existencia de la lesión.

---

(454) Diante da ausência de comprovação da conduta lesiva, decidiu o E. Tribunal Regional do Trabalho da 3ª Região: "DANOS MORAIS. ASSÉDIO MORAL. Sem a produção de prova da existência dos constrangimentos e humilhações pela quais teria a reclamante passado, sob o jugo da reclamada, a título de assédio moral, correta a decisão que julgou improcedente o pedido" (Tribunal Regional do Trabalho — 3ª Região Processo 00565-2006-039-03-00-3 RO Data de Publicação: 2.11.2006; Órgão Julgador Terceira Turma; Juiz Relator César Pereira da Silva Machado Junior".
(455) CATALDO, José Luis Ugarte. *El nuevo derecho del trabajo*. Santiago de Chile: Editorial Universitaria, 2004. p. 133.

Sobre a alteração do objeto da prova, Pacífico[456] atribui às presunções[457] essa influência na distribuição do ônus da prova. A parte a quem beneficia fica onerada em provar somente o fato base da presunção, a partir do qual se considera provado o fato presumido.

Finalizando, expõe Cataldo[458] que a prova reduzida[459] de que se beneficia o trabalhador se traduz nos fatos que geram suspeita e que provocam uma espécie de presunção discriminatória. Observe as palavras do autor, o entendimento apresentado:

> Dichos indicios dicen relación con hechos que han de generar en el juzgador, al menos la sospecha fundada de que ha existido discriminación, por ello la prueba reducida de que se beneficia el trabajador se traduce en la prueba dos hechos que geram sospecha y que provocan una especie de presunción discriminativa.

Sobre o tema, contribui o jurista Luiz de Pinho Pedreira da Silva[460], ao dizer que:

> No que diz respeito ao ônus da prova do dano moral, estou com *Mosset Iturraspe* quando sustenta que sobre a vítima desse dano pesa o ônus de prová-lo em sua existência e gravidade, mas acrescenta que essa prova pode ser produzida mediante presunções *hominis* extraídas de indícios, conforme as regras de experiência. Muitos autores, porém, acham que a prova do dano moral se faz *in re ipsa*.

Ou seja, tem a vítima o ônus de provar o fato base da presunção em sua existência e finalidade, sendo desnecessária a prova do dano, sob pena de não restar

---

(456) PACÍFICO, Luiz Eduardo Boaventura. *O ônus da prova no direito processual civil*. São Paulo: RT, 2001. p. 163.

(457) As presunções se dividem em simples (ou judiciais) e legais. As simples decorrem do raciocínio do juiz ao concluir sobre a existência de um fato relevante ao processo, tendo em vista o que ordinariamente acontece. Já as presunções legais subdividem-se em: relativas (*iuris tantum*) e absolutas (*iures et ed jure*). Diferentemente das presunções simples, que são relevantes durante o momento valorativo do juiz, as presunções legais são de grande importância para a fase de julgamento, exercendo influência sobre a distribuição do ônus de prova. Deve-se ponderar ainda que, aquele que invoca a presunção tem que demonstrar que está na situação de poder invocá-la.

(458) CATALDO, José Luis Ugarte. *El nuevo derecho del trabajo*. Santiago de Chile: Editorial Universitaria, 2004. p. 133.

(459) Neste caminho, diz Navarrete: "Como el resto de los Órdenes jurisdiccionales, también el contenciosoadmvo ha sido consciente de las especiales "dificultades probatórias" que suscita la acreditación de uma situación de AML. Ahora bien, hasta el momento se han mostrado poco, o nada, receptivos a introducir reglas de facilitación de la carga de la prueba, siendo la tónica dominante más bien la contraria, la de la rigurosidad extrema. Sin embargo, el favor por un reparto de la carga de la prueba más benévolo a la víctima de AML no es ni cuestión de "sensibilidad tuitiva" ni de opción de política judicial sino que es, lisa y llanamente, un deber jurídico que vincula al Juez, por mandato comunitário, constitucional y legal". In: NAVARRETE, Cristóbal Molina. *La tutela judicial frente al acaso moral en el trabajo*: de las normas a las forenses. Albacete: Editorial Bomarzo, 2007. P. 49-50.

(460) SILVA, Luiz de Pinho Pedreira da. *Ensaios de direito do trabalho*. São Paulo: LTr, 1998. p. 83.

configurada a ocorrência do assédio moral. Neste sentido, já entendeu o Tribunal Regional do Trabalho da 5ª Região:

> ASSÉDIO MORAL. PROVA ORAL DIVIDIDA. Tendo sido negado pela reclamada o assédio moral noticiado na inicial, do reclamante era o ônus da prova do fato constitutivo do seu direito. Porém, a prova testemunhal se revelando dividida, e não se podendo atribuir qualidade superior à prova de uma das partes, em detrimento daquela produzida pela outra, mesmo porque a julgadora "a quo", que colheu a prova e que, por essa razão, teria melhor condição de valorá-la, não esboçou qualquer avaliação a respeito. A jurisprudência pátria sedimentou entendimento segundo o qual, quando o julgador, analisando o conjunto probatório, verificar que as provas produzidas são entre si incompatíveis, e não puder atribuir a uma delas valor probante superior ao da outra, deverá observar a regra da distribuição do ônus da prova (art. 818, da CLT, c/c o art. 333, do CPC) e julgar contra quem incumbia o ônus de provar, porquanto a parte contrária produziu contraprova. Desse modo, tem-se como não configurado o assédio moral, porque a reclamada produziu contraprova (Processo 01180-2007-464-05-00-6 RO, ac. n. 028950/2008, Relatora Desembargadora Luíza Lomba, 2ª TURMA, DJ 13.1.2009).

Em outra obra, o jurista Luiz de Pinho Pedreira da Silva[461] tem oportunidade de se aprofundar nesta matéria:

> Colocam-se os autores e os tribunais que, conquanto reconheçam, em princípio, a necessidade de prova do dano extrapatrimonial, consideram impossível que ele constitua objeto de prova direta, como explica Bustamante Alsina, pela sua índole, "que reside no mais íntimo da personalidade, embora se manifeste às vezes por sinais exteriores que podem não ser sua autêntica expressão". "A índole espiritual e subjetiva do menoscabo" — anota Pizarro "continua a ser insuscetível dessa forma de prova.

A desnecessidade da comprovação do dano decorreria, assim, justamente da condição íntima da dor moral.

Ou seja, para os adeptos dessa tese, com a comprovação do ato ilícito serão inferidas, por indícios, presunções acerca da ocorrência do dano moral[462]. Seguindo este posicionamento, colaciona Silva[463] algumas decisões do Superior Tribunal de Justiça, dentre as quais destaca-se:

---

(461) SILVA, Luiz de Pinho Pedreira da. *A reparação do dano moral no direito do trabalho*. São Paulo: LTr, 2004. p. 145.

(462) Segundo Felker: "Não se trata de banalizar o instituto, nem confundir o assédio moral com o simples dano moral decorrente de ato isolado, mas o conjunto de circunstâncias que revestem o caso concreto pode levar o julgador à conclusão inafastável de que se trata de assédio e não de simples ato isolado, independente de exame psiquiátrico, ou realizado por técnico da área, diligência, certamente muito apreciada e pretendida pelo ofensor, mas que somente serviria para retardar a solução do feito, dificultar a prestação jurisdicional ainda mais, ao ofendido, sem mérito justificável". In: FELKER, Reginald. *O dano moral, o assédio moral e o assédio sexual nas relações de trabalho*. São Paulo: LTr, 2007. p. 220.

(463) SILVA, Luiz de Pinho Pedreira da. *A reparação do dano moral no direito do trabalho*. São Paulo: LTr, 2004. p. 146.

Dispensa-se a prova do prejuízo para demonstrar a ofensa ao moral humano, já que o dano moral é tido como lesão à personalidade, ao âmago e à honra da pessoa, por vez é de difícil constatação, haja vista os reflexos que atingem partes muito próprias do indivíduo — o seu interior. De qualquer forma, a indenização não surge somente nos casos de prejuízo, mas também pela violação de um direito (STJ, 4ª Turma, Rel. Min. Sálvio de Figueiredo Teixeira).

Nesse mesmo sentido, tem entendido o Tribunal Regional do Trabalho da 5ª Região:

ASSÉDIO MORAL NAS RELAÇÕES DE TRABALHO. DANO MORAL PRESUMÍVEL. RESPONSABILIDADE CIVIL SUBJETIVA DO EMPREGADOR. No âmbito das relações de trabalho, o assédio moral configura-se como conduta abusiva do empregador ou de seus prepostos, mediante a qual fica exposto o obreiro, de forma reiterada, a situações vexatórias, humilhantes e constrangedoras, as quais atentam contra a sua dignidade e integridade psíquica e, assim, violam o princípio constitucional da dignidade da pessoa humana (art. 1º, inciso III, CF). O assédio moral resulta em dano moral que independe de prova, porque presumível, mesmo porque não se prova dor psíquica. O que se coíbe é a conduta lesiva do agente assediador, ou seja, o assédio moral como violação de um direito à dignidade da vítima. Desse modo, uma vez provada conduta ilícita do empregador que caracterize assédio moral, dá-se ensejo à responsabilidade civil subjetiva deste, porquanto provados os três elementos essenciais para a sua configuração — o dano, o nexo causal entre este e a conduta abusiva do empregador, e o elemento anímico (o dolo) (Processo 00279-2008-011-05-00-3 RO, ac. n. 000025/2009, Relatora Desembargadora Luíza Lomba, 2ª Turma, DJ 4.2.2009).

Ademais, entende-se também que a presunção *hominis* de presença do dano moral, quando admitida, seja *juris tantum*, quer porque o fato presumido seja relevante, quer porque as presunções resultantes da experiência, como a ora em análise, sejam sempre relativas.

Nesse estudo, adota-se o posicionamento trazido pelo jurista Luiz de Pinho Pedreira da Silva(464), pois entende ser o mais preciso e operacional para os casos de lesões aos direitos fundamentais.

---

(464) SILVA, Luiz de Pinho Pedreira da. *A reparação do dano moral no direito do trabalho*. São Paulo: LTr, 2004.

Capítulo VI

O COMBATE AO ASSÉDIO MORAL ATRAVÉS DA EFICÁCIA HORIZONTAL DOS DIREITOS FUNDAMENTAIS NAS RELAÇÕES DE EMPREGO

6.1. A PREVENÇÃO: O MELHOR CAMINHO

O assédio moral, como foi visto ao longo desta pesquisa, traz malefícios das mais variadas naturezas para todos os sujeitos que estão envolvidos. A vítima, o agressor e a empresa ficam sujeitos às consequências já elencadas, gerando inquietações e prejuízos para todos. A grande celeuma, em razão de tais dados, revela-se diante do seguinte questionamento: como combater o assédio moral?

Primeiramente, deve-se pensar em uma atuação preventiva[465] para a realização do combate ao assédio moral. Educação e conhecimento são as palavras chaves para que tal conduta seja evitada.

Note-se que, quando o empregado consegue reconhecer condutas abusivas e sabe como agir diante destas, evita-se a consolidação do assédio moral, afinal tal comportamento não irá se perpetuar na relação de emprego. Tal afirmativa é válida para as mais diversas formas de assédio moral, de modo a não se limitar ao âmbito empresarial. Nas escolas, na família ou em grupos religiosos saber identificar e lidar com o assédio moral é saber evitar conflitos.

---

(465) Sobre o tema, diz Prata: "A questão do assédio moral no trabalho é muito delicada, as empresas resistem em adotar um programa antiassédio moral, uma vez que isso implica um reconhecimento da existência do problema. Afinal, nenhuma instituição se sente confortável em admitir a presença em seu quadro de um *bully*, agressor *estereotipado* como *insensível* e *cruel* pela mídia. Por outro lado, defendem que se o *mobbing* se deve a um clima ruim de trabalho, os *programas antiestresse* já seriam o suficiente para preveni-lo... Por conseguinte, é preciso, quase sempre, que algum caso escandaloso de *harcèlement moral au travail* ocorra, ou haja um movimento sindical nesse sentido, para pressionar a empregadora a adotar um programa preventivo. Os estudiosos sobre o tema compararam os *antimobbing programmes* com os de prevenção ao alcoolismo, afirmando que estes últimos levaram 15 anos para serem adotados, a contar da primeira pressão da opinião pública". In: PRATA, Marcelo Rodrigues. *Anatomia do assédio moral no trabalho*: uma abordagem transdisciplinar. São Paulo: LTr, 2008. p. 57.

Pode-se pensar, para promover essa educação, em políticas públicas e privadas direcionadas ao combate ao assédio moral. Atualmente é possível visualizar algumas campanhas educativas sobre o assédio moral, como a elaboração de cartilhas e palestras sobre o tema. Os jornais e revistas também vêm atuando no tocante à informação das pessoas sobre tal malefício.

Contudo, tais condutas ainda não são suficientes para coibir o mal que o assédio moral gera. A sociedade clama por mais informação, educação e conhecimento sobre o assunto, uma vez que este é o caminho mais seguro para se defender das condutas violadoras dos seus direitos fundamentais, como ocorre no assédio moral.

Afora isso, no âmbito empresarial, deve ser implementado um sistema de prevenção às práticas de assédio moral. Tal conduta, além de preservar a saúde física e psíquica do trabalhador, ainda evita as consequências futuras da prática de assédio moral.

6.1.1. A postura organizacional

Segundo Hirigoyen(466), fiel ao estudo da psicanálise do assediador, quando são buscadas "as origens de alguma conduta de assédio dentro de determinado contexto profissional, encontramos um conjunto de disfunções e desvios de pessoas, mas a organização tem sempre sua parcela de culpa".

Como bem pondera Passos(467), "o assédio desenvolve-se com maior frequência em espaços onde não há ética, onde falta respeito pelo outro e onde as pessoas são permissivas, especialmente os chefes, falando-se das organizações produtivas".

Nesse mesmo sentido, também pondera Marie-France Hirigoyen(468):

> Em estruturas sólidas e sadias, o assédio moral não tem lugar. Se uma empresa respeita verdadeiramente as pessoas, isto tem uma aura positiva sobre o comportamento dos indivíduos que a compõem. Porém, apesar de os gestores falarem cada vez mais de ética, existe no mundo do trabalho cada vez menos respeito pelas pessoas.

Percebe-se, por estes posicionamentos, a importância do ambiente organizacional.

---

(466) Hirigoyen. *Mal estar no trabalho*: redefinindo o assédio moral. Tradução de Rejane Janowitzer. Rio de Janeiro: Bertrand Brasil, 2002. p. 313.
(467) PASSOS, Elizete. *Ética nas organizações*. São Paulo: Atlas, 2002. p. 137.
(468) Hirigoyen. *Mal estar no trabalho*: redefinindo o assédio moral. Tradução de Rejane Janowitzer. Rio de Janeiro: Bertrand Brasil, 2002. p. 320.

Propõe, Passos[469] que, para inibir o fenômeno, ou até mesmo romper aquele já instalado, sejam implementadas "mudanças na estrutura social e consequentemente organizacional, em que haja respeito pela diferença e o ser humano seja o centro e finalidade de tudo".

Ou seja, as atitudes das organizações deveriam se direcionar, com o intuito de podar qualquer iniciativa assediadora, repreendendo ostensivamente ações excludentes. Não bastaria, para tanto, apenas a criação de regras de conduta internas e códigos de ética, pois todos esses são facilmente desrespeitados, caso não seja trabalhada a ideia da importância central do indivíduo[470].

A posição de Passos[471], coincidente com a adotada por esse estudo, é mais uma vez esclarecedora sobre esse ponto. Diz a professora que o "importante é instituir na empresa uma gestão ética — transparente, respeitosa, inclusiva —, assim como líderes íntegros e uma política de ação que estimule a reflexão e a prática de atitudes éticas".

6.1.2. O papel do dirigente

O papel do dirigente deve ser sempre destacado, pois este tem a função de guiar a organização, motivando os funcionários, para que estes trabalhem com o intuito de incremento da produtividade.

Seu comando não pode se furtar em analisar os aspectos humanos intraorganizacionais, afinal, mais importante que o fruto oriundo da atividade produtiva, deve ser a integridade psíquica de seus colaboradores.

---

(469) PASSOS, Elizete. *Ética nas organizações*. São Paulo: Atlas, 2002. p. 137.

(470) Destaca-se que o programa de combate à intimidação sistemática, introduzido pela lei n. 13.185 de 2015, e que tem um enfoque diverso do ambiente laboral, prevê expressamente que: "Art. 4o Constituem objetivos do Programa referido no caput do art. 1o: I - prevenir e combater a prática da intimidação sistemática (bullying) em toda a sociedade; II - capacitar docentes e equipes pedagógicas para a implementação das ações de discussão, prevenção, orientação e solução do problema; III - implementar e disseminar campanhas de educação, conscientização e informação; IV - instituir práticas de conduta e orientação de pais, familiares e responsáveis diante da identificação de vítimas e agressores; V - dar assistência psicológica, social e jurídica às vítimas e aos agressores; VI - integrar os meios de comunicação de massa com as escolas e a sociedade, como forma de identificação e conscientização do problema e forma de preveni-lo e combatê-lo; VII - promover a cidadania, a capacidade empática e o respeito a terceiros, nos marcos de uma cultura de paz e tolerância mútua; VIII - evitar, tanto quanto possível, a punição dos agressores, privilegiando mecanismos e instrumentos alternativos que promovam a efetiva responsabilização e a mudança de comportamento hostil; IX - promover medidas de conscientização, prevenção e combate a todos os tipos de violência, com ênfase nas práticas recorrentes de intimidação sistemática (bullying), ou constrangimento físico e psicológico, cometidas por alunos, professores e outros profissionais integrantes de escola e de comunidade escolar."

(471) PASSOS, Elizete. *Ética nas organizações*. São Paulo: Atlas, 2002. p. 137.

Para tanto, os dirigentes devem manifestar a vontade de colocar em prática um programa de prevenção em todos os escalões da empresa, porque, tão logo o assédio seja detectado, é deles a responsabilidade por ter deixado acontecer ou não ter sabido evitar[(472)].

Sobre esse aspecto, pondera Guedes[(473)]que:

> A saúde e o ambiente do trabalho depende decisivamente do modo pelo qual o poder diretivo é exercido. Tanto o exercício abusivo do poder quanto a omissão e inoperância dos dirigentes podem não apenas favorecer como potencializar o desenvolvimento de relações perversas no interior da empresa.

E complementa:

> O certo é que o psicoterror dentro de uma empresa só é possível quando os dirigentes fingem não o vê-lo ou o incentivam. Se o ambiente é permissivo desse tipo de procedimento, a perversão gera a emulação entre indivíduos que não são propriamente perversos, mas perdem os referenciais e se deixam persuadir. Aos poucos perdem a capacidade de se indignar e não se chocam ao ver alguém ser tratado de forma caluniosa, injuriosa ou humilhante.

Ou seja, as atitudes dos dirigentes devem ser revistas, assim como seus métodos de gestão, extirpando os que se basearem em violência psíquica.

Nesse sentido, buscando evidenciar a prática de condutas hostis por alguns, os dirigentes não deverão temer ao serem submetidos a uma avaliação por todas as pessoas que trabalham com ele[(474)].

6.1.3. Modelos de prevenção

A pouca relevância que é, ainda hoje, imputada a esse fenômeno por parte da empresa, favorece a propagação dessa prática, destruindo as relações e interferindo no bem-estar do ser. Pode-se dizer que as empresas são pouco acostumadas a valorizar as questões humanas.

Passos[(475)] complementa essa visão, ao aplicar à prática organizacional, a "obrigação das empresas em oferecer aos empregados ambiente de trabalho sau-

---

(472) HIRIGOYEN. *Mal estar no trabalho*: redefinindo o assédio moral. Tradução de Rejane Janowitzer. Rio de Janeiro: Bertrand Brasil, 2002.

(473) GUEDES, Márcia Novaes. *Terror psicológico no trabalho*. São Paulo: LTr, 2003. p. 53-54.

(474) Tal método de avaliação, apelidado de avaliação 360º, foi desenvolvido pela General Eletric, como evidenciado por Marie-France Hirigoyen (2002. p. 317), com o intuito de otimizar a gestão das individualidades.

(475) PASSOS, Elizete. *Ética nas organizações*. São Paulo: Atlas, 2002. p. 138.

dável, onde eles possam desempenhar suas funções com segurança, criatividade e alegria". E ainda aprofunda ao dizer que "essa é também uma atitude cidadã que visa contribuir para o exercício da liberdade e do respeito das diferenças".

A prevenção é, pois, a melhor solução frente à ameaça do fenômeno[(476)]. Para Hirigoyen[(477)], frente ao prazer mórbido de alguns em desrespeitar leis ou utilizá-las em proveito próprio, seria preciso "agir com antecedência, obrigando as empresas e os poderes públicos a pôr em prática políticas eficazes de prevenção".

Nessa linha, a discussão sobre o assunto, ao evidenciar as consequências das condutas hostis, pode ser um forte instrumento de conscientização, logo inibidor do fenômeno.

Busca-se, com isso, evitar os efeitos devastadores da saúde física e psíquica, já que a interferência *a priori* (ou seja, preventivamente) viabiliza a atuação no momento da percepção do problema, e não apenas quando já consolidada a agressão.

A prevenção do assédio moral, portanto, deve integrar a política geral de prevenção dos riscos profissionais, pois a saúde no trabalho, principalmente, a psíquica, é um direito fundamental dos empregados.

Hirigoyen (2002, p. 325)[(478)] traz um modelo de como poderia ser articulada uma intervenção em uma empresa, ou seja, um verdadeiro plano de prevenção. Todo esse planejamento seria dividido em quatro etapas, que sinteticamente corresponderiam:

- Primeira etapa — Período de informação. Seriam esclarecidas as situações de assédio moral, bem como os direitos das pessoas na empresa por meio de debates e folhetos explicativos.

- Segunda etapa — Formação de especialistas internos que funcionariam como verdadeiras células de escuta dos empregados, fora da hierarquia e obrigadas ao sigilo.

- Terceira etapa — Treinamento de funcionários dos Departamentos de Recursos Humanos quanto às providências a adotar para prevenir o assédio moral, detectá-lo ou administrar os casos já existentes. Afinal, é preciso melhorar o nível de escuta da empresa diante de situações atípicas a ela.

- Quarta etapa — Redação de uma agenda social. É uma ocasião para a empresa fazer lembrar seus valores mais essenciais, bem como esclarecer quais

---

(476) As estratégias de prevenção são um investimento frente aos elevados custos do assédio moral. Da análise de Hirigoyen (2002. p. 321), pode-se evidenciar as seguintes vantagens de sua adoção: a) a fidelidade dos empregados quando os são respeitados; b) o aproveitamento do talento individual; c) o incremento da produtividade; d) evita-se uma imagem negativa da organização na mídia.
(477) HIRIGOYEN. *Mal estar no trabalho*: redefinindo o assédio moral. Tradução de Rejane Janowitzer. Rio de Janeiro: Bertrand Brasil, 2002. p. 311.
(478) HIRIGOYEN. *Mal estar no trabalho*: redefinindo o assédio moral. Tradução de Rejane Janowitzer. Rio de Janeiro: Bertrand Brasil, 2002. p. 325.

são as sanções previstas para os transgressores. Para que as coisas fiquem bem claras, uma definição do que é assédio moral deve ser apresentada. Devem, ainda, ser estipulados os procedimentos, quando constatada a ocorrência desse instituto. Tais providências seriam tomadas em dois tempos: primeiramente, seriam providências informais e sigilosas perante os profissionais de medicina social ou as pessoas de confiança; em um segundo momento, caso o problema não tenha sido solucionado, partir-se-ia para providências mais formais envolvendo a hierarquia.

A boa comunicação é uma estratégia eficaz para evitar o assédio. Como já tratado em tópico antecedente, não se deve temer os conflitos decorrentes da explicitação da problemática, pois estes são úteis para flexibilizar uma relação negativamente consolidada.

Em passagem de sua obra, Hirigoyen[(479)] trata da importância desse ato:

> Como os indivíduos perversos nunca refletem sobre seus atos, é importante que as vítimas e testemunhas de suas atitudes denunciem seu poder nocivo. As vítimas devem testemunhar, e os profissionais devem explicar, a fim de que a sociedade, e não unicamente as empresas, possa mudar.

E ainda complementa:

> Nós devemos antes de tudo aprender a dizer não. Não aceitar tudo passivamente é também se respeitar. É de importância capital identificar o que é correto para si mesmo e dizer não ao que é contrário aos próprios valores morais. A consciência é o bem mais poderoso do ser humano, parte de sua saúde moral. As pessoas que têm boa saúde moral reagirão às situações julgadas desrespeitosas para o outro e ousarão denunciá-las, permitindo assim reduzir o limite de tolerância à violência.

Assim, o desafio de evitar represálias frente às eventuais manifestações desabonadoras das condutas dos gestores, bem como de colegas hierarquicamente iguais, é o preço que talvez precise ser pago em nome de evitar um mal maior. A imposição do sigilo, por sua vez, pode ser um meio de proteção contra essas represálias.

Neste sentido, Hirigoyen[(480)] trabalha a ideia do sigilo, quando diz:

> A fim de ter certeza que a revelação do problema não se volte contra a vítima e não acabe por agravar a situação, é essencial que as pessoas que ouvirão as confidências das vítimas sejam obrigadas a manter o sigilo. O pessoal de medicina social tem o dever do segredo profissional e, por esta razão, está capacitá-lo a ajudá-las.

---

(479) HIRIGOYEN. *Mal estar no trabalho*: redefinindo o assédio moral. Tradução de Rejane Janowitzer. Rio de Janeiro: Bertrand Brasil, 2002. p. 323.
(480) HIRIGOYEN. *Mal estar no trabalho*: redefinindo o assédio moral. Tradução de Rejane Janowitzer. Rio de Janeiro: Bertrand Brasil, 2002. p. 325.

A autora sugere ainda a adoção de medida utilizada na Bélgica para a escuta das vítimas de assédio sexual. Neste país, foi adotado um caminho mais fácil que a justiça para ajudar as vítimas do assédio sexual, qual seja, a designação de uma pessoa de confiança em cada organização. Essa pessoa, frise-se, independente, teria a função de trazer apoio, esclarecer sobre procedimentos a serem adotados, bem como, eventualmente, acompanhar a vítima de assédio em suas providências.

Trazendo essa figura proposta à realidade brasileira, pode-se compará-la à figura do "ouvidor". Tal função, muito comum no setor público, tem como incumbência, de forma geral, anotar todas reclamações que chegam, bem como instaurar procedimento administrativo para apuração do ato faltoso. Comprovada a existência do evento danoso, cabem aos ouvidores as orientações acerca das providências que deverão ser adotadas.

Atualmente, é possível perceber que, cada vez mais, os ouvidores têm se conscientizado da importância da sua atividade, bem como da existência do assédio moral nas mais diversas organizações.

Cabe frisar que a pessoa atingida deve estar fortalecida para se defender, a fim de evitar provocações, não sendo induzida à prática de qualquer ato que possa ser usado contra ela. Para tanto, a ajuda externa é muito importante.

Os responsáveis pelo setor de gestão de pessoas, os ouvidores, os médicos do trabalho e os órgãos de classe têm a função de inibir a prática dos atos perversos, assim como dar o apoio necessário à vítima.

Dentre esses, exemplifica Passos[(481)] que o papel do médico se daria em "discutir o assunto com a pessoa que esteja sendo perseguida, ajudá-la a entender o que está acontecendo". Cabe a ele, ainda, principalmente, enquanto empregado da empresa, evidenciar os riscos dessa prática.

Sobre o papel do sindicato, merece destaque o fato de que normalmente os sindicatos só são procurados quando a situação já está em fase de rompimento do vínculo trabalhista. Preventivamente, este pode atuar de forma a obter, coletivamente, concessões e adoção, por parte da empresa, de medidas inibidoras da prática do assédio moral. Além disso, é certo que os sindicatos formam um incômodo grupo de pressão.

Ademais, destaca Rodenas[(482)]:

> La representación unitaria y sindical en la empresa protagoniza un papel destacado en la prevención del acoso moral, tanto por la vía de

(481) PASSOS, Elizete. *Ética nas organizações*. São Paulo: Atlas, 2002. p. 138.
(482) RODENAS, Maria José Romero Rodenas. *Protección frente al acoso moral en el trabajo*. 3. ed. Albacete: Editorial Bomarzo, 2005. p. 58-59.

> conciencia a los trabajadores sobre la magnitud del problema, con llamamientos a favor de la denuncia de las conductas de acoso, como por la de negociar colectivamente procedimientos de solución de conflictos de esta naturaleza, o finalmente prestando apoyo de todo tipo, incluido el jurídico, para la defensa de los trabajadores que hayan sido víctimas de hostigamiento psicológico.
>
> En este contexto, a los sindicatos les corresponde, tanto dentro como fuera de la empresa, el importante papel de sensibilizar a la opinión pública en general y a los trabajadores en particular, acerca de los devastadores efectos que el acoso moral puede producir en la salud de sus víctimas, así como en sus economías y en las empresas, dando cuenta de la trascendencia social del fenómeno.

Isso sem falar no fato de que o sindicato deve receber as denúncias de assédio, verificar a sua ocorrência, expor este fato à direção da empresa, assim como auxiliar juridicamente o trabalhador, caso seja necessário.

Rodenas[(483)] ainda defende que a prevenção no âmbito empresarial deve se dar em três etapas. A prevenção primária tem por objeto eliminar as origens e causas que geram assédio moral, impondo-se a adoção de medidas orientadas a eliminar um ambiente de trabalho hostil, competitivo e com alto nível de pressão no tocante às metas a serem perseguidas.

Já a prevenção secundária tem por objeto detectar as condutas dentro da empresa que possam ser suscetíveis de produzir o assédio moral, cuja manifestação evidenciaria que o dever geral de segurança não está sendo suficientemente eficaz. Neste momento, a empresa deve eliminar os riscos psicossociais para evitar danos à saúde do trabalhador.

Por fim, a prevenção terciária se dará quando o assédio moral já ocorreu, de modo a promover uma reabilitação dos trabalhadores que tenham sido vítimas, criando ainda uma cultura empresarial com normas e valores contrários ao assédio moral.

O combate ao assédio moral no âmbito preventivo pode se dar ainda com a atuação do Ministério Público do Trabalho[(484)], que, no exercício de suas funções, deve combater qualquer conduta que viole ou ameace a dignidade da pessoa do trabalhador.

---

(483) RODENAS, Maria José Romero. *Protección frente al acoso moral em El trabajo*. 3. ed. Albacete: Bomarzo, 2005. p. 54-57.

(484) Sobre o tema, diz Araujo: "A atuação coletiva de sindicatos e órgãos fiscalizadores tem-se concentrado em obter compromissos das empresas para adoção de medidas preventivas e repressivas à sua prática, o que em regra significa a adoção Códigos de Ética, promoção de cursos específicos de treinamento do pessoal interno e mesmo cursos de autodefesa para empregados por entidades sindicais e profissionais, que podem ser conjugados ou não, sem prejuízo da intervenção estatal para o término da prática abusiva". In: ARAÚJO. Adriane Reis de. *O assédio moral organizacional*. São Paulo: LTr, 2012. p. 123.

Nessa senda, o Ministério Público do Trabalho pode atuar de forma preventiva no tocante a adoção de procedimentos extrajudiciais, como na celebração de termos de ajustamento de condutas (TAC)[485] para a solução do problema na empresa e por meio de palestras e cartilhas sobre o assédio moral[486].

O Ministério Público do Trabalho, além desta função, pode atuar de forma repressiva por meio de inquéritos para que se possa apurar se realmente são existentes as condutas de assédio moral ou com legitimidade ativa no tocante a ações judiciais, caso em que o assédio moral já estará instalado.

E, é justamente, nos casos em que o assédio moral já está instalado que se pode verificar outra celeuma, uma vez que resta à vítima a propositura de uma ação judicial para pleitear uma indenização em razão dos danos que lhe foram causados ou ao Ministério Público do Trabalho a propositura de uma ação civil pública para defender os interesses dos trabalhadores lesados.

A problemática, nesses casos, gira em torno da inexistência de uma lei específica sobre o assédio moral para a tutela dos interesses das vítimas. Estas, no entanto, não podem ficar sem reparação diante da inexistência do diploma legal. O que fazer então?

A resposta a esse questionamento está na Constituição Federal de 1988. Nas palavras de Manoel Jorge Neto:

> Se, mesmo antes do *boom* do assédio moral, os aplicadores do direito do trabalho se propusessem a esquadrinhar os Princípios Constitucionais Fundamentais, encontrariam neles importantíssimo manancial axiológico apto a buscar a tutela judicial dos trabalhadores que sofrem com a nociva prática[487].

Ora, o assédio moral é violação a direitos fundamentais do trabalhador enquanto trabalhador e cidadão, decorrente das relações privadas em que o em-

---

(485) Sobre o tema Barreto diz que: "De conformidade com o art. 5º, § 6º, da Lei n. 7.347/85, está legitimado o Ministério Público, na qualidade de interveniente, a firmar acordo extrajudicial com a parte interessada, contra a qual foi apresentada denúncia. Esse acordo é denominado Termo de Compromisso de Ajuste de Conduta — TAC, passível de execução como título executivo extrajudicial, caso haja seu descumprimento, haja vista que a parte interessada obriga-se a agir de acordo com as leis trabalhistas, sob pena de multa. E, ainda em referência ao descumprimento a qualquer dos itens contidos no Termo de Compromisso de Ajuste de Conduta — TAC, geralmente por infração e por empregado, reversível para o FAT — Fundo de Amparo ao Trabalhador, de conformidade com o contido no art. 13, da Lei n. 7.347/85". In: BARRETO. Marco Aurélio Aguiar. *Assédio moral no trabalho*: da responsabilidade do empregador — perguntas e respostas. São Paulo, LTr, 2007. p. 84.

(486) SILVA NETO, Manoel Jorge e. *Direitos fundamentais e o contrato de trabalho*. São Paulo: LTr, 2005. p. 59.

(487) SILVA NETO, Manoel Jorge e. Assédio moral, saúde mental do trabalhador e atuação do Ministério Público do Trabalho. *Revista Jurídica dos Formandos em Direito da UFBA*. V. 6, n. 9. Salvador: Faculdade de Direito da UFBA. p. 43-62, p. 50, 2004.

pregador, detentor do poder social, desequilibra a aparente igualdade que deveria existir nessas relações. A busca desenfreada por metas, competitividade no ambiente de trabalho, pressão psicológica, humilhações e situações vexatórias fazem com que o assédio moral esteja presente nas relações trabalhistas, relações estas que, embora privadas, devem ter a influência dos direitos fundamentais.

A autonomia privada e a liberdade contratual devem viver hoje sobre o parâmetro do respeito aos direitos fundamentais e, principalmente, sobre a vertente da dignidade da pessoa humana. A defesa do particular contra o Estado somente não é mais suficiente para pacificar a sociedade, afinal, ofensas podem ser geradas pelo próprio particular. Deseja-se, agora, proteger o cidadão contra o próprio cidadão[(488)].

E nada melhor para que haja uma efetiva tutela dos direitos fundamentais no combate ao assédio moral do que a possibilidade de utilização da vinculação dos particulares aos direitos fundamentais nas relações de emprego.

6.2. A POSSIBILIDADE DE UTILIZAÇÃO DA EFICÁCIA MEDIATA

Viu-se nessa pesquisa que a teoria da eficácia mediata dos direitos fundamentais nas relações privadas defende a extensão desses direitos aos particulares de maneira mediata, por meio da concretização, por parte do legislador privado, de normas compatíveis com valores constitucionais, uma vez que estas irradiam por todo o ordenamento jurídico[(489)].

Observou-se que a premissa básica da teoria da eficácia indireta residia na afirmação de que os direitos fundamentais são protegidos no campo privado não por meio dos instrumentos de direito constitucional, mas sim, pelos mecanismos típicos do direito privado, por meio das normas compatíveis com o texto constitucional e pelo preenchimento dos conceitos jurídicos indeterminados e cláusulas gerais.

Caberia ao Judiciário a interpretação das normas de direito privado em conformidade com as normas de direitos fundamentais e o preenchimento das cláusulas gerais criadas pelo Legislador, bem como os conceitos jurídicos indeterminados com os valores que decorrem ou fundamentam as normas de direito fundamental[(490)].

---

(488) COELHO, Luiz Eduardo de Toledo. Os direitos fundamentais e o princípio da dignidade da pessoa humana aplicados às relações privadas. *Revista de Direito Constitucional e Internacional*. São Paulo: LTr, ano 16, n. 62, p. 216-239, p. 226, jan./mar. 2007.

(489) STEINMETZ, Wilson. *A vinculação dos particulares a direitos fundamentais*. São Paulo: Malheiros, 2004. p. 136.

(490) SARMENTO, Daniel. A vinculação dos particulares aos direitos fundamentais no direito comparado e no Brasil. In: DIDIER JR., Fredie (Org.). *Leituras complementares de processo civil*. 7. ed., rev. e ampl. Salvador: JusPodvim, 2009.

Percebeu-se, ainda, que as cláusulas gerais e os conceitos jurídicos indeterminados são típicos do direito privado, de modo a ser exemplificados por meio da boa-fé, interesse público, abuso de direito, dentre outros.

O abuso de direito encontra-se elencado neste rol de cláusula geral e conceito jurídico indeterminado, uma vez que a norma não traz previsão do que seja este abuso. Cabe à doutrina e à jurisprudência a interpretação e o preenchimento desse termo diante do caso concreto.

Com isso, construiu-se, a partir da doutrina e jurisprudência, o entendimento de que teoria do abuso de direito surgiu a partir da constatação de que não se pode ter uma prevalência de um direito em face do outro se os atos, aparentemente em consonância com a lei, não se harmonizam, na essência, com o espírito e a finalidade desta mesma lei[(491)].

Note-se que o assédio moral, enquadra-se perfeitamente nesta delimitação teórica do abuso de direito, uma vez que o agressor, agindo aparentemente no exercício do seu direito, utiliza-se de atos de violência psicológica para minar a integridade psíquica da vítima, de maneira a extrapolar os limites permitidos pela boa-fé e pelos bons costumes.

Vale relembrar, ainda, que legislador do Código Civil, no art. 187, por meio de uma série de conceitos abertos como "fim econômico ou social", "boa-fé" e "bons costumes" atribuiu ao julgador a possibilidade de integrar o sentido da norma jurídica que trata do abuso de direito no momento da apreciação do caso concreto. Tal afirmativa reflete a possibilidade de aplicação da teoria da eficácia mediata dos direitos fundamentais nas relações de emprego.

Ao fazer um paralelo entre a teoria da eficácia mediata dos direitos fundamentais nas relações de emprego e o assédio moral, percebe-se que, sendo a conduta assediadora um abuso de direito, que, por sua vez, consiste em uma cláusula geral, seria admissível a utilização da referida teoria no combate ao assédio moral pela via judicial.

Isso se dá em razão da constatação de que a teoria da eficácia mediata prega que as cláusulas gerais e conceitos jurídicos indeterminados sejam integrados por meio das normas de direitos fundamentais. Ora, o assédio moral é um abuso de direito que representa uma violação aos direitos fundamentais do trabalhador.

É possível, portanto, que, diante do caso concreto de assédio moral, o Poder Judiciário atue de maneira a preencher o conceito de abuso de direito, permitindo a incidência dos direitos fundamentais nesta relação privada.

Dessa maneira, haveria um combate ao assédio moral por via judicial sem a necessidade de uma legislação específica sobre assédio moral. No entanto, a aplicação desta teoria tem suas desvantagens.

---

(491) MARTINS, Pedro Baptista. *O abuso do direito e a ato Ilícito*. 3. ed. Rio de Janeiro: Forense, 2002. p. 7.

Primeiramente, uma crítica fundada à eficácia mediata, como já fora exposto anteriormente reside na existência da interpretação conforme a Constituição. Bastaria que o conceito de abuso de direito fosse interpretado conforme a Constituição para se ter uma tutela via direitos fundamentais, não se necessitando de uma teoria diferenciada para tanto.

Entende-se, ainda, que, para que haja uma tutela do assédio moral por meio dos direitos fundamentais, é necessária a existência de legislação contendo um conceito jurídico indeterminado ou cláusula geral. Tal afirmativa ganha peso ainda diante da constatação da insuficiência de cláusulas gerais no ordenamento jurídico brasileiro.

A Consolidação das Leis do Trabalho, por exemplo, não traz disposição acerca do abuso de direito, de modo a necessitar da complementação da legislação cível para que a eficácia mediata dos direitos fundamentais funcione para combater o assédio moral.

A dependência de uma cláusula geral para a tutela do assédio moral por via dos direitos fundamentais pode ser considerada como grave, haja vista que tal fenômeno social influencia diretamente a integridade física e psíquica do trabalhador, deteriorando sua capacidade laborativa e prejudicando os demais ramos de sua vida.

Ademais, diante da gravidade que o assédio moral representa, há necessidade de uma tutela judicial sem maiores delongas ou dependências, afinal o trabalhador necessita da reparação ao dano que lhe foi causado de maneira efetiva e incondicionada.

A integração do conceito de assédio moral por via da teoria da eficácia mediata dos direitos fundamentais, além de estar adstrita à existência de um conceito jurídico indeterminado ou cláusula geral, fica à margem da interpretação que o Poder Judiciário irá determinar diante do caso concreto, o que traz uma forte insegurança jurídica ao empregado, que é a parte mais fraca e ainda vítima de uma violência no âmbito de seu trabalho.

Considera-se, portanto, que a eficácia mediata dos direitos fundamentais, embora plausível, não é suficiente para a tutela do assédio moral.

6.3. PELA EFICÁCIA IMEDIATA — DESNECESSIDADE DE LEGISLAÇÃO PARA A TUTELA DO ASSÉDIO MORAL

Nessa pesquisa, constatou-se que as ofensas aos direitos fundamentais não provêm somente do Estado, mas também dos poderes sociais e de terceiros particulares. Em razão disto, verificou-se que a teoria da eficácia imediata tem devida importância, uma vez que protege os particulares de ameaças a direitos fundamentais provindas de outros particulares.

Segundo tal teoria, os direitos fundamentais incidem nas relações privadas diretamente, sem necessitar de legislação específica para tanto. Isto não significa que os poderes públicos não tenham atuação neste processo. Pelo contrário, promovem as condições necessárias para o exercício dos direitos fundamentais.

Admitiu-se ainda no referido ponto a possibilidade de uma eficácia imediata dos direitos fundamentais nas relações particulares em consonância com os efeitos de irradiação destes direitos por meio da lei, partindo da premissa de que a criação de normas pelo Legislador privado pautadas no texto constitucional não exclui a possibilidade de, na falta destas, serem aplicadas as normas de direito constitucional diretamente.

Acerca do tema, diz Prata:

> É bom de alvitre ressaltar que não é indispensável a existência de uma lei expressa regulamentando a figura do assédio moral no trabalho, como disse Friedrich Müller, citado por Alexy, "*não há identidade entre norma e texto normativo. [...] Uma norma jurídica é algo mais que seu texto literal. A concepção da norma como constituída apenas linguisticamente seria a mentira vital de uma compreensão meramente formalista do Estado de direito*". Observe-se que na medida que a legislação ordinária trabalhista torna-se *ancilosada*, pela falta de uma reforma capaz de adaptá-la às exigências socioeconômicas atuais, cresce a importância da *atividade criativa do juiz*, no sentido de *colmatar as lacunas* existentes, lançando mão dos instrumentos que o sistema jurídico lhe oferece. Por outras palavras, o sistema jurídico fornece ***regras e princípios*** — mormente os de direitos fundamentais — capazes de solucionar a questão do *mobbing*. Aliás, como demonstram inúmeros julgados a seu respeito"[(492)].

Reconheceu-se que a teoria da eficácia imediata dos direitos fundamentais tem aplicabilidade, nas relações privadas, quando há uma desigualdade entre os sujeitos nela envolvidos. Pautado nesta premissa, esta pesquisa traz a possibilidade de utilização desta teoria nas relações de emprego, já que o empregado representa mais do que mera força laborativa, mas sim, sujeito de direitos fundamentais na sua condição de cidadão e de trabalhador.

Isso se dá pois a relação de emprego é juridicamente igual, mas faticamente desigual, em razão da detenção, por parte do empregador, do poder econômico. Nada melhor do que a inserção dos direitos fundamentais na relação privada trabalhista, com o intuito de promover um reequilíbrio nesta relação.

Por conseguinte, a inserção dos direitos fundamentais nas relações de emprego funcionaria como meio de driblar as desigualdades promovidas no ordenamento

---

(492) PRATA. Marcelo Rodrigues. *Anatomia do assédio moral no trabalho*: uma abordagem transdisciplinar. São Paulo: LTr, 2008. p. 59.

brasileiro, principalmente no tocante às injustiças sociais e violências cometidas contra o trabalhador. O assédio moral, como já foi abordado, representa uma notória violação aos direitos fundamentais do trabalhador, atingindo seus bens jurídicos mais valiosos, como a integridade física e psíquica, o direito à igualdade e o direito a um meio ambiente do trabalho saudável.

Acredita-se que, a teoria da eficácia imediata dos direitos fundamentais tem aplicabilidade em casos de assédio moral em razão de ser o terror psicológico fruto da desigualdade existente na relação entre empregador e empregado, merecedor de reparação.

Nas palavras de Márcia Guedes:

> Acreditamos que a elevação dos direitos da personalidade ao status de direitos fundamentais, a relativização do primado da autonomia privada como critério para se aferir à ilicitude dos atos nas relações interprivadas, a substituição do dogma da igualdade formal pelo da igualdade material, legitimam a invocação tanto do dano existencial quanto do dano de relacionamento, e o psicoterror está aí para demonstrar que são danos que resultam da violação de direitos subjetivos da pessoa, indenizáveis, garantidos constitucionalmente e dirigidos contra todos em face da aplicação da teoria da vinculação dos entes privados para com os direitos fundamentais da pessoa humana e do trabalhador em particular.[(493)]

Em verdade, a principal vantagem da utilização dessa teoria em casos de assédio moral é a desnecessidade de legislação para a tutela desta violência. Destarte, é dispensável legislação tratando da temática do assédio moral para que haja a incidência dos direitos fundamentais visando coibir tal prática.

Ademais, no plano repressivo do combate ao assédio moral, a eficácia imediata dos direitos fundamentais funciona como balizadora das violações aos direitos fundamentais cometidas naquela relação, de modo a possibilitar a promoção da respectiva reparação.

Essa é uma grande diferença entre a eficácia imediata e mediata, pois a aplicabilidade da teoria da eficácia mediata demanda a existência de norma jurídica de direito privado que contenha cláusula geral ou conceito jurídico indeterminado, o que não ocorre com a eficácia imediata.

Segundo Virgílio Afonso da Silva:

> Essa é uma diferença fundamental, já que, mesmo sem o material normativo de direito privado ou, ainda mais, a despeito desse material, os

---

(493) GUEDES, Márcia Novaes. *Assédio moral e responsabilidade das organizações com os direitos fundamentais dos trabalhadores*. Monografia apresentada no III Concurso de monografias da Amatra II, p. 18. Disponível em: <http://www.assediomoral.org/IMG/pdf/GUEDES_M.N._Assedio_moral_e_responsabilidade.pdf>. Acesso em: 25 ago. 2009.

direitos fundamentais conferem, diretamente, direitos subjetivos aos particulares em suas relações entre si. Essa diferença fica ainda mais clara com a segunda tese que compõe o modelo, que é a que sustenta a desnecessidade de artimanhas interpretativas para que os direitos fundamentais produzam efeitos nas relações interprivados. (*sic*)[(494)]

Dessa maneira, a tutela do assédio moral verifica-se mais eficaz pela aplicação imediata dos direitos fundamentais. A desnecessidade de legislação não deixa a conduta abusiva à margem de cláusulas gerais e conceitos jurídicos indeterminados, como prevê a teoria da eficácia mediata.

A ofensa a direitos fundamentais deve ser reprimida de maneira efetiva e sem condicionantes, afinal esses direitos representam os mais nobres direitos do cidadão. Na relação de emprego isto ainda é mais visível, pois estes direitos estão muito mais sujeitos a violações em razão do desequilíbrio verificado.

E quando essas violações atingem direitos fundamentais como integridade física e psíquica do trabalhador, direito à igualdade e a dignidade no ambiente de trabalho, como ocorre no assédio moral, não se pode ficar ao aguardo de uma "artimanha interpretativa" para que haja a devida repressão e reparação do dano causado.

É necessário que a vinculação dos particulares envolvidos aos direitos fundamentais se dê de maneira imediata, sob pena de não se concretizar a efetiva tutela dos direitos fundamentais quando ocorre o assédio moral, como dito alhures.

Corrobora com esse entendimento o posicionamento da Procuradora do Trabalho da Procuradoria Regional do Trabalho da 2ª Região/São Paulo, Dra. Denise Lapolla, mencionado em entrevista transcrita a seguir:

> Coube à Drª Denise Lapolla a apresentação de exemplos e casos práticos que serviram para ilustrar e esclarecer aos participantes sobre a gravidade do problema. Questionada sobre a necessidade de uma lei que sistematize o assédio moral, respondeu: "não há necessidade de lei específica; a Constituição Federal já nos fornece a base para legitimar todas as nossas ações no combate ao assédio moral. [...][(495)]

Dessa maneira, enxerga-se a Constituição Federal de 1988 como uma verdadeira aliada no combate às práticas de assédio moral, já que, é por meio de seu texto, que os direitos fundamentais podem estar vinculados nas relações particulares entre empregado e empregador.

---

(494) SILVA, Virgílio Afonso da. *A constitucionalização do Direito* — Os direitos fundamentais nas relações entre particulares. 1. ed., 2ª tiragem. São Paulo: Malheiros, 2008. p. 89.

(495) ASSÉDIO MORAL NAS RELAÇÕES DE TRABALHO: indiferença e omissão agravam o problema. Procuradoria Regional do Trabalho da 2ª Região/São Paulo — Assessoria de Comunicação. São Paulo, 28 de agosto de 2009. Disponível em: http://www.prt2.mpt.gov.br/imprensa/noticia_detalhe.php?tipo=N&seq=822. Acesso em: 06 out. 2009.

Capítulo VII

CONCLUSÕES

Pode-se afirmar, em síntese, que:

I — O homem, em sua essência, é sujeito de direitos inerentes à sua condição humana. Reconhecidos, positivados e assegurados, tais direitos, no âmbito constitucional estatal tem-se os direitos fundamentais, que diferem dos direitos humanos na medida em que se referem ao âmbito internacional, independentemente de positivação constitucional, pactuados em normas de direito público internacional.

II — A divisão mais correta acerca do histórico dos direitos fundamentais é aquela em que se concebe a existência de uma fase pré-histórica dos direitos fundamentais que vai até o século XVI; uma fase intermediária, marcada pela doutrina jusnaturalista e afirmação dos direitos naturais do homem; e uma fase constitucionalista, iniciada em 1776, com as declarações de direitos aos novos Estados Americanos e com a Declaração dos Direitos do Homem e do Cidadão, na França.

III — Os direitos fundamentais não ficaram estagnados nos textos constitucionais. Pelo contrário, passaram por diversas mutações ao longo de sua evolução histórica, de modo que se pode conceber a existência de dimensões nos direitos fundamentais, fruto de seu desenvolvimento natural.

IV — Os direitos de primeira dimensão, dotados de um cunho negativo, são resultantes de uma abstenção do Estado, pautada no ideal de liberdade. Já os direitos fundamentais de segunda dimensão, chamados direitos sociais, trazem consigo uma atuação positiva do Estado na efetivação dos mesmos, com atenção especial ao ideal revolucionário francês da igualdade. Os direitos fundamentais de terceira dimensão são caracterizados pela proteção de uma coletividade, exprimindo assim o ideal de fraternidade. Defende-se, por fim, a existência de uma quarta dimensão de direitos fundamentais, capitaneada por Paulo Bonavides no Brasil, onde estariam caracterizados os direitos à democracia direta e à informação pelo direito ao pluralismo.

V — O Estado Democrático de Direito brasileiro encontra-se pautado nos direitos fundamentais para garantir a sua plena efetividade. A amplitude conferida ao texto constitucional reforça a impressão sobre a posição de destaque que o constituinte quis outorgar a esses direitos. Em razão disso, observa-se a dignidade da pessoa humana como grande alicerce do ordenamento jurídico brasileiro, já que a pessoa é vista como fundamento e fim da sociedade e do Estado.

VI — A noção de direitos fundamentais deve sempre estar conjugada com a característica da fundamentabilidade destes direitos. Em razão disto, pode-se dividir a fundamentabilidade desses direitos em formal e material. A fundamentabilidade formal encontra-se ligada ao direito constitucional positivo, sendo resultado daquilo que se encontra positivado no texto constitucional. Já a fundamentabilidade material decorre da existência de decisões fundamentais sobre a estrutura básica do Estado e da Sociedade. Observa-se que, a fundamentabilidade material é visualizada cada vez que um direito fundamental protege bens e valores consagrados na ordem interna, de sorte a garantir a manutenção do Estado Democrático de Direito.

VII — Pelo intermédio da fundamentabilidade material concebe-se hoje o conceito materialmente aberto, em que se permite a inserção de direitos fundamentais não constantes em seu texto, mas que possuem como característica marcante o fato de serem materialmente fundamentais. O texto constitucional permite que haja uma cláusula de abertura no tocante aos direitos fundamentais em seu art. 5º, § 2º.

VIII — Qualquer pessoa, em regra, pode ser titular de direitos fundamentais, independentemente de cor, sexo, opção política ou religiosa em razão da sua condição de ser humano. Isso não significa que a Constituição não possa restringir alguns dos direitos fundamentais a determinadas categorias de pessoas.

IX — Os deveres fundamentais são deveres instituídos constitucionalmente com o fulcro de promover a existência pacífica dos direitos fundamentais, haja vista que não se pode ter o gozo pleno de um direito fundamental se não houver o respeito e proteção deste. Dessa maneira, os deveres fundamentais são essenciais para o desenvolvimento dos direitos fundamentais, uma vez que de nada adiantaria existir um direito fundamental se este pudesse ser livremente violado.

X — No ordenamento jurídico brasileiro, qualquer norma constitucional possui um mínimo de eficácia jurídica. Contudo, essa eficácia pode variar de acordo com o grau de normatividade que a própria Constituição tenha outorgado. O art. 5º, § 1º da Constituição Federal de 1988, traz como regra a aplicabilidade direta ou imediata das normas de direitos fundamentais. A aplicabilidade imediata deve ser considerada regra geral, sendo excepcionada somente diante de uma hipótese concreta.

XI — Em razão de mudanças ideológicas, em especial com a quebra da *summa divisio*, temas de direito privado passaram para a esfera do direito público, fenômeno chamado de publicização do direito privado. Consequentemente, temas de direito privado também adentraram a esfera do direito público, desenvolvendo o fenômeno da privatização do direito público. A ideia de divisão dicotômica entre os dois grandes blocos do direito foi abrandada, de maneira a não existir mais uma incomunicabilidade entre eles, mas sim, uma divisão para facilitação do estudo.

XII — Temas de direito constitucional passaram a adentrar o ramo do direito privado, fenômeno este denominado de constitucionalização do direito. Os valores, os fins e princípios consagrados no texto constitucional servem de parâmetro para a validade de todas as normas jurídicas do direito infraconstitucional, consagrando a força normativa da constituição no sistema democrático atual.

XIII — Por meio do fenômeno da constitucionalização do direito, as normas constantes na Constituição passaram a irradiar para todo o ordenamento jurídico, exprimindo valores a serem seguidos.

XIV — Os direitos fundamentais são vistos pela perspectiva objetiva e subjetiva. A perspectiva subjetiva consiste na capacidade que estes possuem em gerar direitos subjetivos passíveis de proteção judicial. Já a perspectiva objetiva pauta-se na ideia de que os direitos fundamentais consagram valores ou fins que uma comunidade propõe-se a seguir.

XV — A violação a direito fundamental por particular em uma relação privada deve ser combatida justamente porque essa ofensa representa uma ofensa ainda maior aos valores e fins da comunidade. Assim, a autonomia privada é limitada para proteger os indivíduos da opressão exercida pelos particulares na contemporaneidade. Ademais, a dimensão objetiva dos direitos fundamentais serve como justificativa para certas limitações impostas aos direitos fundamentais, em detrimento do interesse da coletividade.

XVI — O Poder Judiciário deve possuir uma postura ativa diante de uma violação a direito fundamental, consagrando-se assim uma jurisprudência incisiva e criativa diante dos arbítrios relacionados aos direitos fundamentais. No entanto, o Poder Judiciário deve ser coerente em suas decisões, adotando interpretações e linhas argumentativas fundamentadas, sempre se pautando na segurança jurídica que permeia as relações entre sociedade e o Judiciário. Este deve atuar com base nos ditames da transparência e coerência, de modo a garantir à sociedade decisões que expressem sua vontade, uma vez que é a própria sociedade a fornecedora de valores que devem embasar as suas decisões.

XVII — A doutrina da *State action*, surgida na Alemanha e consagrada nos EUA, nega a eficácia dos direitos fundamentais nas relações privadas, partindo da concepção de que somente o Estado pode ser sujeito passivo desses direitos, de modo a serem os direitos fundamentais apenas direitos de defesa em face ao Estado. Utiliza-se o argumento de que as *states actions* preservariam a autonomia privada e a autonomia dos Estados, uma vez que existe a imposição, pelo Pacto Federativo, de que somente os Estados legislem sobre normas de Direito privado, a não ser quando a matéria envolva comércio interestadual ou internacional. No entanto, essa teoria foi relativizada nos EUA, por meio da *public function theory*, de modo que o sujeito de direito privado que pratica atividade de natureza estatal fica sujeito às limitações impostas pelos direitos fundamentais.

XVIII — A teoria da eficácia mediata dos direitos fundamentais nas relações privadas, defende que os direitos fundamentais estendem-se aos particulares de maneira mediata, por meio da concretização, por parte do legislador privado, de normas compatíveis com valores constitucionais, uma vez que estas irradiam por todo o ordenamento jurídico. Em relação ao Judiciário, resta duas principais tarefas. A primeira delas consiste na interpretação das normas de direito privado em conformidade com as normas de direitos fundamentais, de modo a refletir uma interpretação conforme a Constituição e a outra é preencher as cláusulas gerais criadas pelo Legislador, bem como os conceitos jurídicos indeterminados com os valores que decorrem ou fundamentam as normas de direito fundamental.

XIX — A teoria da eficácia direta e imediata defende que os direitos fundamentais têm efeitos absolutos, de modo a não carecerem de mediação legislativa para serem aplicados. Justifica-se tal conduta em razão da constatação de que as ofensas aos direitos fundamentais não provêm somente do Estado, mas também dos poderes sociais e de terceiros particulares. O direito português e espanhol admitem essa teoria. No Brasil, houve manifestação do STF no sentido de admitir a utilização da eficácia direta, pelo recente julgado Recurso Extraordinário 201819, em que se concluiu que as violações a direitos fundamentais não ocorrem somente no âmbito das relações entre o cidadão e o Estado, mas igualmente nas relações travadas entre pessoas físicas e jurídicas de direito privado.

XX — De acordo com a teoria dos deveres de proteção, não basta que o Estado se abstenha de violar direitos fundamentais. É necessário que o Estado promova a proteção destes direitos perante ameaça ou lesão advinda de terceiro ou particular. Esta teoria baseia-se na ideia de que cabe ao Legislativo, e não ao Judiciário, a realização de uma "ponderação" entre autonomia privada e direitos fundamentais.

XXI — Observa-se, portanto, que a teoria dos imperativos de tutela se aproxima da teoria da eficácia mediata dos direitos fundamentais, uma vez que ambas baseiam-se numa atuação do Legislativo, em primeiro plano, para a concretização dos direitos fundamentais. Para as duas teorias, o Judiciário deve atuar pautado na interpretação conforme a Constituição e, na impossibilidade desta, deve realizar a integração das normas de natureza privada através das cláusulas gerais. Embora a justificativa para a adoção de uma ou outra teoria seja diferente, seus efeitos são extremamente semelhantes.

XXII — No âmbito da interação entre direitos fundamentais e relações privadas, existem outras teorias para justificar a incidência desses direitos nos conflitos particulares. A primeira delas, desenvolvida por Jüngen Schwabe na Alemanha é denominada de "teoria da convergência estatista", em que o Estado sempre é o responsável último pelas lesões a direitos fundamentais que tem origem nas relações privadas, já que o exercício da autonomia privada é sempre oriundo de uma autorização estatal. A outra teoria é sustentada por Robert Alexy, também na Alemanha, chamada de "teoria integradora", onde reúnem-se três correntes aparentemente divergentes: teoria da eficácia indireta ou mediata dos direitos fundamentais nas relações privadas, teoria da eficácia direta e imediata e a teoria dos deveres de proteção estatais. A teoria integradora de Robert Alexy é enquadrada na teoria da eficácia imediata dos direitos fundamentais nas relações particulares, uma vez que cada nível de eficácia defendido pelo autor se refere a um aspecto da mesma coisa, conduzindo a um mesmo resultado, quer seja, a eficácia imediata.

XXIII — Os direitos fundamentais encontram-se presentes nas relações individuais e coletivas de trabalho, de modo que, no tocante à aplicação dos direitos fundamentais nas relações de emprego, os direitos fundamentais funcionam como postulados que conformam a atuação do Estado e como vetores interpretativos da Constituição e da legislação ordinária, incluindo a legislação trabalhista.

XXIV — Em verdade, a própria estrutura brasileira demanda uma atuação efetiva na proteção dos direitos fundamentais, haja vista que o país ainda sofre com os problemas relacionados à desigualdade social. A própria estrutura do contrato de trabalho demonstra necessidade de atuação dos direitos fundamentais no âmbito deste tipo de pacto, haja vista que o trabalhador, ao celebrar esse contrato, cede ao empregador sua força de trabalho, de modo a gerar uma relação de "dependência" entre estes.

XXV — A relação existente no contrato de trabalho encontra-se desequilibrada. No Brasil, faltam empregos e sobram pessoas que querem trabalhar. Para o empregador, a situação é bem conveniente. Já para o trabalhador, a situação é desesperadora. Este se submete a diversas ofensas aos seus direitos fundamentais em razão da necessidade do emprego.

XXVI — A inserção dos direitos fundamentais nas relações de emprego funcionaria como meio de driblar as desigualdades promovidas no ordenamento brasileiro, principalmente no tocante às injustiças sociais cometidas contra o trabalhador. Este deve ser visto como sujeito de direitos trabalhistas, sem que seja esquecida sua condição de cidadão, ainda que no âmbito laboral.

XXVII — Outra justificativa para a inserção dos direitos fundamentais nas relações de emprego é a existência de subordinação jurídica como elemento da relação de emprego, de modo a conferir ao empregador certos poderes para alcançar os fins desejados no âmbito da relação de emprego. O exercício desses poderes, aparentemente, não traz malefício algum ao empregado. Contudo, as formas de controle e fiscalização, o modo como essas são exercidas e o estabelecimento de certas punições de caráter vexatório ou ilegal podem extrapolar a proporcionalidade esperada, de modo a atentar ou violar direitos fundamentais.

XXVIII — O contrato de trabalho é marcado por uma relação aparentemente horizontal, pois, em verdade, os sujeitos desta relação encontram-se em situação de desigualdade fática, onde o empregador é detentor do poder social. Essa afirmação justifica, por si só, a vinculação do empregador aos direitos fundamentais, uma vez que a incidência destes promove um equilíbrio na relação contratual estabelecida. Contudo, ainda que não se trate de uma relação desequilibrada, a vinculação dos particulares aos direitos fundamentais é possível, já que a autonomia privada não pode ser exercida em detrimento ou com desrespeito aos direitos e garantias fundamentais de terceiros.

XXIX — Somente a eficácia direta, imediata consegue coibir práticas atentatórias a direitos fundamentais, pois não existe ao empregador escusa na sua conduta, já que esta viola o texto constitucional. Dessa maneira, entende-se que a vinculação direta é a solução mais plausível diante da desigualdade marcante que ronda o contrato de trabalho.

XXX — O mundo contemporâneo, marcado pela desvirtuação de valores éticos e morais, é palco de diversos tipos de violência, inclusive nas relações de emprego, em que o trabalhador é parte mais frágil. E é justamente em razão da fragilidade do trabalhador nas relações de emprego que se verificam esses abusos no conteúdo destas. O assédio moral representa claramente isto na medida em que consubstancia uma violação notória aos direitos fundamentais do trabalhador enquanto trabalhador e cidadão.

XXXI — O assédio moral é a conduta abusiva, de natureza psicológica, violadora de direitos fundamentais do trabalhador enquanto sujeito da relação de emprego e cidadão, praticada de maneira reiterada, com finalidade de exclusão ou humilhação da vítima, resultando num quadro de deterioramento físico e psicológico do indivíduo.

XXXII — Observou-se que o assédio moral, para se configurar, deverá apresentar a totalidade dos elementos caracterizadores, quais sejam: a abusividade da conduta dolosa, a repetição e prolongamento dessa conduta e o ataque à dignidade psíquica. Essa rigidez faz-se necessária, a fim de que o instituto não seja banalizado, entendendo-se apenas como assédio moral aquele fenômeno em que se possa visualizar os aludidos elementos.

XXXIII — Ademais, foram abordadas as modalidades que podem se apresentar na prática do assédio moral. O assédio moral, portanto, pode ser visualizado na modalidade vertical, horizontal ou mista. E, dentro da modalidade vertical, subdividiu-se em: ascendente e descendente, a depender do grau hierarquia dos envolvidos no processo de assédio.

XXXIV — Foram também elencados os métodos utilizados para imobilizar a vítima, pois, na persecução da caracterização do fenômeno, é necessário que se evidencie a conduta utilizada, seja a desqualificação, a recusa na comunicação, a destruição da autoestima, o corte das relações sociais.

XXXV — Outro ponto bastante importante para a consolidação do entendimento sobre o assédio moral foi a enumeração feita acerca das atitudes que não configuram o assédio moral e seus respectivos aspectos diferenciadores. Ou seja, o estresse, o conflito intersubjetivo, a gestão por injúria, as agressões pontuais, as más condições do trabalho, as imposições profissionais e o poder disciplinar não se confundem com o assédio moral.Sobre o assédio sexual, muito embora uma robusta doutrina entenda ser uma espécie do gênero assédio moral, o presente estudo filia-se à posição diversa, pelos fundamentos oportunamente expostos.

XXXVI — Quanto aos efeitos do assédio moral, um enfoque didático foi traçado. Analisou-se os efeitos sobre quatro óticas: a do empregado assediado, a do empregado assediador, a do empregador e a da coletividade. Quanto a ótica do empregado assediado, foi destacada a situação referente a sua integridade psíquica, às interferências sofridas em sua vida familiar, bem como em relação à possibilidade de configuração da despedida indireta. Quanto a ótica do empregado assediador, foi destacada a situação referente à possibilidade de configuração de rescisão por justa causa do seu contrato, à sua responsabilidade patrimonial, bem como à sua responsabilidade criminal. Quanto a ótica do empregador, destacou-se os reflexos patrimonias decorrentes da redução de produtividade, do absenteísmo, da rotatividade de mão de obra, bem como de sua responsabilidade civil por eventuais danos sofridos por um dos seus empregados. Já quanto a ótica da coletividade, abordou-se o ponto acerca do ônus social quando um indivíduo é afastado por acometimento de doença ou aposentado precocemente após sofrer o processo de assédio moral.

XXXVII — Em seguida, este estudo entendeu ser o assédio moral uma conduta que causa um dano moral, ou seja, o dano moral é o resultado dessa conduta hostil, reiterada e prolongada, com o fito de excluir o empregado do ambiente de trabalho. Para o ressarcimento desse dano, dever-se-á buscar a via judicial, por meio da qual será apurada a obrigação de indenizar em razão de cada modalidade de assédio moral. Ademais, discutiu-se acerca da teoria que admite a possibilidade de denunciação da lide do empregado assediador em processos que envolvam assédio moral, tendo este estudo filiado-se a esta corrente.

XXXVIII — Coube ainda ponderar que, em processos em que se discuta a ocorrência do assédio, deverão ser levadas em conta as dificuldades na comprovação dos acontecimentos e dos danos. Em razão disso, deve-se considerar a redução do ônus da prova, ou seja, a necessidade de comprovação do dano em sua existência e gravidade, entretanto podendo esta prova ser produzida mediante presunções extraídas de indícios, conforme as regras de experiência. Essa proposta não se confunde com a inversão do ônus da prova, nos termos já expostos.

XXXIX — Percebidos todos estes aspectos, observou-se que o assédio moral é uma prática que deve ser efetivamente combatida frente aos grandes prejuízos que pode gerar.

XL — O combate ao assédio moral deve se dar por meio de uma atuação preventiva, pela educação e conhecimento da população. No âmbito empresarial, deve ser implementado um sistema de prevenção às práticas de assédio moral. No âmbito repressivo, o assédio moral é combatido pela vinculação dos particulares a direitos fundamentais.

XLI — Pode-se pensar no combate ao assédio moral por meio da teoria da eficácia mediata, uma vez que esta determina que cláusulas gerais sejam integradas. Sendo o assédio moral abuso de direito, cláusula geral, haveria a possibilidade de utilização da referida teoria. Contudo, esta não é a melhor solução, uma vez que há condicionantes na aplicação desta teoria, quer seja a elaboração por parte do Legislador privado de normas que constituam cláusulas gerais.

XLII — A teoria da eficácia imediata dos direitos fundamentais tem aplicabilidade em casos de assédio moral em razão de ser o terror psicológico fruto da desigualdade existente na relação entre empregador e empregado, merecedor de reparação. A principal vantagem da utilização desta teoria em casos de assédio moral é a desnecessidade de legislação para a tutela desta violência. A desnecessidade de legislação não deixa a conduta abusiva à margem de cláusulas gerais e conceitos jurídicos indeterminados, como prevê a teoria da eficácia mediata. A Constituição Federal de 1988 é, portanto, uma verdadeira aliada no combate às práticas de assédio moral, já que, é por meio de seu texto, que os direitos fundamentais podem estar vinculados nas relações particulares entre empregado e empregador.

REFERÊNCIAS BIBLIOGRÁFICAS

ABRANTES, José João. *Contrato de trabalho e direitos fundamentais*. Lisboa: Coimbra Editora, 2005.

AGUIAR, André Luiz Souza. *Assédio moral*: o direito à indenização pelos maus-tratos e humilhações sofridos no ambiente do trabalho. São Paulo: LTr, 2005.

AIRES, Mariella Carvalho de Farias. O papel do Ministério Público do Trabalho na Efetivação dos Direitos Humanos Postivados. *Revista de Direito do Trabalho*. RT, n. 122, p. 99-116, 2006.

________. A eficácia horizontal dos direitos fundamentais no contrato de trabalho. *Revista de Direito do Trabalho 2007* — RDT 128, p. 125-154.

ALEXY, Robert. *Teoria de los derechos fundamentales*. Madrid: Centro de Estudos Constitucionales, 1993.

________. *Constitucionalismo discursivo*. Tradução de Luís Afonso Heck. Porto Alegre: Livraria do Advogado, 2007.

ALKIMIN, Maria Aparecida. *Assédio moral na relação de emprego*. Curitiba: Juruá, 2005.

AMARAL, Júlio Ricardo de Paula. *Eficácia dos direitos fundamentais nas relações trabalhistas*. São Paulo: LTr, 2007. p. 81.

AMBEV é processada por assédio moral coletivo no Rio Grande do Norte. site: Assédiomoral.org. ago, 2006. Disponível em: <http://www.assediomoral.org/spip.php?article316>. Acesso em: 06 out. 2009.

ARAÚJO. Adriane Reis de. *O assédio moral organizacional*. São Paulo: LTr, 2012.

ARGENTINA. Corte Suprema de Justicia de la Nación. *Samuel, Kot* S.R.L. 1958 T. 241, P. 291. Disponível em: <http://www.csjn.gov.ar/jurisp/jsp/BuscadorSumarios>. Acesso em: 26 ago. 2009.

ASSÉDIO moral nas relações de trabalho: indiferença e omissão agravam o problema. *Procuradoria Regional do Trabalho da 2ª Região/São Paulo* — Assessoria de Comunicação. São Paulo, 28 de agosto de 2009. Disponível em: <http://www.prt2.mpt.gov.br/imprensa/noticia_detalhe.php?tipo=N&seq=822>. Acesso em: 06 out. 2009.

ASSIS, Ruy. *O poder de direcção do empregador: configuração geral e problemas actuais*. Coimbra: Coimbra Editora, 2005.

BANCO Bradesco é condenado por assédio moral. *Procuradoria Regional do Trabalho da 5ª Região*, Salvador, ago. 2009. Disponível em: <http://www.prt5.mpt.gov.br/>. Acesso em: 06 out. 2009.

BARRETO, Marco Aurélio Aguiar. *Assédio moral no trabalho*: da responsabilidade do empregador — perguntas e respostas. São Paulo: LTr, 2007.

BARRETO, Margarida Maria Silveira. *Violência, saúde e trabalho*: uma jornada de humilhações. São Paulo: EDUC, 2003.

________; FREITAS, Maria Ester; HELOANI, Roberto. *Assédio moral no trabalho*. São Paulo: Cengage Learning, 2008.

________. Assédio moral: ato deliberado de humilhação ou uma "política da empresa" para livrar-se de trabalhadores indesejados. *Revista do Cremesp*. Ed. 20, jul./ago./set. 2002. Disponível em: <http://ser1.cremesp.org.br/?siteAcao=Revista&id=40>. Acesso em: 06 out. 2009.

BARROS, Alice Monteiro. *Curso de direito do trabalho*. 3. ed., rev. e amp. São Paulo: LTr, 2007.

BARROS, Renato da Costa Lino de Góes. *A disciplina jurídica do assédio moral na relação de emprego*: aspectos configurativos e de reparação deste fenômeno social. 2009. 133 f. Dissertação (mestrado) — Universidade Federal da Bahia, Faculdade de Direito, Salvador, 2009.

________. Assédio moral: análise sob a luz dos aspectos configurativos e probatórios deste fenômeno social. *Revista de Direito do Trabalho*. São Paulo, ano 34, n. 129, 175-183, jan./mar. 2008.

BARROSO, Luís Roberto. Neoconstitucionalismo e constitucionalização do direito (o triunfo tardio do direito constitucional no Brasil). *Revista de Direito Administrativo*. Rio de Janeiro, v. 240, 1-42, abr./jun. 2005.

BASTOS, Celso Ribeiro; MARTINS, Ives Gandra da Silva. *Comentários à Constituição do Brasil*, v. II, São Paulo: Saraiva, 1989.

BAYLOS, Antonio. Proteção de direitos fundamentais na ordem social: "o direito ao trabalho como direito constitucional". *In: Revista Trabalhista Direito e Processo*. Rio de Janeiro: Forense/Anamatra, v. X, p. 21-51, 2004.

BELMONTE, Alexandre Agra. O assédio moral nas relações de trabalho — uma tentativa de sistematização. *Revista LTr* — Legislação do Trabalho. São Paulo, v. 72, n. 11, 1329-1337, nov. 2008.

BETTI, Emilio. *Interpretação da lei e dos atos jurídicos*. São Paulo: Martins Fontes. 2007

BEZERRA, Paulo César Santos. *Temas atuais de direitos fundamentais*. Ilheús: Editus, 2006.

BOAVENTURA, Edivaldo M. *Metodologia da pesquisa*: monografia, dissertação e tese. São Paulo: Atlas, 2004.

BOBBIO, Noberto. *A era dos direitos*. Tradução de Carlos Nelson Coutinho. Rio de Janeiro: Campus, 1992.

BONAVIDES, Paulo. *Curso de direito constitucional*. 16. ed. São Paulo: Malheiros, 2005.

BORGES, Roxana Cardoso Brasileiro. *Disponibilidade dos direitos da personalidade e autonomia privada*. 2. ed. São Paulo: Saraiva, 2007.

BRAGA, Paula Sarno. *Aplicação do devido processo legal nas relações privadas*. Salvador: JusPodivm, 2008.

BRASIL. *Projeto de Lei n. 5.970/2001*. Altera dispositivos do Decreto-Lei n. 5.452, de 1º de maio de 1943 — Consolidação das Leis Trabalhistas (CLT). Disponível em: <http://www.camara.gov.br/sileg/Prop_Detalhe.asp?id=42147>. Acesso em: 5 dez. 2015.

________. *Projeto de Lei n. 4742/2001*. Introduz art. 146-A no Código Penal Brasileiro — Decreto-lei n. 2.848, de 7 de dezembro de 1940, dispondo sobre o crime de assédio moral no trabalho. Disponível em: <http://www.camara.gov.br/sileg/Prop_Detalhe.asp?id=28692>. Acesso em: 5 dez. 2015.

________. *Projeto de Lei n. 3.368/2015*. Introduz art. 146-A no Código Penal Brasi-leiro — Decreto-lei n. 2.848, de 7 de dezembro de 1940, dispondo sobre o crime de assédio moral no trabalho. Disponível em: <http://www.camara.gov.br>. Acesso em: 5 dez. 2015.

________. *Projeto de Lei n. 2.876/2015*. Acrescenta dispositivo no Decreto-Lei n. 1.001 de 1969 – Código Penal Militar para tipificar o crime de Assédio Moral, na forma que especifica. Disponível em: <http://www.camara.gov.br>. Acesso em: 5 dez. 2015.

________. *Lei n. 13.105*. Introduz Código de Processo Civil. Disponível em: < http://www.planalto.gov.br/ccivil_03/_Ato2015-2018/2015/Lei/L13105.htm>. Acesso em: 8 dez. 2015.

________. *Lei n. 13.185*. Introduz o Programa de Combate à intimidação sistemática (Bullying). Disponível em: <http://www.planalto.gov.br/ccivil_03/_Ato2015-2018/2015/Lei/L13185.htm>. Acesso em: 8 dez. 2015.

________. Tribunal Regional do Trabalho (5ª Região). *Recurso Ordinário n. 00749-2007-641-05-00-9*. Acórdão n. 029680/2008. Relatora: Des. Elisa Amado, 1ª Turma. DJ 14.11.2008. Disponível em: <http://www.trt5.gov.br> Acesso em: 10 jan. 2009.

________. Tribunal Regional do Trabalho (5ª Região). *Recurso Ordinário n. 01318-2007-008-05-00-6*. Acórdão n. 030660/2008. Relatora: Des. Débora Machado, 2ª Turma. DJ 10.12.2008. Disponível em: <http://www.trt5.gov.br> Acesso em: 10 fev. 2009.

________. Tribunal Regional do Trabalho (5ª Região). *Recurso Ordinário n. 00277-2008-025-05-00-7*. Acórdão n. 009423/2009. Relatora: Des. Luíza Lomba, 2ª Turma. DJ 7.5.2009. Disponível em: <http://www.trt5.gov.br> Acesso em: 10 abr. 2009.

________. Tribunal Regional do Trabalho (14ª Região). *Recurso Ordinário n. 00014.2007.101.14.00-6*. Relatora: Des. Mario Sérgio Lapunka, 2ª Turma. Disponível em: <http://www.trt14.gov.br> Acesso em: 10 abr. 2009.

________. Tribunal Regional do Trabalho (5ª Região). *Recurso Ordinário n. 01180-2007-464-05-00-6*. Acórdão n. 028950/2008. Relatora: Des. Luíza Lomba, 2ª Turma. DJ 13.1.2009. Disponível em: <http://www.trt5.gov.br>. Acesso em: 10 abr. 2009.

________. Tribunal Regional do Trabalho (5ª Região). *Recurso Ordinário n. 00279-2008-011-05-00-3*. Acórdão n. 000025/2009. Relatora: Des. Luíza Lomba, 2ª Turma. DJ 4.2.2009. Disponível em: <http://www.trt5.gov.br>. Acesso em: 10 abr. 2009.

________. Tribunal Regional do Trabalho (6ª Região). *Recurso Ordinário n. 00067–2003–002–06–00–5*. Relatora: Juiz Valdir José Silva de Carvalho, 1ª Turma. DJ 30.10.03. Disponível em: <http://www.trt6.gov.br>. Acesso em: 10 abr. 2009.

________. Tribunal Regional do Trabalho (5ª Região). *Recurso Ordinário n. 01606-2003-531-05-00-5*. Acórdão n. 013304/2005. Relatora: Des. Ilma Aguiar, 1ª Turma. DJ 19.12.2006. Disponível em: <http://www.trt5.gov.br>. Acesso em: 10 abr. 2009.

________. Tribunal Regional do Trabalho (5ª Região). *Recurso Ordinário n. 00262-2006-038-05-00-3*. Acórdão n. 031900/2006. Relatora: Des. Lourdes Linhares, 3ª Turma. DJ 6.12.2006. Disponível em: <http://www.trt5.gov.br>. Acesso em: 10 abr. 2009.

________. Tribunal Regional do Trabalho (5ª Região). *Recurso Ordinário n. 01278-2005-004-05-00-5*. Acórdão n. 016186/2006. Relatora: Des. Nélia Neves, 4ª Turma. DJ 13.7.2006. Disponível em: <http://www.trt5.gov.br>. Acesso em: 10 abr. 2009.

________. Tribunal Regional do Trabalho (5ª Região). *Recurso Ordinário n. 00817-2007-132-05-00-8*. Acórdão n. 007724/2009. Relatora: Juiza convocada Margareth Rodrigues Costa, 3ª Turma. DJ 29.4.2009. Disponível em: <http://www.trt5.gov.br>. Acesso em: 10 maio 2009.

________. Tribunal Regional do Trabalho (5ª Região). *Recurso Ordinário n. 00689-2007-342-05-00-6*. Acórdão n. 005295/2009. Relatora: Des. Valtércio de Oliveira, 4ª Turma. DJ 2.4.2009. Disponível em: <http://www.trt5.gov.br>. Acesso em: 10 maio 2009.

________. Tribunal Regional do Trabalho (5ª Região). *Recurso Ordinário n. 00658-2008-033-05-00-0*. Acórdão n. 004683/2009. Relatora: Juiza Convocada Maria Elisa Costa Gonçalves, 2ª Turma. DJ 18.3.2009. Disponível em: <http://www.trt5.gov.br>. Acesso em: 10 abr. 2009.

________. Tribunal Regional do Trabalho (5ª Região). *Recurso Ordinário n. 01244-2006-035-05-00-0*. Acórdão n. 030940/2008. Relator: Des. Valtércio de Oliveira, 4ª Turma. DJ 4.12.2008. Disponível em: <http://www.trt5.gov.br>. Acesso em: 10 abr. 2009.

________. Tribunal Superior do Trabalho. Recurso de Revista n. 101.373/93.0. Acórdão n. 3.402/94. Relator: Des. José Francisco da Silva, 2ª Turma. Disponível em: <http://www.tst.gov.br>. Acesso em: 10 abr. 2009.

________. Tribunal Superior do Trabalho. Recurso de Revista n. 53600-48.2006.5.15.0109. Relator: Alberto Luiz Bresciani de Fontan Pereira, 3ª Turma. Disponível em: <http://www.tst.gov.br>. Acesso em: 5 dez. 2015.

________. Tribunal Superior do Trabalho. Recurso de Revista n. 453400-46.2008.5.09.0020. Relator: Des. Alberto Luiz Bresciani de Fontan Pereira, 3ª Turma. Disponível em: <http://www.tst.gov.br>. Acesso em: 5 dez. 2015.

________. Tribunal Superior do Trabalho. Agravo de Instrumento em Recurso de Revista n. 141240-20.2006.5.15.0132. Relator: Mauricio Godinho Delgado, 6ª Turma. Disponível em: <http://www.tst.gov.br>. Acesso em: 5 dez. 2015.

________. Tribunal Superior do Trabalho. Recurso de Revista n. 88440-91.2006.5.08.0008. Relator: Horácio Raymundo de Senna Pires, 3ª Turma. Disponível em: <http://www.tst.gov.br>. Acesso em: 5 dez. 2015.

________. Tribunal Superior do Trabalho. Agravo de Instrumento em Recurso de Revista n. 565-55.2011.5.15.0027. Relator: Maria de Assis Calsing, 4ª Turma. Dispo-nível em: <http://www.tst.gov.br>. Acesso em: 5 dez. 2015.

________. Supremo Tribunal Federal. *Medida Cautelar em ADI 3540*. Relator: Celso de Mello. DJ 1º.9.05. Disponível em: <http://www.stf.jus.br/portal/jurisprudencia/listarJurisprudencia>. Acesso em: 15 abr. 2009.

________;________. *HC 93250/MS*. Relatora: Ellen Gracie. D.J. em: 10.6.08. Disponível em: <http://www.stf.jus.br/portal/jurisprudencia/listarJurisprudencia>. Acesso em: 15 abr. 2009.

________; ________. *RE 349703 — RS*, Relator Carlos Britto, DJ 5.6.09. Disponível em: <http://www.stf.jus.br/portal/jurisprudencia/listarJurisprudencia>. Acesso em: 15 abr. 2009.

________; ________. *Extradição n. 986 — Bolívia*. Relator: Eros Grau. Tribunal Pleno. DJ 15.8.07. Disponível em: <http://www.stf.jus.br/portal/jurisprudencia/listarJurisprudencia>. Acesso em: 15 abr. 2009.

________; ________. *RE 158215/ RS — Rio Grande do Sul*. Relator: Marco Aurélio. DJ 30.4.1996. Órgão Julgador: 2ª Turma. Disponível em: <http://www.stf.jus.br/portal/jurisprudencia/listarJurisprudencia>. Acesso em: 15 abr. 2009.

________; ________. *RE 201819 / RJ — Rio de Janeiro*. Relator: Ellen Gracie, Relator: p/ Acórdão: Min. Gilmar Mendes, DJ 11.10.2005, Órgão Julgador: 2ª Turma. Disponível em: <http://www.stf.jus.br/portal/jurisprudencia/listarJurisprudencia>. Acesso em: 10 ago. 2009.

________; ________. *Recurso Extraordinário RE 160222 / RJ — Rio de Janeiro*. Relator: Sepúlveda Pertence, DJ 11.4.1995, Órgão Julgador: 1ª turma. Disponível em: <http://www.stf.jus.br/portal/jurisprudencia/listarJurisprudencia>. Acesso em: 10 ago. 2009.

________; ________. *Recurso Extraordinário RE 161243-6/ DF — Distrito Federal*. Relator: Carlos Velloso, DJ 29.10.1996, Órgão Julgador: 2ª Turma. Disponível em: <http://www.stf.jus.br/portal/jurisprudencia/listarJurisprudencia>. Acesso em: 10 ago. 2009.

________. Superior Tribunal de Justiça. *AgRg no REsp 893725 / PR Agravo Regimental no Recurso Especial 2006/0219140-9*. Relator: Humberto Martins. 2ª Turma. DJ 23.4.09.

Disponível em: <http://www.stj.jus.br/SCON/pesquisar.jsp?>. Acesso em: 15 abr. 2009.

________; ________. *REsp 811608 / RS RECURSO ESPECIAL 2006/0012352-8*. Relator: Luiz Fux, 1ª Turma. DJ 15.5.07. Disponível em: <http://www.stj.jus.br/SCON/pesquisar.jsp?>. Acesso em: 15 abr. 2009.

________. Tribunal de Justiça do Rio Grande do Sul. *Apelação Cível N. 70012836755*, Sétima Câmara Cível, Relator: Maria Berenice Dias, Julgado em: 21/12/2005. Disponível em: <http://www.tjrs.jus.br/site_php/jprud2/index.php?PHPSESSID=69c6330e1319fc53df66bc40c10782c3>. Acesso em: 10 ago. 2009.

________. Tribunal Regional do Trabalho da 3ª Região. *Processo : 00679-2008-129-03-00-6 RO*. DJ 23.6.2009, Órgão Julgador: 7ª Turma, Juiz Relator: Des. Paulo Roberto de Castro, Juiz Revisor: Des. Alice Monteiro de Barros. Disponível em: <www.trt3.jus.br>. Acesso em: 05 out. 2009.

________. Tribunal Regional do Trabalho da 5ª Região. *Processo 00206-2008-133-05-00-7 RecOrd, ac. n. 025547/2009*, TRT 05, Relatora Des. Luíza Lomba, 2ª. Turma, DJ 1º.10.2009. Disponível em: <www.trt5.jus.br>. Acesso em: 5 out. 2009.

________; ________. *Processo n. 01177-2006-022-05-00-7 RecOrd, ac. n. 016675/2009*, Relatora Des. Elisa Amado, 1ª turma, DJ 17.7.2009. Disponível em: <www.trt5.jus.br>. Acesso em: 5 out. 2009.

________; ________. *Processo. 00262-2006-038-05-00-3 RO, ac. n. 031900/2006*, Relatora Des. Lourdes Linhares, 3ª Turma, DJ 6.12.2006. Disponível em: <www.trt5.jus.br>. Acesso em: 5 out. 2009.

________; ________. *Processo 01281-2006-462-05-00-3 RO, Ac. N. 033774/2007*. Relatora Des. Luíza Lomba, 6ª Turma, DJ 4.12.2007. Disponível em: <www.trt5.jus.br>. Acesso em: 5 out. 2009.

________; ________. *Processo n. 01071-2008-026-05-00-0 RecOrd, ac. n. 021352/2009*. Relatora: Juiza convocada Margareth Rodrigues Costa, 3ª Turma, DJ 9.9.2009. Disponível em: <www.trt5.jus.br>. Acesso em: 5 out. 2009.

________; ________. *Processo 00414-2008-007-05-00-1 RO, ac. n. 020630/2009*. Relator Desembargador Norberto Frerichs, 5ª Turma, DJ 25.8.2009. Disponível em: <www.trt5.jus.br>. Acesso em: 19 out. 2009.

________. Tribunal Regional do Trabalho da 10ª Região. *Processo n. 00687-2006-002-10-00-5 RO*. Relator Juiz Grijalbo Fernandes Coutinho, 3ª turma, DJ 2.5.2007. Disponível em: <http://www.trt10.jus.br>. Acesso em: 14 out. 2009.

________. Tribunal Regional do Trabalho da 15ª Região. *Acórdão n. 048819/2009-PATR*, Relatora: Olga Aida Joaquim Gomieri. *Processo TRT 15ª região n. 01018-2005-042-15-00-1, recurso ordinário* — 6ª turma — 12ª câmara. 1º recorrente: Fausto Elias Nicolino. 2ª recorrente: Banco Santander (Brasil) s.a. Origem: 2ª vara do trabalho de Ribeirão Preto. Disponível em: <www.trt15.jus.br>. Acesso em: 5 out. 2009.

________. Tribunal Regional do Trabalho da 18ª Região. *Acórdão n. 01381-2008-141-18-00-5 RO*, Relator: Desembargador Platon Teixeira De Azevedo Filho. 2ª Turma. DJ 4.3.2009. Disponível em: <http://www.trt18.jus.br:7090/pls/site/getpdf?p_id=66392&p_tipo=acordaos_2a_pdf>. Acesso em: 15 out. 2009.

BUZAID, Alfredo. *Exposição de motivos do código de processo civil*. São Paulo: Revista dos Tribunais, 2001.

CAIRO Jr., José. *Curso de direito do trabalho*. 3. ed. rev., ampl. e atual. Bahia: JusPodivm, 2009.

CAHALI, Yussef Said. *Dano moral*. 3 ed., rev., ampl. e atual. conforme o Código Civil de 2002. São Paulo: Revista dos Tribunais, 2005.

CALGARO, Gerson Amauri. O direito privado como meio de efetivação dos direitos fundamentais. *Revista de Direito Privado*, n. 32, out./dez., p. 98-147, 2007.

CALLEJO, Jose María Garcia. *Protección jurídica contra el acoso moral en el trabajo o la tutela de la dignidad del trabajador*. Madrid: Federacion de Servicios Públicos de Madrid, 2004.

CÂMARA, Alexandre Freitas. *Lições de direito processual civil*. v. 1. 7. ed. atualizada. Rio de Janeiro: Lumen Juris, 2002.

CAMPINAS. *Lei n. 11.409, de 4 de novembro de 2002*. Veda o assédio moral no âmbito da administração pública municipal direta, indireta, nas autarquias e fundações públicas. Disponível em: <http:www.assediomoral.org/site>. Acesso em: 21 out. 2005.

CANARIS, Claus Wilhelm. A influência dos direitos fundamentais sobre o direito privado na Alemanha. *In:* SARLET, Ingo Wolfgang (Org.). *Constituição, direitos fundamentais e direito privado*. Porto Alegre: Livraria do Advogado, 2003.

CANOTILHO, J. J. Gomes. *Direito constitucional e teoria da Constituição*. 7. ed. Coimbra: Almedina, [19--].

________. *Direito constitucional*. 6. ed. Coimbra: Almedina, 1993.

CARPENA, Heloísa. O abuso do direito no código de 2002: relativização de direitos na ótica civil-constitucional. *In:* TEPEDINO, Gustavo (Org.). *A parte geral do novo código civil*: estudos na perspectiva civil-constitucional. 2. ed. Rio de Janeiro: Renovar, 2003.

CAVALIERI FILHO, Sérgio. *Programa de responsabilidade civil*. 6. ed. São Paulo: Malheiros, 2006.

CATALDO, José Luis Ugarte. *El nuevo derecho del trabajo*. Santiago de Chile: Editorial Universitaria, 2004.

CECÍLIO, Camila. Assédio moral — empresa é condenada por perseguição ao trabalhador. *Tribunal Regional do Trabalho da 23ª Região* — diretoria de comunicação social. Mato Grosso, set. 2009. Disponível em: <http://www.trt23.gov.br/informese/noticias/result.asp?cod=13000000000001731>. Acesso em: 6 out. 2009.

CERVERA, Ana Maria; ROJO, Jose Vicente. *Mobbing o acoso moral*. Madrid: Editorial Tébar, 2005.

COELHO, Luiz Eduardo de Toledo. Os direitos fundamentais e o princípio da dignidade da pessoa humana aplicados às relações privadas. *Revista de Direito Constitucional e Internacional*. São Paulo: LTr, ano 16, n. 62, 216-239, jan./mar. 2007.

COMPARATO, Fábio Konder. *A afirmação histórica dos direitos humanos*. 6. ed. São Paulo: Saraiva, 2008.

CUNHA JUNIOR, Dirley. *Curso de direito constitucional*. Salvador: JusPodivm, 2008.

DELGADO, Maurício Godinho. *Curso de direito do trabalho*. 5. ed. São Paulo: LTr, 2006.

________. *Curso de direito do trabalho*. 8. ed. São Paulo: LTr, 2009.

________. Direitos fundamentais na relação de trabalho. *Revista LTr*. São Paulo, v. 70, p. 657-667, jun. 2006.

DESCARTES, René. *Discurso do método e regras para a direção do espírito*. São Paulo: Martin Claret, 2001.

DIDIER JR., Fredie. *Curso de direito processual civil*: teoria geral do processo e processo de conhecimento. 8. ed. Bahia: JusPodivm, 2007. v. 1.

DINIZ, Maria Helena. *Dicionário jurídico*. São Paulo: Saraiva, 1998.

DIMOULIS, Dimitri; MARTINS, Leonardo. *Teoria geral dos direitos fundamentais*. 2ª tiragem, São Paulo: Revista dos Tribunais, 2008.

EDWARD, José. Assédio Moral: O lado sombrio do trabalho. *Revista Veja*, Editora Abril, ano 38, n. 28, 104-108, verão, jul. 2005.

FACHIN, Luiz Edson. *Estatuto jurídico do patrimônio mínimo*. Rio de Janeiro: Renovar, 2001.

FELKER, Reginald. *O dano moral, o assédio moral e o assédio sexual nas relações de trabalho*. São Paulo: LTr, 2007.

FERNADES, Fátima; ROLLI, Cláudia. Casos de assédio moral crescem na crise. *Folha de S. Paulo*, São Paulo, 23 março de 2009. Caderno dinheiro, p. B1.

FERNÁNDEZ, Manuel Velázquez. *Mobbing, violencia física y estrés en el trabajo*: aspectos jurídicos de los riesgos psicosociales. Barcelona: Gestión 2000, 2005.

FERRAZ JÚNIOR, Tercio Sampaio. *Introdução ao estudo do direito*: técnica, decisão, dominação. 3. ed. São Paulo: Atlas, 2001.

FERREIRA, Hádassa Dolores Bonilha. *Assédio moral nas relações de trabalho*. Campinas: Russel Editores, 2004.

FERREIRA FILHO, Manoel Gonçalves. Os Direitos Fundamentais Implícitos e seu reflexo no Sistema Constitucional Brasileiro. *Revista Jurídica Virtual*. Brasília. v. 8, n. 82, dez./jan., 2007. Disponível em: <http://www.planalto.gov.br/ccivil_03/revista/rev_14/direitos_fund.htm>. Acesso em: 15 jul. 2009.

FEYERABEND, Paul K. *Contra o método*. São Paulo: Editora UNESP, 2007.

________. *Direitos humanos fundamentais*. 2. ed., rev. e atual. São Paulo: Saraiva, 1998.

FIORELLI, José Osmir; FIORELLI, Maria Rosa; JUNIOR, Marcos Julio Olivé Malhadas. *Assédio moral*: uma visão multidisciplinar. São Paulo: LTr, 2007.

GADAMER, Hans Georg. *Verdade e método*. Tradução: Flávio Paulo Meurer. Rio de Janeiro: Vozes, 1997.

GAGLIANO, Pablo Stolze; PAMPLONA FILHO, Rodolfo. *Novo curso de direito civil*. 2. ed. São Paulo: Saraiva, 2004. v. 3.

________. *Novo curso de direito civil*. 9. ed. São Paulo: Saraiva, 2007.

________. *Novo curso de direito civil*: responsabilidade civil. 6. ed., rev. e atual. São Paulo: Saraiva, 2008.

GALINDO, Bruno. *Direitos fundamentais*: análise de sua concretização constitucional. Curitiba: Juruá, 2003.

GANTUS, Guilherme Miguel. Casos de assédio moral crescem na crise. *Folha de S. Paulo*, São Paulo, 23 março de 2009. Caderno dinheiro, p. B1. Entrevista concedida a Fátima Fernandes e Claudia Rolli.

GOÉS, Maurício de Carvalho. Os direitos fundamentais nas relações de emprego: da compreensão às novas tendências. *Revista Magister de direito trabalhista e previdenciário*. Porto Alegre, n. 37, p. 52-73, nov./dez. 2008.

GOMES, Fábio Rodrigues. Direito fundamental ao trabalho: uma miragem discursiva ou uma norma efetiva. *In:* SARMENTO, Daniel; PEREIRA, Cláudio (org.). *Direitos sociais fundamentais, judicialização e direitos sociais em espécie*. Rio de Janeiro: Lumen Juris, 2008.

GOMES, Joaquim B. Barbosa. *Ação afirmativa & princípio constitucional da igualdade*. Rio de Janeiro: Renovar, 2001.

GOMES, Orlando; GOTTSCHALK, Elson. *Curso de direito do trabalho*.17. ed. Rio de Janeiro: Forense, 2005.

GRAU, Eros Roberto. *A ordem econômica e a Constituição Federal de 1988*. 10. ed. São Paulo: Malheiros, 2005.

GUARDA Municipal é vítima de assédio moral no interior de São Paulo. *Bom Dia Brasil*. São Paulo, out. 2009. Disponível em: <http://g1.globo.com/Noticias/SaoPaulo/0,,MUL1330861-5605,00-GUARDA+MUNICIPAL+E+VITIMA+DE+ASSEDIO+MORAL+NO+INTERIOR+DE+SP.html>. Acesso em: 6 out. 2009.

GUEDES, Márcia Novaes. *Terror psicológico no trabalho*. São Paulo: LTr, 2003.

________. Assédio Moral e responsabilidade das organizações com os direitos fundamentais dos trabalhadores. *Revista da Anamatra II*. São Paulo, p. 34-50, dez. 2003.

GUERRA, Amadeu. *A privacidade no local de trabalho: as novas tecnologias e o controlo dos trabalhadores através de sistemas automatizados. Uma abordagem ao Código do Trabalho*. Coimbra: Almedina. 2014

HÄBERLE, Peter. *Hermenêutica constitucional* — a sociedade aberta dos intérpretes da constituição: contribuição para a interpretação pluralista e "procedimental" da constituição.Tradução de Gilmar Mendes. Porto Alegre: Sergio Antonio Fabris Editor, 2002.

HASSON, Roland. Proteção aos direitos da personalidade — assédio moral. *Revista LTr*. Legislação do Trabalho. São Paulo, ano 72, n. 11, 1355-1358, nov. 2008.

HECK, Luís Afonso. Direitos fundamentais e sua influência no direito civil. *Revista de Direito do Consumidor*, n. 29, p. 40-54, jan./mar. 1999.

HELOANI, Roberto. Casos de assédio moral crescem na crise. *Folha de S. Paulo*. São Paulo, 23 mar. 2009. Caderno dinheiro, p. B1. Entrevista concedida a Fátima Fernandes e Claudia Rolli.

HIRIGOYEN, Marie France. *Assédio moral*: A violência perversa do cotidiano. Tradução de Maria Helen Huhner. Rio de Janeiro: Bertrand Brasil, 2000.

________. *Mal estar no trabalho*: redefinindo o assédio moral. Tradução de Rejane Janowitzer. Rio de Janeiro: Bertrand Brasil, 2002.

IRACEMÁPOLIS. *Lei n. 1.163, de 24 de abril de 2000*. Dispõe sobre a aplicação de penalidades à prática de assédio moral nas dependências da Administração Pública Municipal Direta por servidores públicos municipais. Disponível em: <http://www.assediomoral.org/site>. Acesso em: 21 out. 2005.

JÚNIOR, Nelson Neri; NERI, Rosa Maria. *Código de processo civil comentado*. São Paulo: Revista dos Tribunais, 2002.

KANT, Immanuel. *Fundamentação da metafísica dos costumes*. Tradução de Antônio Pinto de Carvalho. Companhia Editora Nacional. E-book disponível em: <http://www.consciencia.org/kantfundamentacao.shtml>. Acesso em: 2 jun. 2007, p. 30.

LEITE, Carlos Henrique Bezerra. *Curso de direito processual do trabalho*. 7. ed. São Paulo: LTr, 2009.

LOPES, João Batista. *A prova no direito processual civil*. 2. ed. São Paulo: RT, 2002.

LOPES, Otávio Brito. Casos de assédio moral crescem na crise. *Folha de S. Paulo*. São Paulo, 23 março de 2009. Caderno dinheiro, p. B1. Entrevista concedida a Fátima Fernandes e Claudia Rolli.

LUÑO, Antonio Enrique Perez. *Los derechos fundamentales*. 9. ed. Madrid: Tecnos, 2007.

______. Las Geraciones de Derechos Humanos. *In: Revista del Centro de Estúdios Constitucionales*, n. 10. Septiembre-Diciembre 1991. p. 205/206. Disponível em: <http://www.cepc.es/rap/Frames.aspx?IDS=qins0qjcsbmigxqpzog2ec55_407909&ART=15,21414,RCEC_10_201.pdf>. Acesso em: 20 mar. 2009.

MAC CRORIE, Benedita. *Os limites da renuncia a direitos fundamentais nas relações entre particulares*. Coimbra: Almedina, 2013.

MARMELSTEIN, George. *Curso de direitos fundamentais*. São Paulo: Atlas. 2008.

MARTINS, Pedro Baptista. *O abuso do direito e a ato Ilícito*. 3. ed. Rio de Janeiro: Forense, 2002.

MARTINS, Samir José Caetano. Neoconstitucionalismo e seus reflexos nas relações jurídicas privadas: em busca de parâmetros de aplicação direta dos direitos fundamentais. *Revista de Direito Privado 2007* — RDP 30, p. 265-304, 2007.

MARTINS, Sérgio Pinto. *Direito processual do trabalho*: doutrina e pratica forense; modelos de petições, recursos, sentenças e outros. 27. ed. São Paulo: Atlas, 2007.

________. *Assédio moral no emprego*. São Paulo: Atlas, 2012.

MARTINS, Flademir Jerônimo Belinati. *Dignidade da pessoa humana*: princípio constitucional fundamental. 1. ed., 4ª reimpr. Curitiba: Juruá, 2009.

MASCARENHAS, Ana Carolina Fernandes. Relações Jurídicas Privadas e direitos fundamentais: uma análise do artigo 57 do código civil. *Revista da Faculdade Baiana de Direito*. Salvador, n. 01, p. 21-56, jan./jun. 2008.

MEIRELES, Ana Cristina Costa. *A eficácia dos direitos sociais*: os direitos subjetivos em face das normas programáticas. Salvador: JusPodivm, 2008.

MEIRELES, Edilton. *Abuso do direito na relação de emprego*. São Paulo: LTr, 2004.

MELO, Nehemias Domingos de. Assédio moral: individual e coletivo. *Revista Magister de Direito Trabalhista e Previdenciário*. Porto Alegre: Magister, v. 19, p. 54-62, jul./ago. 2007.

MENDES, Gilmar Ferreira. *direitos fundamentais e controle de constitucionalidade*. 3. ed. São Paulo: Saraiva, 2004.

________. Os Direitos Fundamentais e seus Múltiplos Significados na Ordem Constitucional. *Revista Jurídica Virtual*. Brasília, v. 02, n. 13, jun. 1999. Disponível em: <http://www.planalto.gov.br/ccivil_03/revista/rev_14/direitos_fund.htm>. Acesso em: 3 abr. 2009.

MENDONÇA, Andrey Borges de; FERREIRA, Olavo Augusto Vianna Alves. Eficácia dos direitos fundamentais nas relações privadas. *In:* CAMARGO, Marcelo Novelino (Org.). *Leituras complementares de direito constitucional*: direitos fundamentais. 2. ed. Salvador: JusPodivm, 2007. p. 137-155.

MENEZES, Claudio Armando C. Assédio Moral e seus Efeitos Jurídicos. *Revista de direito trabalhista*. São Paulo, ano 8, n. 10, p. 12-14, out. 2002.

MIRANDA, Jorge. Manual de direito constitucional. Tomo IV, 2. ed. Coimbra: Coimbra, 1993.

MONTENEGRO NETO, Francisco. *O cabimento do chamamento ao processo e da denunciação da lide na ação civil pública trabalhista*. Disponível em: <http://jusvi.com>. Acesso em: 09 dez. 2008.

MORAES, Alexandre. *Direito constitucional*. São Paulo: Atlas, 2002.

MORAES, Alexandre de. *Direitos humanos fundamentais*. 7. ed. São Paulo: Atlas, 2006.

MORAES, Guilherme Braga Pena de. *Dos direitos fundamentais*: contribuição para uma teoria. São Paulo: LTr, [1990 e 2005].

MORAES, Maria Celina Bodin de. *Danos à pessoa humana*: uma leitura civil-constitucional dos danos morais. Rio de Janeiro: Renovar, 2003.

MOREIRA, Eduardo Ribeiro. *Obtenção dos direitos fundamentais nas relações entre particulares*. Rio de Janeiro: Lumen Juris, 2007.

NASCIMENTO, Amauri Mascaro. *Curso de direito do trabalho*. 24. ed., rev., atual. e ampl. São Paulo: Saraiva, 2009.

NASCIMENTO, Sônia A. C. Mascaro. Assédio moral no ambiente do trabalho. *Revista LTr*. São Paulo, v. 68, n. 08, p. 922-930, ago. 2004.

NAVARRETE. Cristóbal Molina. *La tutela judicial frente al acaso moral en el trabajo*: de las normas a las forenses. Albacete: Editorial Bomarzo, 2007.

NERY JÚNIOR, Nelson; NERY, Rosa Maria de Andrade. *Código de processo civil comentado*. 7. ed. São Paulo: RT, 2003.

OLIVEIRA, Euler Sinoir de. Assédio moral: sujeitos, danos à saúde e legislação. *Revista de Direito do Trabalho*. São Paulo, ano 30, n. 114, 49-64, abr./jun. 2004.

OLIVEIRA, Thiago Almeida de. Resenha: Moreira, Eduardo Ribeiro. Obtenção dos direitos fundamentais nas relações entre particulares. Rio de Janeiro: Lumen Juris, 2007. 241p. *Revista de Direito Constitucional e Internacional 2008* — RDCI 65. 2008, p. 354-366.

PACHECO. Mago Graciano de Rocha. *O assédio moral no trabalho*: o elo mais fraco. Coimbra: Edições Almedina, 2007.

PACÍFICO, Luiz Eduardo Boaventura. *O ônus da prova no direito processual civil*. São Paulo: RT, 2001.

PAMPLONA FILHO, Rodolfo. *O assédio sexual na relação de emprego*. São Paulo: LTr, 2001.

________. *O dano moral na relação de emprego*. São Paulo: LTr, 2002.

________. Noções conceituais sobre o assédio moral na relação de emprego. *Jus Navigandi*, Teresina, ano 10, n. 1149, 24 ago. 2006. Disponível em: <http://jus2.uol.com.br/doutrina/texto.asp?id=8838>. Acesso em: 13 maio 2009.

PAMPLONA FILHO, Rodolfo; GIACOMO, Fernanda Salinas di. A aplicabilidade da denunciação da lide no processo do trabalho. *Jus Navigandi*, Teresina, ano 11, n. 1500, 10 ago. 2007. Disponível em: <http://jus2.uol.com.br/doutrina/texto.asp?id=10268>. Acesso em: 09 dez. 2008.

PAMPLONA FILHO, Rodolfo; BARROS, Renato da Costa Lino de Goes. A distinção do assédio moral de figuras afins. *Revista do Curso de Direito da Unifacs*. Porto Alegre: Síntese, v. 13, 2013.

PASSOS, Elizete. *Ética nas organizações*. São Paulo: Atlas, 2002.

PEDUZZI, Cristina. *Assédio sexual e assédio moral*. Secretaria de Comunicação Social do Tribunal Superior do Trabalho, 4 nov. 2012. Entrevista concedida a Lourdes Cortes. Disponível em: <www.tst.jus.br>. Acesso em: 6 nov. 2012.

PELI, Paulo; TEIXEIRA, Paulo. *Assédio moral*: uma responsabilidade corporativa. São Paulo: Ícone, 2006.

PEREIRA, Caio Mario da Silva. *Instituições de direito civil*: introdução ao direito civil. Teoria geral do direito civil. 20. ed. Rio de Janeiro: Forense, 2004.

PEREIRA, Jane Reis. Apontamentos sobre a aplicação das normas de direito fundamental nas relações jurídicas entre particulares. *In*: BARROSO, Luís Roberto (Org.). *A nova interpretação constitucional*: ponderação, direitos fundamentais e relações privadas. 3. ed. Rio de Janeiro: Renovar, 2008. p. 119-192.

PEREIRA, Rita Garcia. *Mobbing ou assédio moral no trabalho*: contributo para a sua conceptualização. Coimbra: Coimbra Editora, 2009.

PERLINGIERI, Pietro. *Perfis do direito civil*: introdução ao direito civil constitucional. 2. ed. Rio de Janeiro: Renovar, 2002.

PINHEIRO, Carla. *Direito internacional e direitos fundamentais*. São Paulo: Atlas, 2001.

PINTO, José Augusto Rodrigues. *O assédio moral nas relações de trabalho*. Disponível em: <http://www.prt18.mtp.gov.br>. Acesso em: 20 jul. 2008.

PIOVESAN, Flávia. *Direitos humanos e o direito constitucional internacional*. São Paulo: Max Limonad, 2002.

PINUEL, INAKI. *Mobbing* — Manual de Autoayuda para superar el acoso psicológico en el trabajo. Buenos Aires: Aguilar, 2003.

POPPER, Karl Raymund. *Lógica das ciências sociais*. 3. ed. Rio de Janeiro: Tempo Brasileiro, 2004.

PORTUGAL. LEI Constitucional 01, de 12 de agosto de 2005, que trata da sétima revisão constitucional. *Diário da República* — I Série-A, N. 125, Portugal. Disponível em: <http://dre.pt/util/pdfs/files/crp.pdf>. Acesso em: 26 ago. 2009.

PRATA. Marcelo Rodrigues. *Anatomia do assédio moral no trabalho*: uma abordagem transdisciplinar. São Paulo: LTr, 2008.

QUINTAS, Paula. *Os direitos da personalidade consagrados no Código do Trabalho na perspectiva exclusiva do trabalhador subordinado* — Direitos (Des)Figurados. Coimbra: Almedina, 2013.

RAMALHO, Maria do Rosário Palma. *Estudos de direito do trabalho.* Vol I. Coimbra: Almedina, 2003.

REALE, Miguel. *Lições preliminares de direito.* 24. ed. São Paulo: Saraiva, 1998.

REIS, Clayton. *Dano moral.* 3 ed. Rio de Janeiro: Forense, 1994.

RIO DE JANEIRO. *LEI n. 3921, de 23 de agosto de 2002.* Dispõe sobre a aplicação de penalidades à prática de "assédio moral" nas dependências da Administração Pública Estadual Direta e Indireta por servidores públicos estaduais. Disponível em: <http:www.camara.gov.br>. Acesso em: 21 out. 2010.

RODENAS, Maria José Romero Rodenas. *Protección frente al acoso moral en el trabajo.* 3. ed. Albacete: Editorial Bomarzo, 2005.

RODRIGUEZ, Américo Plá. *Princípios de direito do trabalho.* Tradução de Wagner Giglio São Paulo: LTr, 1978.

ROJO. José Vicente; CERVERA. Ana Maria. *O mobbing o acaso laboral.* Madrid: Editorial Tébar, 2005.

RUIZ, Ivan Aparecido; MACHADO, Isadora Vier. Tutelas de urgência e preventivas: aplicabilidade em casos de assédio moral. *Revista de Processo.* Ano 32, n. 146, p. 132-150, abr. 2007.

RUSCHEL, Ingrid. *Assédio moral no contexto da atual crise mundial.* Disponível em: <http://www.unafisco-poa.org.br/noticia_ler.php?id=9704>. Acesso em: 20 maio 2009.

SANTUCCI, Luciana. *Assédio moral no trabalho.* Belo Horizonte: Leiditathi, 2006.

SÃO PAULO. *LEI n. 13.288, de 10 de janeiro de 2002.* Dispõe sobre a aplicação de penalidades à prática de "assédio moral" nas dependências da Administração Pública Municipal Direta e Indireta por servidores públicos municipais. Disponível em: <http://www.assediomoral.org/site>. Acesso em: 21 out. 2010.

SARLET, Ingo Wolfgang. *A eficácia dos direitos fundamentais.* 9. ed., rev., atualiz. e ampl. Porto Alegre: Livraria do Advogado, 2008.

________. Direitos Fundamentais e Direito Privado: algumas considerações em torno da vinculação dos particulares aos direitos fundamentais. *Revista de Direito do Consumidor*, n. 36, p. 54-104, out./dez. 2000.

________. Os Direitos Fundamentais Sociais na Constituição de 1988. *Revista Diálogo Jurídico*, Salvador, CAJ — Centro de Atualização Jurídica, v. 1, n. 1, 2001. Disponível em: <http://www.direitopublico.com.br>. Acesso em: 3 abr. 2009.

________. FIGUEIREDO, Mariana Filchtiner. Reserva do possível, mínimo existencial e direito à saúde: algumas aproximações. *In:* SARLET, Ingo Wolfgang; TIMM, Luciano Benetti. (Org.). *Direitos fundamentais*: orçamento e "reserva do possível". 1. ed. Porto Alegre: Livraria do Advogado, 2008, v. , p. 11-53.

________. Direitos fundamentais sociais, "mínimo existencial" e direito privado: breves notas sobre alguns aspectos da possível eficácia dos direitos sociais nas relações entre particulares. *In:* SARMENTO, Daniel; GALDINO, Flávio. (Org.). *Direitos fundamentais*: estudos em homenagem ao professor Ricardo Lobo Torres. Rio de Janeiro: Renovar, 2006.

SARMENTO, Daniel. *Direitos fundamentais e relações privadas*. 2. ed. Rio de Janeiro: Lumen Juris, 2008.

________. *A ponderação de interesses na Constituição Federal*. 1. ed., 3ª tiragem. Rio de Janeiro: Lumen Juris,2003.

________. A vinculação dos particulares aos direitos fundamentais no direito comparado e no Brasil. *In:* DIDIER JR., Fredie (Org.). *Leituras complementares de processo civil*. 7.ed, rev. e ampl. Salvador: JusPodvim, 2009.

SCHMIDT, Martha Halfeld Furtado de Mendonça. O assédio moral no direito do trabalho. *Revista de Direito do Trabalho*. São Paulo, ano 27, n. 103, 142-172, jul./set., 2001.

SILVA, Geraldo Eulálio do Nascimento; ACCIOLY, Hidelbrando. *Manual de direito internacional público*. 15. ed., rev. e atual. São Paulo: Saraiva, 2002.

SILVA, Jorge Luiz Oliveira da. *Assédio moral no ambiente de trabalho*. Rio de Janeiro: Editora e Livraria Jurídica do Rio de Janeiro, 2005.

SILVA, José Afonso da. *Curso de direito constitucional positivo*. 24. ed. rev. e atual. São Paulo: Malheiros, 2005.

________. *Aplicabilidade das normas constitucionais*. 7. ed. São Paulo: Malheiros, 2007.

SILVA, Luiz de Pinho Pedreira da. *A reparação do dano moral no direito do trabalho*. São Paulo: LTr, 2004.

________. *Ensaios de direito do trabalho*. São Paulo: LTr, 1998.

SILVA NETO, Manoel Jorge e. *Direitos fundamentais e o contrato de trabalho*. São Paulo: LTr, 2005.

________. Assédio moral, saúde mental do trabalhador e atuação do Ministério Público do Trabalho. *Revista Jurídica dos Formandos em Direito da UFBA*. V. 6, n. 9. Salvador: Faculdade de Direito da UFBA, p.43-62, 2004.

SILVA, Virgílio Afonso da. *A constitucionalização do Direito* — Os direitos fundamentais nas relações entre particulares. 1. ed., 2ª tiragem. São Paulo: Malheiros, 2008.

SIMM, Zeno. *Acosso psíquico no ambiente de trabalho*: Manifestações, efeitos, prevenção e reparação. São Paulo: LTr, 2008.

STADLER, Denise de Fátima. *Assédio moral*: uma análise da teoria do abuso de direito aplicada ao poder do empregador. São Paulo: LTr, 2008.

STEINMETZ, Wilson. A vinculação dos particulares a direitos fundamentais. São Paulo: Malheiros, 2004.

________. Direitos fundamentais e relações entre particulares: anotações sobre a Teoria dos Imperativos de Tutela. *Revista de Direito Privado*, n. 23, p. 291-304, jun./set. 2005.

STOCO, Rui. *Abuso de direito e má-fé processual*. São Paulo: Revista dos Tribunais, 2002.

TAVARES, André Ramos. *Direito constitucional econômico*. 2. ed. São Paulo: Método, 2006.

THOME, Candy Florencio. O assédio moral nas relações de emprego. *Revista IOB Trabalhista e Previdenciária*. Porto Alegre, v. 20, n. 230, 28-48, ago. 2008.

________. *O assédio moral nas relações de emprego*. São Paulo: LTr, 2008.

UBILLOS, Juan María Bilbao. Em qué medida vinculan a los particulares los derechos fundamentales? *In:* SARLET, Ingo Wolfgang (Org.). *Constituição, direitos fundamentais e direito privado*. Porto Alegre: Livraria do Advogado, 2003.

VICENTE, Paulo; ALEXANDRINO, Marcelo. *Direitos fundamentais*. 2. ed. Rio de Janeiro: Impetus, 2003.

VIEIRA, Oscar Vilhena. *Direitos fundamentais*: uma leitura da jurisprudência do STF. Colaboração de Flávia Scabin. [S.I.] Malheiros, 2006.

ZENUN, Augusto. *Dano moral e sua reparação*. 7. ed. Rio de Janeiro: Forense, 1998.